GOLDMANN

Buch

Schon eine Woche nach Erscheinen führte dieser Bestseller, »ein verdammt munteres Buch« (*Die Zeit*), zu einer Anfrage im Deutschen Bundestag und zwang die Verantwortlichen, Horst Herrmanns Angaben über das Finanzierungssystem der Kirchen zu bestätigen oder – nach oben! – zu korrigieren.
Seither sind die Diskussionen über die Zahlen und Fakten, die der Experte hier vorlegt, nicht mehr verstummt. Die Kirchen, die alles lieber unter den Teppich gekehrt hätten, was ihre Finanzgeschichte und -gegenwart so verdächtig macht, versuchen sich mittlerweile an neuen Rechtfertigungssystemen. Dennoch laufen ihnen seit Erscheinen dieses »glänzend geschriebenen Pamphlets« (*Der Spiegel*) die Kirchensteuerpflichtigen in Scharen weg.
Kein Wunder. Wer ein demokratisches Interesse an dieser Republik hat, kann sich weder damit anfreunden, Kirchensteuern an Kirchenfürsten zu zahlen, noch damit begnügen, aus der Kirche auszutreten: Denn auch die Kirchenfreien zahlen hierzulande, einmalig auf der Welt, Milliarden aus Bundesmitteln an die Kirchen mit. »Gut möglich, daß dieses Buch im nachhinein zum Sachbuch des Jahres wird«, schrieb ein Rezensent. Sicher, daß Horst Herrmann vielen hilft, ihr Geld besser anzulegen, als durch Zwangs-Investition in die reichste Kirche der Erde.

Autor

Horst Herrmann, Jahrgang 1940, Dr. theol., wurde im Jahre 1971 Professor für katholisches Kirchenrecht an der Universität Münster, seit 1981 lehrt er Religionssoziologie an derselben Universität. In vielen Veröffentlichungen hat er kirchenpolitische Themen behandelt und immer wieder Denkanstöße für breite öffentliche Diskussionen geliefert. Er ist auf seinem Fachgebiet der profilierteste Autor der Bundesrepublik.

Im Goldmann Verlag liegt von Horst Herrmann bereits vor:

Die sieben Todsünden der Kirche.
Ein Plädoyer gegen die Menschenverachtung (12356)

Horst Herrmann

Die Kirche und unser Geld

Wie die Hirten ihre Schäfchen ins trockene bringen

GOLDMANN VERLAG

Umwelthinweis:
Alle bedruckten Materialien
dieses Taschenbuches
sind chlorfrei und umweltfreundlich.
Das Papier enthält bereits Recycling-Anteile.

Der Goldmann Verlag
ist ein Unternehmen der Verlagsgruppe Bertelsmann

Made in Germany · 9/92 · 1. Auflage
Genehmigte Taschenbuchausgabe

Umschlaggestaltung: Design Team München
Satz: Uhl + Massopust, Aalen
Druck: Presse-Druck, Augsburg
Verlagsnummer: 12344
Lektorat: Silvia Kuttny
Herstellung: Sebastian Strohmaier
ISBN 3-442-12344-5

Inhalt

Worum es geht

Das Thema »Die Kirche und unser Geld«, über das viele reden, mal laut, mal leise, steht zur Diskussion. Besser wäre es, Stillschweigen zu bewahren und alles beim alten zu lassen, werden viele meinen. Die Leserinnen und Leser dieses Buches, auch die bereits kirchenfreien, werden zwar erkennen, daß ihr persönliches Leben von Kirchen und Religionen ganz massiv beeinflußt wird und warum dies so ist. Sie werden erfahren, daß diese Beeinflussung möglich ist, weil ihr Staat die Pflicht zur Gleichbehandlung all seiner Bürgerinnen und Bürger permanent verletzt. Doch es werden sich nicht alle zur Wehr setzen, weil sie den jetzigen Zustand für normal halten. Schließlich leben sie in einem Land, zu dessen Traditionen das Christentum gehört.

Aber: »Das« Christentum gibt es nur als Abstraktion der Statistiker oder als theologischen Wunsch, der vor allem dem reaktionären Staatskirchenrecht zur Begründung seiner Ansprüche auf großkirchliche Privilegien gedient hat[1]. Real gibt es die Kirchen: große (evangelisch, römisch-katholisch) und kleine (oft gesellschaftlich namenlose). Real sind die Verankerungen der großen Kirchen in der Gesellschaft und im Staat. Real sind der vergleichweise hohe Grad an Institutionalisierung dieser Kirchen, ihre unvergleichlich gute Finanzierung und ihr Reichtum. Und doch ist gerade diese einzigartige Wirklichkeit immer noch ein Tabuthema.

Parteipolitisch gibt das Problem nach wie vor nichts her. CDU/CSU schweigen still, die SPD wird sich hüten, das Reizthema aufzugreifen, und die F.D.P. hat ihre Courage von früher längst begraben. Auch ein grünes Thema ist die Kirche nicht. Für nicht wenige Politiker, gerade für nicht-katholische, ist eine Audienz beim Papst die werbewirksamste Empfehlung. Und noch immer ist in diesem Land eine Politik erfolgreicher, wenn sie Reste des Christentums in ihre Strategien einbezieht, als wenn sie auf solche Traditionen verzichtete.

Freilich deutet sich in dieser Frage ein grundsätzlicher Wandel an. Vielleicht gibt es einigen Politikern zu denken, daß die Bundesrepublik nicht mehr das christliche Land ist, das ihr das eigene Kirchensteuersystem vorgaukelt. Vielleicht nehmen einige auch zur Kenntnis, daß in Großstädten wie Hamburg, Berlin oder Frankfurt die Zahl der Konfessionslosen so weit angestiegen ist, daß es politisch unklug wäre, diese Gruppe weiterhin mit »christlichen Ködern« zu vergraulen.

Haben Aussagen, die den Status quo im Verhältnis zwischen Staat und Kirche in der Bundesrepublik zementieren wollen, überhaupt noch einen Wählereffekt? Die CDU/CSU macht sich ihre Gedanken. Untersuchungen, die »Kirchenbindung und Wahlverhalten« analysieren sollten[2], sprechen von einer »kontinuierlichen Entkonfessionalisierung« der Wählerinnen und Wähler, die den Parteien mit dem »C« im Namen ihre Stimme gegeben haben. Bei den letzten Bundestagswahlen ist auch ein für die SPD bedrohlicher Trend sichtbar geworden: Trotz der betont christennahen Kanzlerkandidaten Vogel und Rau konnte diese Partei ihren Wähleranteil bei den konfessionell gebundenen Wählern nur halten, während sie bei den kirchenfreien genau jene Verluste erlitt, die zu ihrem Abrutschen unter die 40-Prozent-Marke führten. Neueste Umfragen bestätigen den Trend: Kirchenfreie lösen sich zunehmend von der SPD.

Für die Grünen haben nur zwei Prozent der regelmäßigen Kirchgänger und nur fünf Prozent der gelegentlichen Kirchenbesucher votiert. Doch ihr Anteil bei den Kirchenfernen stieg auf 15 Prozent, der bei den Konfessionslosen auf 18 Prozent. Sollte diese Partei unter solchen Umständen noch um »christliche Grüne« werben?

Es mag sein, daß Religion bei uns, wie der Wiener Religionswissenschaftler Adolf Holl[3] feststellt, »ihr zivilisiertes und apartes Dasein hat, in Kirchen, konfessionellen Verbänden und Bildungsanstalten; daß der öffentlichen Erörterung religiöser Themen, ob kirchlich oder wissenschaftlich inspiriert, journalistisch oder literarisch vorgebracht, seit geraumer Zeit jene Erregtheit abgeht, die den politischen oder sexuellen Diskurs immer noch interessant macht, oder auch den sportlichen«. Das Thema »Kirche, Politik, Geld« ist allerdings noch lange nicht erledigt.

Bei politisch fortschrittlich Denkenden und Handelnden stelle ich jedoch fest, daß sie das Problem arg vernachlässigen. Diese Indifferenz ist schädlich. Eine Frage beantwortet sich nicht von selbst. Wer sagt, Kirche und Religion seien in unserer Gesellschaft kein Thema mehr, betreibt das Geschäft der beiden mitten in unserer Gesellschaft. Auch wenn es den Anschein hat, als lebten wir bereits in einer »fröhlich gottlosen« Kultur, die bestenfalls zu Ostern und Weihnachten etwas mit dem kirchlich vermittelten Christentum im Sinn hat, in Wirklichkeit sieht es ein wenig anders aus. Während die Menschen ganz andere Dinge im Kopf haben – und höchstens einmal im Jahr, wenn die Kirchensteuer auch von ihrem Weihnachtsgeld abgezogen wird, an unser Thema denken –, hat eine Minderheit in der Bundesrepublik, der Klerus beider Großkirchen, die Diskussion und Organisation religiöser Themen schlichtweg an sich gezogen. Und dieses Monopol ist nicht so friedlich, wie es sich gibt. Es vertritt seine Ansprüche ziemlich aggressiv, vor allem, wenn sie finanzielle Konsequenzen haben. Das Schweigen und Gewährenlassen der zahlenden Mehrheit macht dieses Vorgehen erst möglich. Daher ist es den Kirchen am liebsten, wenn alles so bleibt, wie es ist. Die einen reden im eigenen Interesse, die anderen zahlen das ganze Jahr über für etwas, an dem sie sehr wenig wirkliches Interesse zeigen.

Interesse hat die schweigend zahlende Mehrheit nur am Fortbestand einer gewissen religiösen Folklore. Taufwasser, Hochzeitsglocken, Begräbnisriten widerstehen aller Kirchenkritik. Die Menschen sagen, so müsse es sein. Sie weigern sich hartnäckig, sich von den überkommenen Zeremonien zu verabschieden. Mitten in einer zunehmend technisch orientierten Umwelt glauben sie, solche Orientierungspunkte zu brauchen. Die aber sind archaisch geblieben. Weder Taufriten noch Glocken noch Begräbnisfeiern sind spezifisch christlich. Die Kirchen haben sie nur geerbt und für ihre eigenen Zwecke umgestaltet. Freilich haben wir uns inzwischen an diese Erbteile gewöhnt. Viele von uns meinen sogar, ohne sie nicht menschenwürdig leben und sterben zu können. Die bizarren Gewänder katholischer Kirchenfürsten (auch sie heidnische Erbstücke) entsprechen ebenso wie die ins Dämmerlicht getauchten gotischen Dome unserer Großstädte der noch weitverbreiteten Hilflosigkeit, selbständig die Fragen nach unserem Leben und Sterben zu beantworten[4].

Diese Unselbständigkeit hat ihren Preis. Sie kostet die bundesdeutschen Steuerzahler Jahr für Jahr Milliarden. *Daß dies nicht so sein muß, daß alles auch wesentlich preiswerter zu haben wäre, zeigt dieses Buch. Unser Geld muß nicht notwendig an die Großkirchen gehen.*

Diejenigen, die von der Kirche bezahlt werden, sprechen nicht gerne über das Geld der Kirche. Sie haben ihre Gründe. Kommt das Thema ins Gespräch, so fürchten sie um ihre Arbeitsplätze. Es sind Hunderttausende. Ihre Chefs, die Oberhirten, schauen weg. In einer Zeit, da es um die Institution, die sie nach außen vertreten, nicht gut bestellt ist (von den Finanzen abgesehen), kommt ihnen das Thema nicht gelegen. Solange alles so läuft, wie es läuft, wären sie schlecht beraten, wenn sie von sich aus auch nur auf den Gedanken kämen, etwas offenzulegen oder gar zu ändern. Gewachsene Privilegien gibt niemand freiwillig auf, schon gar nicht, wenn er Bischof ist und von solchen Vorzügen lebt.

Daß der Kölner Kardinal Meisner in einer Sendung des WDR vom 4. März 1990 freilich von der »Fremdkörperfunktion« seiner Kirche in der DDR geredet hat, um den eigenen Anteil am Widerstand gegen den real existierenden Sozialismus zu würdigen, gibt zu denken. Wie mag sich der Oberhirte wohl die »Fremdkörperfunktion« seiner reichen Kirche in der reichen Bundesrepublik denken? Daß dieser Kunstsammler hierzulande in den Widerstand gegangen wäre und wenigstens angefangen hätte, die halbe Milliarde DM an Vermögen anzuknabbern, die seiner Erzdiözese gehört, ist bisher nicht bekanntgeworden. »Zeichen setzen« bleibt eine Frage der Perspektive.

Die beamteten Theologen in der Bundesrepublik, die auf Kosten der Steuerzahler forschen und lehren, haben überhaupt kein Interesse am bundesdeutschen Geld. Diese Spezies Mann redet in sanfter Demut niemals von den wirklichen Privilegien ihres Standes, an denen sie eisern festhält. Theologen beschäftigen sich mit wichtigeren Fragen, mit der Theologie der Befreiung zum Beispiel. Die spielt in Lateinamerika und ist weit weg. Dem Steuergeld, mit dem die Theologen hierzulande bezahlt werden, wird diese Art Befreiungstheologie nicht gefährlich. Ähnliches gilt für die meisten theologischen Themen der Gegenwart. Die sind spannend für den jeweiligen Theologen, der Geld damit machen kann, daß er ein Buch schreibt und sich als Ketzer fühlt. Er wäre dumm, wenn er den Ast absägte, auf dem er sitzt. Also befaßt er sich von Berufs wegen mit den ungefährlichen Themen, die sein Glaube eben so hergibt. Politisch und gesellschaftlich bewegt sich dabei nichts. Die bundesdeutsche Kirche ist nicht angesprochen oder gar ins Mark getroffen, und die Bischöfe lachen sich eins.

Beim Geld hört dieser Spaß auf. Das Thema ist überfällig, und es betrifft alle Bürgerinnen und Bürger unseres Landes. Schweigen nützt nur denen, die Vorteile zu sichern haben. Die Probleme darzustellen und zu diskutieren, um eine für alle annehmbare Lösung zu finden, schadet keinem. Im Gegenteil.

Doch niemand läßt sich gern ins Portemonnaie schauen. Wer versucht, über die verschlungenen Wege, die unser Geld in die Taschen der Kirche nimmt, etwas zu erfahren, läuft immer wieder gegen eine Wand des Schweigens und des Vertuschens. Wer beschimpft werden will von den guten anonymen Christen, braucht sich nur für deren Finanzen zu interessieren. Da greift er in ein Wespennest.

Daß die Kirchen inzwischen, wenn auch auf Druck von außen, ihre Haushaltspläne offenlegen, hat noch nicht viel zu sagen. Spannend wird es erst, wenn über die zugänglich gemachten Zahlen hinaus gefragt wird. Dann schauen viele Betroffene verlegen beiseite und erklären sich für unzuständig. Immer wieder haben mir Bürgerinnen und Bürger dieser Republik berichtet, daß sie sich seit Jahren mit der Bitte um Information über die tatsächlichen Einnahmen und Ausgaben an kirchliche und staatliche Stellen gewandt haben. Ohne jeden Erfolg. Daher gibt es gewiß »leichtere« Themen. Aber es gibt kaum interessantere. Je geheimnisvoller sich die Wissenden geben, desto spannender ist die Entdeckung von Wissensdefiziten. Freilich: Um so viel offenzulegen, wie das in demokratisch geschulten Institutionen üblich ist, reicht dieses Buch nicht aus. Dafür benötigten wir eine Schar von gewieften Journalisten und Fahndern. Was jahrzehntelang unter den Teppich gekehrt worden ist, kann nicht von heute auf morgen hervorgeholt werden. Im übrigen verfügen die Kirchen über ein Heer von Medienleuten, die – als Lohnschreiber – schon dafür sorgen, daß sich am Status ihrer Arbeitgeber so schnell nichts ändert.

Die Verfilzung von Staat und Kirche in der Bundesrepublik ist einmalig auf der Welt. Sie wird auch nicht annähernd in den sogenannten katholischen Nationen wie Italien, Spanien oder Frankreich erreicht. Den Filz aufzudröseln wäre selbst für ein Team qualifizierter Fachleute ungeheuer arbeitsaufwendig. Allein die Haushaltspläne ungezählter Kommunen und die einfachen Dienstanweisungen von Amt zu Amt auf versteckte Subventionen an die Kirchen zu durchkämmen, um endlich die riesigen Geldströme zu rekonstruieren, die Jahr für Jahr den Kirchen zufließen, wäre eine Sache von Jahren. Anfragen in dieser Richtung gingen zum Beispiel[5] in einer größeren Stadt an das Sozialamt, das Jugendamt, das Schulverwaltungsamt, das Gesundheitsamt, das Amt für Altenversorgung, das Bauamt, das Kulturamt, das Liegenschaftsamt. Dutzende von Sachbearbeitern wären beschäftigt, anordnungsbefugte Dienststellen müßten mithelfen und mitermitteln. Ich wundere mich unter diesen Umständen nicht, daß nichts gegen den verfassungswidrigen Filz zwischen Staat und Kirche geschieht. Ich staune nur darüber, daß Tausende von Beamten und Angestellten in

Bund, Ländern und Kommunen Mitwisser sind und Mittäter bleiben wollen.

Mag sein, daß ein eingeweihter Kleriker bei der Lektüre dieses Buches denken wird: Nur Bruchteile sind aufgedeckt. Gut, daß nicht alles entdeckt worden ist. Der geistliche Herr könnte recht haben! Aber wenigstens kann ich den Menschen Probleme erläutern, ihnen die Augen für Zusammenhänge und Hintergründe öffnen, einige Informationsmängel beseitigen. Nur Angst dürfen sie keine mehr haben; von der müssen sie sich befreien. Angst? Ein Haupthindernis, das sich unserer Arbeit entgegenstellt, ist Angst. Denn sehr viel, was »Die Kirchen und unser Geld« betrifft, hat mit emotionalen Hemmungen zu tun. Es handelt sich um ein hochsensibles Thema, wenn nicht um das für viele sensibelste. Immer wieder treffe ich auf Menschen, die mich fragen: Schaden wir nicht der Kirche oder ihren karitativen Einrichtungen, wenn wir nachfragen und aufdecken? Ist uns der liebe Gott nicht ewig böse, wenn wir seinem Bodenpersonal ans Geld gehen? Wo bleibt unsere Sterbeversicherung? Sie zahlen und schweigen, weil sie einmal gut unter die Erde kommen – und auch da drüben keinen Ärger haben wollen.

Die Kirche leistet doch ihren Service von der Wiege bis zur Bahre, und dafür soll sie auch bezahlt werden. Die Pfarrer müssen doch ihr Geld bekommen, wenn sie taufen, verheiraten und beerdigen. Und nicht nur das Gehalt, nein, sie müssen auch von Amts wegen ihre Pfarrhäuser haben, ihre Energiekosten erstattet bekommen, ihre Autokilometer, ihre Telefongespräche. Wo kämen wir hin, wenn ein Pfarrer selbst die Hypotheken für sein Häuschen abtragen müßte? Dann wäre er nichts Besonderes mehr. Dann wäre er wie wir alle – oder doch wie die meisten von uns. Dann brächte er ein Arbeitsleben lang wirkliche Opfer.

Das Priesterleben ein Opferleben? Die Bundesrepublik kennt Millionen Arbeitslose, darunter keinen katholischen Pfarrer. Auch ist nichts bekannt von einem Arbeitslosenbeitrag, der von Klerikern aufgebracht würde. Und der Terminkalender, die Arbeitsüberlastung der Geistlichen? Ich habe über Jahre hinweg meine Beobachtungen vor Ort gemacht und kann sagen, daß jeder praktische Arzt mehr zu tun hat. Ich habe auch viele deutsche Pfarrhäuser von innen gesehen. In keinem herrscht räumliche Enge. Mancher zölibatäre Hagestolz verfügt über ein Dutzend Zimmer.

Aber die Angst bleibt. Nur keinen Kirchenmann und dessen Privilegien antasten. Ich bin überzeugt, daß sich manch ein Oberhirte bei solchen Gedanken die Hände reibt und sich sagt, am besten lassen wir die Leute weiter glauben, daß die Kleriker ihr Geld brauchen, damit Gott sich nicht rächt. Es nutzt unserem System wie wenig anderes.

Daß das nicht so bleibt, ist meine Hoffnung. Dieses Buch steht mit Rat und Tat zur Seite. Ich will nicht wenig. Ich möchte aus demokratischem Interesse an unserer Republik und ihren Menschen über das Verdeckte informieren, Zahlen und Fakten angeben, Privilegien benennen, latente Ängste aufarbeiten, Indifferenzen beheben, eine gesellschaftliche und politische Wende anregen.

Nun kann jemand, der dieses Buch liest, allein dadurch, daß er oder sie die Anregungen, die es gibt, beherzigt, den Kaufpreis mehrfach hereinholen. Doch ich möchte mehr. Ich hoffe, daß viele Menschen den in den folgenden Kapiteln genannten Details von »Kirche und Geld« nachforschen, in die Offensive gehen – und die zur Diskussion herausfordern, die bislang auf ihren Privilegien hocken oder die diese undemokratischen Vorrechte des Klerus parteipolitisch vertreten.

Ich freue mich auch schon auf die Dementis. Falls die eine oder die andere Zahl in meinem Buch nicht stimmen sollte, obgleich ich sie nach bestem Wissensstand angeführt habe, lasse ich mich gerne von Fall zu Fall nach oben oder unten berichtigen. Jede Gegendarstellung hat einen unschätzbaren Vorteil für die Sache: Wer dementiert, muß seine eigenen Zahlen nennen, und das bringt gewiß vieles ans Tageslicht, was in der »Privilegienära« unter dem Teppich war. Nur Mut, meine Herren! Sagen Sie uns endlich Ihre Wahrheit! Pfarrer um Pfarrer, Bischof um Bischof, Politiker um Politiker muß sich früher oder später dem Forum der Zahlenden stellen. Die Zeit der bloßen Vorteilnahme neigt sich unwiderruflich dem Ende zu.

1. Kapitel
Allein in Europa: Unsere Republik und ihr Erbteil, die Kirchen

Nach Geld zu fragen ist verpönt. Nur gute Freunde fragen einander, was sie an einem Geschäft verdient haben oder was sie monatlich verdienen. Und schwarze Kassen gibt es ebenso häufig wie Schwarzgeld. Bei der Kirche ist es sicherlich nicht anders, auch wenn sie gerne so tut, als besitze sie ein gesellschaftliches Monopol auf Moral und als hätten ihre Beschäftigten ein solches Monopol auch in privaten Dingen.

Doch bleibt verdächtig, wer allzuviel von Moral redet. Und warum sollten sich ausgerechnet unter Klerikern keine Menschen mit krimineller Energie finden? Die Kirchengeschichte beweist genug. Kleriker haben eine jahrhundertelange Erfahrung, zu verstecken und zu vertuschen, was ihre Kirche einnimmt und besitzt. Wasser predigen und Wein trinken ist für sie nichts Neues.

Ich befasse mich mehr mit der römisch-katholischen Kirche als mit jeder anderen. Das hat zwei Gründe. Ich bin Professor für katholisches Kirchenrecht gewesen und kenne, auch aufgrund meines zweijährigen Aufenthaltes in Rom, manches von der Kirche von innen. Zudem befinden sich die evangelischen Landeskirchen nach allem, was ich sehe, auf kirchenpolitischem Gebiet noch immer im Schlepptau der Catholica. Geht es um finanzielle Vorteile, ist die katholische Großkirche der evangelischen stets einen (juristischen) Schritt voraus. In geistlichen Belangen dürfte es umgekehrt sein.

Seltsam, daß über Geld so ungern geredet wird. Mitten in einem System, dessen soziale Marktwirtschaft den meisten von uns ein gutes

Leben beschert, soll über Geld nicht gesprochen werden? Nachzufragen, wie reich die Kirche nun wirklich ist und woher sie ihr Geld bezieht und was sie mit ihm anfängt, ist für manche Leute schamlos. Sie meinen, bereits die Frage überschreite die Grenze des guten Geschmacks. Schließlich handele es sich doch um die Kirche.

Was in einem solchen Zusammenhang fast ganz ausgespart wird, ist die nüchterne Vernunft. Die Frage nach den Finanzen der Kirche liegt eigentlich sehr nahe. Aber warum wird sie dann so beflissen gar nicht erst gestellt? Fragen, Nachfragen, Kritik üben sind Grundrechte in einer Demokratie. Sie ergeben sich aus der allgemeinen Meinungs- und Informationsfreiheit. Ungerechtigkeit und Ausbeutung zu entdecken und beseitigen zu helfen ist ein zutiefst humanes Anliegen. Wer will, kann es auch mit zum »Sinn des Lebens« rechnen. Es ist ein Irrtum, die Sinnfrage und den Lebenssinn überhaupt irgendeinem religiösen Monopol und dessen Organisationsformen zu überlassen. Wir haben diesen Irrtum historisch teuer bezahlt. Kritik lebt vom vernünftigen Denken. Daher haben die dogmatisch Denkenden sie nicht gerne. Offenbar haben Glauben, Hoffen und Lieben ziemlich viel mit dem Himmel und nur sehr wenig mit der Erde zu tun. Offenbar ist »der Wandel« vieler Kirchenleute, wie die Luther-Bibel es will (Phil 3, 20), »im Himmel«. Aber sich aushalten lassen, das tun sie auf unserer Erde.

Kleriker sind »nicht von dieser Welt«, wenn es sich lohnt, und »mitten in dieser Welt«, wenn es sich auch lohnt. Es ist schwierig, sie da oder dort zu fassen. Sie sind Wanderer zwischen zwei Welten. Diese Doppelmoral unterscheidet sie von dem, auf den sie sich berufen: Jesus war anders, und deswegen ist er gekreuzigt worden. Ihnen wird hierzulande kein Haar gekrümmt. Im Gegenteil: Sie werden nicht schlecht bezahlt. In den Kirchen der Bundesrepublik durchweg nach den Sätzen für Beamte im höheren Dienst (mit Universitätsstudium und -examen).

Davon wissen viele gar nichts. Sie wundern sich nur, daß ihr Pfarrer ein größeres Auto fährt, als sie es sich je werden leisten können, und meinen, das müßte wohl so sein. Die Vernunft bleibt aus. Was zum

Vorschein kommt, sind verborgene Emotionen, vielfältige Ideologien, subjektiv eingefärbte Beweisgänge und entsprechende Verdächtigungen. Eine durch und durch verwirrende Bewußtseinslage. An diesem Verblendungszusammenhang stricken zwei Gruppen mit: zum einen alle Theologen, die von Berufs wegen die Ideologie für das Ganze zu liefern haben, und andererseits manche kirchentreuen Juristen, die im Grabenkampf des Pro und Kontra die vordersten Plätze der Beweisführung besetzt halten.

Die Juristen, die ich meine, halten das Problem, das auch für Nicht-Juristen nicht unwichtig ist, schon deswegen für erledigt, weil sie nachgewiesen zu haben glauben, wie verfassungskonform, wie gesetzestreu, wie historisch begründet das Verhältnis von Staat und Kirche bei uns sei. Nachdem sie ihre Hausaufgaben erledigt haben und von ihren Oberhirten belobigt worden sind, dulden sie keinen Widerspruch mehr. Den Politikern kann dies nur recht sein. Sie brauchen sich nicht mehr zu bemühen.

Daß alles auch ganz anders sein könnte und daß alles – in anderen europäischen Ländern, wo doch auch Christen leben – ganz anders ist, lohnt vielen Braven nicht einmal die Nachfrage. Im Jahr 1974 habe ich schon einmal gefragt. Das Buch »Ein unmoralisches Verhältnis. Bemerkungen eines Betroffenen zur Lage von Staat und Kirche in der Bundesrepublik Deutschland« hat mich kurz darauf mein Amt gekostet. Den Widerruf, der die Stelle gerettet hätte, habe ich bis heute nicht abgeliefert. Darüber waren einige Kollegen erstaunt, und ich staunte wiederum über sie. Einer sagte: »Lieber fünf Minuten lang feige als ein Leben lang tot« sei doch eine erprobte katholische Devise... Mein »Fall«, der erste eines Theologieprofessors seit Bestehen der Bundesrepublik, hat damals viele Menschen beschäftigt. Es gab über Monate hinweg aufgeregte Auseinandersetzungen in den Medien, es gab erstmals ein Lehrbeanstandungsverfahren gegen Bischöfe und mit diesen, es gab eine Intervention im Vatikan, es fanden sich »Kirchenfeinde«, die sich mit mir solidarisierten. Heinrich Böll war der erste von ihnen[1].

Ein Schlaglicht auf die Wirklichkeit der bundesdeutschen Kirche wirft es, daß es sich damals um kirchenpolitische Inhalte gehandelt hat – und nicht um dogmatische. Die mußten nachgeschoben werden, um den Entzug der kirchlichen Lehrerlaubnis zu rechtfertigen. Daß ich gegen die Kirchensteuer geschrieben hatte, war zwar schlimmer als alles andere, doch nicht häretisch.

In der Sache selbst hat sich nichts bewegt. Und jetzt mache ich einen zweiten Anlauf. Denn die Probleme sind noch immer ungelöst. Der damalige Vorsitzende der Deutschen Bischofskonferenz, der Münchner Kardinal Döpfner, hatte mir vorgehalten, mein Buch sei voll unbewiesener Behauptungen. Widerlegt hat er keine einzige. Daher habe ich keinen Anlaß, sie zurückzunehmen. Ich trage »alte Argumente« vor? Ich krame in der Mottenkiste des 19. Jahrhunderts? Und wenn es denn so wäre? Und wenn sich seither nichts geändert hätte? Die Gegenseite lebt unverdrossen aus noch viel älteren Beständen. Daß sie ihre Argumente für zeitlos hält, macht diese besonders antiquiert. Und noch ein Unterschied: Sie läßt sich ihre Argumente von uns teuer bezahlen.

Das alte Spiel spiele ich schon lange nicht mehr mit. Manche Leute glauben im Ernst, wer das Recht auf seiner Seite habe, müsse auch die Moral gepachtet haben, und umgekehrt. Wer aber am geltenden Recht rüttle, habe neben der »Beweislast« (auch so ein unschlagbarer juristischer Begriff) auch das Odium einer gewissen Amoral mit sich herumzutragen. Die Berufskatholiken grenzen sich ab und sagen: Eine feste Burg ist unser Gesetz. Und unsere Moral. Und das Geld anderer Leute, das es uns ermöglicht, unser Gesetz und unsere Moral aufrechtzuerhalten. *Denn jedes Land hat die Kirche, die es verdient.*

Ich sage: Wir wollen alles tun, damit es nicht so bleibt. Damit wir uns vor den anderen Nationen nicht zu schämen brauchen. Damit auch wir eine vorzeigbare Lösung finden, die nicht mehr im Halbdunkel bleiben muß. Damit auch wir ein demokratisch vertretbares und einwandfreies System bekommen, das dem Staat wie der Kirche nützt. Damit endlich auch die Bundesrepublik den Anschluß an die übrige Welt schafft. Ich meine, das sei nicht das schlechteste Ziel.

Warum zahlen die Bundesdeutschen noch immer wie ihre Vorfahren zu Luthers Zeiten?

Ungläubig fragen mich Besucher aus dem Ausland, ob das wirklich stimme. Es sind nichtdeutsche Katholiken, mit denen ich auf das bundesdeutsche Kirchensteuersystem zu sprechen komme. Keiner von ihnen hat mir je geglaubt, daß dieses Geldsystem so ist, wie es ist. Daß das Land der Reformation noch immer seinen Peterspfennig entrichtet und den Vatikan mitfinanziert. Wie hat Martin Luther doch bei seinen »lieben Deutschen« gegen solche Mißstände gewettert! Wie oft hat er sich zum Sprecher seiner Zeit gemacht und dagegen gepredigt, daß das gute deutsche Geld über die Alpen fahre! Erreicht hat er nicht viel. Jetzt fährt das deutsche Geld nicht mehr nur über die Alpen. Jetzt wird es im eigenen Land von den eigenen Klerikern aufgebraucht.

Kopfschütteln in unseren Nachbarländern. Die Bundesrepublik als die Kuh, die seit Jahrhunderten von ihrer eigenen Kirche gemolken wird. Der damalige Bundeskanzler Helmut Schmidt[2] hat 1976 gesagt: »Zeigen Sie mir ein katholisches Land, in dem es das gibt, was wir hier in Deutschland haben und praktizieren!«

Vieles, was bei uns sehr normal ist, gilt in den übrigen Ländern Europas als längst überholt.

- ▷ Daß Bund, Länder und Gemeinden Milliarden DM an die Kirche zahlen, ohne groß nachzufragen, wofür genau das Geld aus öffentlichen Mitteln verwendet wird.
- ▷ Daß Ministerialbeamte und Pressesprecher bundesdeutscher Ministerien ihre liebe Not haben, einem auf Anfrage zu erklären, wieviel denn nun eigentlich Jahr für Jahr wofür an wen gezahlt wird.
- ▷ Daß die Kirche Gläubigerin ist und die Bundesrepublik Schuldnerin, weil unser Land offensichtlich noch immer für die Schuld derer zu bezahlen hat, die vor fast zweihundert Jahren Kircheneigentum beschlagnahmt haben.

▷ Daß kein Politiker sich bemüht, diesen Zustand zu ändern, oder wenigstens nachfragt, ob sich die Kirche damals auf Rentenbasis enteignen ließ.
▷ Daß in der Bundesrepublik noch Teile von über hundert Jahre alten Kirchenverträgen gelten, ohne daß sich jemand ernsthaft darum bemüht, diese aufheben oder wenigstens revidieren zu lassen.
▷ Daß Kirchenbauten nicht ausschließlich von denen bezahlt werden, die an derlei ihr Freude haben, sondern zu wesentlichen Teilen von den Kommunen. Von den Gemeinden also, die ihrerseits von den Steuern aller leben.
▷ Daß zum Trost für alle, die mitbezahlt haben, ohne es zu wissen, hin und wieder die Kirchenglocken mahnläuten.
▷ Daß katholische Kindergärten keineswegs von der Kirche finanziert werden, sondern zu 80 bis 90 Prozent von nichtkirchlichen (staatlichen und kommunalen) Instanzen und von Eltern.
▷ Daß deswegen aber keine demokratisch legitimierte Vertretung in solchen Einrichtungen das Sagen hat, sondern der katholische Ortspfarrer.
▷ Daß es ein vom Grundgesetz bestätigtes Recht der Kirchen auf Steuereinnahmen gibt. Daß ein Teil unserer Lohn- und Einkommensteuern an die Kirchen abgeführt werden muß.
▷ Daß der Staat, der sich weltanschaulich neutral nennt, bei uns die Kirchensteuer einziehen läßt.

Wenn ich dies Nicht-Deutschen erzählen soll, schäme ich mich für mein Land. Manches ist unglaublich, aber wahr in der Bundesrepublik. Wenn sich einer von den ausländischen Freunden dann vergißt und meint, bei den Deutschen lebten die Kirchenleute wie Maden im Speck, weiß ich nicht viel dagegen zu sagen. Als ich einmal geantwortet habe, wir hätten Menschen nicht mit Tieren zu vergleichen, hatte ein Freund klerikale Beispiele zur Hand. Ich konnte nicht einmal widersprechen. So hat der spätere Erzbischof von Paderborn, Lorenz Kardinal Jäger, von slawischen »Untermenschen« gesprochen, als das politisch angezeigt war[3]. Im Jahr 1942 hat er gepredigt, die Russen, gegen die sein Oberster Kriegsherr gerade zu Feld zog, seien wegen ihres Christus-Hasses fast zu Tieren entartet[4]. Der Münchner Kardinal Faulhaber hat 1936 in aller Form dagegen protestiert, daß eine deutsche Zeitung den regierenden Papst Pius XI. einen »Halbjuden« genannt hatte. Denn diese Lüge sei besonders geeignet, »in Deutschland das Ansehen des Papstes dem Gespött preiszugeben«[5]. Daß jener Jesus aus Nazareth, von dem Bischöfe hin und wieder sprechen, selbst Jude oder wenigstens Halbjude gewesen ist, hat den Kardinal damals wenig interessiert.

Es schadet nicht, sich solcher Bischofsworte auch dann zu erinnern, wenn es um das Geld geht, das die Kleriker so gerne von uns hätten. Öffentliche Scham ist dem Berufskatholizismus fremd.

Wo sind wir hingekommen? Weshalb steht unser Land am Pranger? Ist es anderswo besser? Die Kirche ist doch überall dieselbe. Das stimmt und das stimmt nicht. Ich gehe auf dieses Problem ein, weil es einen Hintergrund für die Frage nach dem Kirchengeld abgibt. Wer die theologischen Zusammenhänge ausklammert, versteht die finanzpolitischen Konsequenzen des Kirchenglaubens nur unvollständig. Die Grundstrukturen der katholischen Kirche, mit der ich mich sehr intensiv befaßt habe, weil ich einmal ihr Priester gewesen bin, sind gewiß überall dieselben. Das kommt daher, weil diese Strukturen von den in ihr selbst Herrschenden als gottgewollt und damit als überzeitlich definiert worden sind. Die nicht uninteressante Frage, ob die sogenannten ewigen Werte nicht doch nur Resultate einer in früheren Jahrhunderten und Gesellschaftsformen gelungenen Anpassung an die »Welt« sind, schenke ich mir hier. Ich nehme die Kirche und ihren offiziellen Glauben beim Wort. Was so fest im Glauben verankert ist, kann nicht wanken. Auch wenn es wie ein erratischer Block in der Welt der Demokraten herumsteht. Daß es einen unfehlbaren Papst geben muß, der eine durch nichts beschränkte Macht ausübt, gilt für Lateinamerikaner wie für Italiener wie für Deutsche. Falls sie römisch-katholisch sein wollen.

Warum müssen richtige Kleriker undemokratisch handeln?

Von ähnlichem innerkirchlichem Verfassungsrang sind andere Spezialitäten dieser Kirche. Ich nenne ein paar zur Erinnerung, die direkt oder indirekt mit dem Problem Kirche und Geld zu tun haben. In der katholischen Kirche wird nicht nur dogmatisch (also dem »Glaubenssatz« nach) unterschieden zwischen den Amtsträgern und den »Laien«. Auch politisch und soziologisch gibt es da wesentliche Unterschiede. Auf der einen Seite stehen die Kleriker (alles Männer), auf der anderen die Nicht-Kleriker. Die einen haben in der Kirche das Sagen, die anderen nicht. Das biblische Bild vom Hirten und den Schafen ist längst nicht mehr idyllisch; Hirte sein bedeutet heutzutage Abstand wahren und Macht über die da unten besitzen.

Die innerkirchliche Machtausübung ist exklusiv den Klerikern vorbehalten. Sie geschieht nicht nach den neuzeitlichen rechtsstaatlichen Grundsätzen der Gewaltenteilung. Sie ist keinem demokratischen Kontrollsystem unterworfen. Sie ist in jeweils einer Hand (Papst, Bischof, Pfarrer) vereint. Sie prägt eine Anti-Volks-Kirche durch und durch. Ein solches Unrechtssystem stellt eine Gefahr für die moderne Demokratie dar. Seine überholte Vorstellungswelt soll ja noch immer mit Hilfe politisch fügsamer Interessengruppen auf Gesellschaft und Staat übertragen werden.

Der Katholik, ein Bürger zweier Welten. Im Staat darf er wählen und mitbestimmen, in seiner Kirche nicht. Was Wunder, daß seinesgleichen nicht zu den historischen Vorkämpfern der Demokratie gehört hat? Ich wundere mich nicht, daß der »Laie« noch immer glaubt, was ihm vorgedacht wird. Daß beispielsweise »Kindesmörder« in der Bundesrepublik am Werke seien. Daß das Abendland kurz vor dem Zusammenbruch stehe. Daß die sittlichen Werte einmal mehr verfielen.

Vollmacht ist in dieser Anti-Volks-Kirche als eine von Gott – und nicht vom Volk – ausgehende Gewalt definiert. Wer also kein Kleriker ist und auch niemals einer werden kann (als Frau), stellt weder eine letztentscheidende legislative noch eine exekutive oder eine richterliche Instanz dar. Wir sind das Volk. Recht so, sagen die Kleriker. Ihr bleibt das Volk. Und das heißt bei uns eben, daß ihr nichts zu melden habt und niemals etwas zu melden haben werdet. Das hat unser Gott so gewollt und nicht anders.

In dieser Kirche bleiben Kleriker immer »oben«, da sie durch einen dogmatischen und sozialen Graben von denen da unten, den Laien, geschieden sind – und bleiben. Oben sitzen die Herren (die sich freilich hin und wieder nach unten neigen), unten die Laien (die nicht nur hin und wieder nach oben schauen).

Das Gerede vom »Volk Gottes«, zu Zeiten des letzten Konzils aktuelle Mode, ist längst wieder dem kirchlichen Alltag gewichen. Es ist keine Übertreibung, wenn Professor Johannes Brosseder dem Kardinal Meisner im WDR ins Gesicht sagt, außer im jetzigen Albanien gebe es in Europa kein ähnlich entmündigtes Volk wie in der katholischen Kirche... Wenn ich den Papst sehe, wie er Staatsmänner aus West und Ost empfängt, um ihnen seine Ratschläge zu geben, denke ich mir, da steht einer, der seine Schäfchen im trockenen hat und dessen Einfluß und Macht noch nicht ausreichend in Frage gestellt werden. Eine Revolution von unten wird es so schnell gegen ihn nicht geben. Noch sind die meisten Katholiken lammfromm.

Das ist immer so gewesen und muß so bleiben, lehrt die Amtskirche. Sonst gäbe sie sich selbst auf. Demokratisches Denken und Handeln ist innerhalb solcher Strukturen nicht möglich. Das Volk bleibt prinzipiell seiner Freiheitsrechte beraubt. Dieser Satz gilt unter rechtgläubigen Katholiken in Lateinamerika wie in Europa.

Während diese Kirche auf der ganzen Welt Ratschläge erteilt, wie es andere zu machen haben, nimmt sie sich selbst von eben diesen Ratschlägen aus. Ein Beispiel, das ich einer Münsteraner Zeitung vom 3. März 1990 als »soziales Stichwort« entnehme, genügt für viele[6]. Es zeigt das klerikale Prinzip der Fensterpredigt, das auch in finanziellen Angelegenheiten seine Gültigkeit beweist. Die sogenannte christliche Sozialethik, die ehrlicher katholisch und ganz ehrlich klerikal genannt würde, verlange von den Gewerkschaften »eine demokratische Struktur und eine weitgehende Achtung von Minderheitspositionen in der Mitgliedschaft«. Hauptamtliche Gewerkschaftsfunktionäre dürften sich nicht von den Mitgliedern verselbständigen. Die Forderungen der Gewerkschaften unterlägen einer »Gemeinwohlverpflichtung«; sie sollten daher nicht nur die Interessen der Mitglieder, sondern auch allgemeine Interessen im Auge haben (Verbraucher, Steuerzahler) und auf Drittwirkungen achten (Arbeitslose, Dritte Welt, Umwelt). Um eine solche Rücksichtnahme zu gewährleisten, sei eine öffentliche Kritik an den Gewerkschaften legitim und unerläßlich.

Ich höre es mit Staunen. Jede einzelne dieser an die Gewerkschaften gerichteten Forderungen wird von der katholischen Kirche, die sich als Wächterin über die Demokratie fühlt, nicht erfüllt. Sie kennt weder eine demokratische Struktur noch eine weitgehende Achtung von Minderheitspositionen. Ihre Funktionäre haben sich dogmatisch wie soziologisch faßbar von den Laien abgesondert und verselbständigt. Ihre Forderungen haben stets die eigenen Interessen – und nicht etwa die der Allgemeinheit – im Auge. Drittwirkungen sind ihnen unwichtig, und eine öffentliche Kritik an der Kirche gilt weder als unerläßlich noch als legitim.

Undemokratische Strukturen gibt es überall da, wo katholische Kirche als klerikale Kirche tätig ist. Doch nur in der Bundesrepublik werden diese mittelalterlichen Glaubenssätze auch vom Staat honoriert. Nur in unserem Land darf eine Institution, deren Seelsorger auf derlei verpflichtet sind, mit staatlicher Förderung rechnen.

Warum ist die Rede von der »Partnerschaft« zwischen Staat und Kirche so verdächtig?

»Wächterin Kirche«? Im Jahr 1953 haben die deutschen Bischöfe vom Gesetzgeber eine Totalrevision des Ehe- und Familienrechts verlangt: Die prinzipielle Unscheidbarkeit der Ehe, die Abschaffung der obligatorischen Zivilehe, das ausschlaggebende Entscheidungsrecht für den Vater, die Nicht-Begünstigung der berufstätigen Ehefrau und Mutter[7]. Alle Forderungen waren gestützt auf göttliches und natürliches Recht. In der Diskussion um den § 218 ist das inzwischen genauso. Die Rede vom »Wächteramt« der Kirche läßt sich weder historisch (ich nenne noch Einzelheiten über klerikale Anpassungsleistungen) belegen noch unter aktuellen weltanschaulichen Gesichtspunkten. Dennoch wird die »Wächterin« belohnt.

Denn unser Grundgesetz respektiert nicht nur die Tatsache, daß die Kirche schalten und walten kann, wie sie will (also undemokratisch). Die Verfassungen des Bundes und der Länder lassen es auch zu, daß eine so undemokratisch organisierte Gruppe privilegiert wird wie kaum eine andere. Wohl nur wenige Staatsbürger, Berufspolitiker und Kirchenbedienstete haben eine zutreffende Vorstellung vom finanziellen Ausmaß und von der Reichweite dieser Privilegierung.

Wer sich nicht wehrt, wer weiterhin unbesehen seine Kirchensteuer abführen läßt, wer stillschweigend duldet, daß Bund und Länder Jahr für Jahr Millionenbeträge freiwillig an den Klerus zahlen, der kann sich nicht mehr entschuldigen. Der muß wissen, was er anrichtet. Er leistet sich ein System, in dem der Nicht-Kleriker ohnmächtig bleiben muß[8]. In dem Rechenschafts- und Begründungspflichten dem klerikalen Amtsträger nicht zugemutet werden können. In dem die Presse, sonst ein Organ der Kritik an den Mächtigen, nur als absolut loyal und »regierungsfreundlich« einzustufen ist. In dem eine institutionalisierte Diskussionsbasis ebenso fehlt wie der Minderheitenschutz. In dem Schuldbekenntnisse der Mächtigen unbekannt sind.

Ich erführe gerne, was geschähe, wenn die bundesdeutsche Kirche einmal nicht mehr finanziell ausgehalten würde[9]. Vielleicht ist der Tag X gar nicht mehr so fern.

Aber noch immer wirken alle möglichen Gruppen von Interessenvertretern daran mit, daß alles so bleibt, wie es ist. Freilich haben sie sich in den letzten Jahren einige etwas neuzeitlicher klingende Argumentationen zugelegt, um das Bestehen beizubehalten. Die Kirche sagt beispielsweise, auch sie verstehe inzwischen etwas von Demokratie. Denn es sei ihr göttlicher Auftrag, sich zwar selbst nicht zu demokratisieren oder gar die allgemeinen Menschenrechte einzuführen, doch anderen etwas von Demokratie und Menschenrechten zu erzählen. Wenn die Kirche zu anderen spreche, nehme sie ihr spezifisches »Wächteramt« wahr. Diesen Auftrag habe sie direkt vom lieben Gott. Also spreche sie nicht nach innen zu sich selbst und lasse da alles beim alten, lasse beispielsweise die Frauen nach wie vor nur zu dienenden Tätigkeiten zu und reserviere alle Machtpositionen den Männern. Also kenne sie – bei ihren Amtsträgern – kein Menschenrecht auf Ehe und Familie und versage sich – bei ihren Theologen – jeden Gedanken an Meinungs- und Wissenschaftsfreiheit. Was solche Menschenrechte da draußen, außerhalb ihrer eigenen Mauern, seien und wie genau sie wahrgenommen werden müßten, das sage sie aber unerschrocken, gelegen oder ungelegen. Und für diese Verkündigung wolle sie auch bezahlt sein, gelegen oder ungelegen.

Offenbar wird diese Argumentation in der Bundesrepublik willig akzeptiert. Die Kleriker können sich ins Fäustchen lachen. Denn ihre Pseudo-Fragen werden noch immer politisch so ernstgenommen wie ihre Schein-Antworten. Ist die Kirche nicht doch grundsätzlich »andersartig«? Kann sie sich mit Gewerkschaften oder anderen Verbänden vergleichen lassen, ohne sich aufzugeben? Sie meint, sie könne nicht. Und in den Regierungserklärungen der sozialliberalen Koalition ließ sich seinerzeit dasselbe nachlesen. Die bundesdeutsche Kirche hat sich damals von SPD und F.D.P. bescheinigen lassen, daß sie ein besonderes und unantastbares Selbstverständnis ihr eigen nenne und daß die Republik daher etwas für sie tun müsse.

Honoriertes Selbstverständnis? Da werden Interessen der Herrschsüchtigen mit den »Bedürfnissen« der Beherrschten verquickt. Wenn jemand, der Geld machen will, demjenigen, der Geld hat, einredet, er sei angetreten, ihm zu helfen, ist alles klar. Wer Seelenängste eingeredet bekommt, läßt es sich etwas kosten, von dem befreit und erlöst zu werden, was er von sich aus gar nicht hätte und wüßte.

Im Lauf der Jahrhunderte haben sich im übrigen die Interessengebiete der Kleriker ausgeweitet. Und ihre Hilfsangebote desgleichen. Die Geschäftsgrundlage des Klerus wurde erweitert. Mit der Zeit konnte sich sogar die Vorstellung durchsetzen, es müßten alle Regungen eines Menschen- und Christenlebens von den klerikalen Besserwissern im Beamtenstand und -sold konstatiert und geregelt werden.

Der solchermaßen lückenlos umsorgte Mensch und Christ konnte es sich bald nicht mehr vorstellen, daß er frei geboren war und keinerlei Zwängen unterworfen. Die Bewußtseins- und Betreuungsindustrie funktionierte, und bis zum heutigen Tag schleppt sie sich weiter. Die Konsequenz: Die Kirche ist bei uns politisch und juristisch als »Lobbyistin des Himmels« anerkannt. Und das muß finanzielle Folgen haben. Daher partizipiert sie – ebenso wie Gewerkschaften und andere Verbände – an den Segnungen eines reichen Landes, falls es sich zu partizipieren lohnt. Das nenne ich kirchenpolitisches Kalkül und eine theologische Meisterleistung.

Aber besonders intelligent ist der Gehorsam gegenüber einer solchen Diplomatie nicht. Auch kostet er die braven Deutschen viel zuviel. Daß sich die Unionsparteien über das Wächteramt der Kirche freuen, leuchtet noch ein. Unvergessen sind die Wahlhirtenbriefe, die unter dem Vorwand, zeitlose Wahrheiten einzuschärfen, die richtige Partei unterstützt haben[10]. Die Strategen der CDU/CSU müßten sehr unklug sein, wenn sie diese Wahlhilfen nicht honorierten. Helmut Kohl[11] im Jahr 1976: »Es ist nicht das Gebot der Stunde, die Kirchen in ihre Schranken zu verweisen. Heute geht es vielmehr darum, daß beide Seiten, die Politik und die Kirchen, wieder mehr aufeinander hören. Ich bin überzeugt, daß dieser Dialog zum Nutzen aller ist.«

Daß aber auch jene Parteien, denen von Wahltermin zu Wahltermin unangenehme zeitlose Wahrheiten ins Stammbuch geschrieben worden sind, ihre klerikalen Aufpasser noch bezahlt haben, ist schon weit weniger einsichtig. Das ist eine bundesrepublikanische Besonderheit. Der frühere Ministerpräsident von Nordrhein-Westfalen, Heinz Kühn, ist einmal aus der Phalanx seiner Partei ausgeschert und hat gemeint[12]: »Noch bekommen die Kirchen Geld auf Grund uralter Gesetze und historischer Verträge. Eine Flurbereinigung der finanziellen Verhältnisse der Kirche zum Staat ist unbedingt notwendig.« Inzwischen ist diese Meinung jedoch von der real existierenden Sozialdemokratie in der Bundesrepublik wieder aufgegeben worden. Das Kaninchen vor der Schlange.

Neuerdings wird ein Argument herangezogen, das selbst das Bundesverfassungsgericht in seinen Bann geschlagen hat. Es ist die Rede von der »Partnerschaft« zwischen Staat und Kirche. In der DDR hieß das bis vor kurzem »gemeinsame humanistische Verantwortung«[13]. »Partnerschaft« klingt nicht schlecht. Zu einer Zeit, da jeder Mensch sich anstrengen muß, Partner zu sein oder zu werden, in einer Epoche, da Ehen durch Partnerschaften abgelöst werden und Partner zu sein der höchste Ausdruck zwischenmenschlicher Verbundenheit zu sein scheint, kann auch die Kirche nicht zurückstehen.

Die Kleriker kämpfen um ihren Einfluß, und dazu haben sie dasselbe Recht wie andere Lobbyisten auch. Was sie an unmittelbarem Einfluß auf unsere Gesellschaft verloren haben, versuchen sie dadurch zu ersetzen, daß sie ihre Institutionen absichern und ihre Service-Offerten bezahlen lassen. Der »Klerikalismus« ist stets bestrebt, die gesellschaftliche Entwicklung im Sinne der eigenen Optionen mitzubestimmen. Diese uralte Ambition wird seit einiger Zeit mit dem Argument zu begründen gesucht, die Kirche habe »eine besondere Verantwortung für die Welt«. Also müsse die Kirche eine allgemein wirksame, weltweit tätige Kraft sein oder (wieder) werden, die zwar am besten außerhalb der Gesellschaft stehe, um ihren Eigenstand gegen den »Zeitgeist« verteidigen zu können, die jedoch »wie ein Sauerteig« die Gesellschaft durchdringen müsse, um sie ganz und gar umzuformen.

Mit Religion, mit Christentum habe diese Erscheinung nichts zu tun, meinen die Vertreter der »idealen« Kirche. Daß ein Klerikalismus jeder Couleur wesentlich zu einer abendländischen Religion gehöre, sagen die anderen. Die Kirchengeschichte spricht für die letzteren.

Vorbei sind zwar die Zeiten, als sich der Papst und seine Kirche als

Herren der Restwelt aufspielten. Inzwischen ist die frühere Ideologie bankrott. Kein Kleriker kann mit ihr mehr Staat machen. Aber Partner will er doch ein bißchen sein. Die »grundsätzliche Gleichordnung von Staat und Kirche als eigenständige Gewalten«, von der der Bundesgerichtshof noch im Jahr 1961 sprechen durfte[14], ist unterdessen auch nicht mehr akzeptiert. Von »Gewalten« wie früher spricht heute kein Mensch mehr gerne, der an seine Interessen (und Wähler) denkt. Staat und Kirche gar gleichberechtigt nebeneinander zu nennen ist auch nicht mehr opportun. Doch »Partner« hört sich ganz passabel an.

Auch auf der staatlichen Seite möchten einige recht gerne mitreden. Solidarität zwischen Gesellschaft, Staat und Kirche, Harmonie aller zugunsten der gemeinsamen Probleme und erst recht zugunsten der Armen und sozial Schwachen, das macht sich gut. Das läßt Wahlen gewinnen. Das Bundesverfassungsgericht zieht am selben Strang. Staat und Kirche, »die sich für dieselben Menschen verantwortlich fühlen«, sehen jetzt die »Notwendigkeit verständiger Kooperation«[15]. Das höchste Gericht der Bundesrepublik bezieht sich für diese Worte nicht etwa auf Rechtsprechung und staatskirchenrechtliche Literatur zum Thema. Es beruft sich auf Regierungserklärungen der sozialdemokratischen Bundeskanzler Brandt und Schmidt.

Vor 1918 hat es ein »Ineinander« von Kirche und Staat gegeben, in der Weimarer Republik ein »Nebeneinander«, von 1933 bis 1945 ein sogenanntes »Gegeneinander« – und jetzt gibt es eben ein »Miteinander«[16]. Merkwürdig, daß die Kirche in jedem einzelnen dieser Fälle finanziell profitiert hat. Offensichtlich dreht keine noch so prostitutive Argumentation der Kleriker (»wir können es mit jedem«) den staatlichen Geldhahn zu.

Ist die Kirche aber in der Tat eine gleichberechtigte Gesprächs- und Aktionspartnerin? Ist die Solidaritätsfrage unter Demokraten wirklich noch offen? Ich meine nicht. Mit der Kirche der beschriebenen Art sind nur noch taktische Übereinkünfte möglich. Grundsätzlich können Demokraten aller Lager nicht mehr mit Leuten verhandeln, die in ihrer eigenen Institution und Gruppe ein undemokratisches System aufrechterhalten, das nicht einmal der Menschenrechts-Charta der UNO entspricht.

Der deutsche Kurienkardinal Ratzinger hat 1984 die Katze aus dem Sack gelassen. Er bezeichnet, wie im 19. Jahrhundert im Vatikan üblich, den modernen Staat ebenso unverfroren wie entlarvend als »unvollständige Gesellschaft« und bietet ihm, dem unvollkommenen, aufgrund der Überlegenheit der Kirche »Kräfte von außerhalb seiner selbst« an, »um als er selbst bestehen zu können«[17].

Seither könnten manche wissen, woran sie sind. »Partnerschaft« ist jedenfalls zu hoch gegriffen. Der Begriff ist nach Lage der Dinge ähnlich unpassend, wie wenn er auf andere totalitäre Systeme angewandt würde. Nicht-Demokraten können von Demokraten nicht ohne Gesichtsverlust Partner genannt werden. Wer aber meint, sich dennoch mit klerikalen »Partnern« sehen lassen und handeln zu können, der hat keine Entschuldigung vor der Zukunft mehr.

Das Bonner Grundgesetz kennt den Begriff der »Trennung von Kirche und Staat«. Juristisch mag das eindeutig sein, politisch ist es das nicht. Die Kleriker haben sich niemals mit diesem Sachverhalt der Verfassung abgefunden. Im Alltag sind die Großkirchen und ihr Staat »partnerschaftlich« vereinigt bis zur Unkenntlichkeit. Dabei sind Kirche und Staat keine vergleichbaren Größen. Wer sie als gleichrangig bezeichnet, denkt so klerikal wie seine Vorfahren im Mittelalter. Er ist von kirchlichen Interessen gelenkt.

Doch rührt sich noch immer nichts. Woran es wohl liegt, daß Leute, die innerkirchlich alles andere als freiheitliche Demokraten sind und deshalb jeden Anspruch verwirkt haben, dem Staat Anweisungen für dessen demokratisches Handeln zu erteilen, ungestraft und hochdotiert weiter »verkündigen« dürfen, was sie für verkündigungswert halten? Ich kann es den ausländischen Freunden nicht erklären. Die Deutschen bleiben sich so treu, daß jede Erklärung versagt.

Wer es immer noch nicht weiß: Die Bundesrepublik ist de facto ein Land mit christlicher Vergangenheit und mit Restbeständen christlicher Tradition. De iure aber leistet sie sich den Luxus, diese Restbestände so teuer zu bezahlen wie niemand sonst auf der Welt. Weder in Ost noch in West finden sich ähnliche Privilegien für die »Wächter« wie bei uns. Alle ausländischen Wächter-Kirchen können nur davon träumen, gleich privilegiert und dotiert zu sein wie ihre bundesdeutsche Kollegin. Ich werde für diese Spendierlust viele Belege anführen.

Weshalb zahlen Franzosen noch immer nichts?

So schlecht kann doch das System der Bundesrepublik nicht sein. Uns geht es doch ganz gut, und unseren Kirchen auch. Soll denn überhaupt etwas geändert werden? Mitten im Strom wechselt niemand seine Pferde. Wer so denkt, muß auch weiterdenken. Wenn das System der Bundesrepublik so gut funktioniert, müßte es exportiert werden. Anderswo leben doch auch Gläubige. Warum haben die übrigen Länder unser System nicht längst übernommen?

Sie wollen einfach nicht. Die Christen, die nicht in der Bundesrepublik leben, winken ab. Offensichtlich haben sie Gründe für ihre Verweigerung. Manche unter ihnen kennen die historischen Zusammenhänge zu genau. Sie haben nicht vergessen, auf welche Weise die deutsche Kirche an ihr Geld gekommen ist. Am deutschen Wesen wollen sie nicht genesen. In einer Zeit, in der das gemeinsame europäische Haus gebaut werden soll, ist diese Tatsache nicht unwichtig. *Auf kirchenpolitischem Terrain ist die Bundesrepublik isoliert.*

Warum sind Päpste so schlecht auf »Laizisten« zu sprechen?

Das überalterte »Modell Deutschland« interessiert weder die Nachbarn im Westen noch die im Osten. Ich nenne nur die Franzosen, die aber ausführlich. Denn zum einen lassen sich am Beispiel unserer wichtigsten Nachbarn kirchenpolitische Vorgänge aufzeigen, die zwischen dem Vatikan, Deutschland und Frankreich abgelaufen sind – und zu völlig unterschiedlichen Ergebnissen geführt haben. Zum anderen wirkt vor dem Hintergrund der französischen Regelungen das Verhältnis von Staat und Kirche in der Bundesrepublik besonders veraltet. Die Kirchensysteme der beiden Nachbarländer unterscheiden sich grundlegend voneinander. Frankreich praktiziert die völlige Trennung von Staat und Kirche. Diese hat es einer geistesgeschichtlichen und politischen Strömung zu verdanken, die in der klerikalen Literatur bewußt verkürzend mit dem Totschlagwort »Laizismus« benannt wird.

Ein weiterer Ismus. Neben Katholizismus und Protestantismus. Aber während jene beiden ehrenvolle Begriffe sein sollen, haben sich die Kleriker darauf verständigt, daß »Laizismus« ein negativ besetzter Begriff bleibt. Sie führen die Vokabel gern im Munde, wenn es darum geht, »die Kirche« zu verteidigen. Daß ihr eigener Klerikalismus im bundesdeutschen Alltag der Kirche viel schlimmere Wunden reißt, als es ein – eingebildeter – Laizismus je könnte, verschweigen sie bewußt. Dieses Verschweigen decke ich auf, indem ich so oft wie notwendig in diesem Buch von den »Klerikern« spreche. Der Begriff »Laizismus« läßt sich, wenn es um die Anti-Volks-Kirche geht, nur vor dem Hintergrund des »Klerikalen« und der »Kleriker« erklären.

Unter Klerikern verstehe ich nicht einfach die Priester der katholischen Kirche (also nicht den Pfarrer von nebenan), sondern all jene Kirchenleute, die in beiden Großkirchen, geweiht oder nicht, die Anliegen einer Gruppe in der Kirche kämpferisch gegen den zur weltanschaulichen Neutralität verpflichteten Staat vertreten – und gegen die demokratisch geschulten Bürgerinnen und Bürger, die sich dies nicht mehr länger bieten lassen. Kleriker kämpfen nicht für die Anliegen »der« Kirche, sondern für die einer kleinen, elitären, privilegierten Gruppe, die sich noch immer zur Kirche zählt, obgleich sie seit Jahrhunderten eben diese Kirche ideologisch und finanziell ausnutzt. Nach meiner Schätzung repräsentieren sie etwa 4 Prozent der Gesamtbevölkerung der Bundesrepublik, mit Ansprüchen, die an 70 Prozent der Bundesdeutschen gerichtet sind, und leiten daraus ihre Legitimation ab. Denn noch immer sind etwa 70 Prozent der Bundesdeutschen nominell Christen, in Großstädten wie Berlin oder Frankfurt freilich bedeutend weniger. Für die 65 Prozent Taufscheinchristen (ich habe wohlwollend die rund 4 Prozent überzeugten »Bekenner« abgerechnet) wollen die Kleriker offiziell sprechen. Auf dem Humus der großen Zahlmasse derer, die nur vergessen haben auszutreten, siedeln sie ihre Privilegien an. Mit Hilfe dieses Etikettenschwindels sind politischer Katholizismus und Protestantismus in der Bundesrepublik auf dem Vormarsch statt auf dem Rückzug.

Immer, wenn es günstig ist, rechnen die Kleriker mit der großen Zahl der Christen in unserem Land und führen stolz die »Mehrheit« vor. Und immer, wenn es günstig ist, benehmen sie sich als Sprecher des »armen, armen kleinen Häufleins«, das als sichtbares Zeichen des »Andersseins« im Wohlstand der Bundesrepublik die Fahne der Armen und Verfolgten vor sich herträgt. Dann geben sie zu, daß die Religion aus der Gesellschaft »ausrinnt«[18]. Dann klagen sie, daß einem fast die Tränen kommen.

In beiden Fällen, im Stolz wie im Lamento, geht es den Klerikern nur um eins: Geld. Unser Geld. Wir müßten uns endlich einmal überlegen, ob sie es überhaupt verdient haben. Aber das ist nach Meinung der Kleriker schon eine typisch »laizistische«, klerusfeindliche Überlegung.

Im Wort Laizismus selbst steckt, unschwer zu erkennen, die Vokabel »Laie«. Die kennen wir bereits. Laien sind die im katholischen Dogma und Kirchenrecht sorgsam von den Amtsträgern abgegrenzten einfachen Leute, die eigentlich nichts zu sagen haben in der Kirche. Machen sie nun aber doch den Mund auf und stellen sie gar politisch verwertbare Forderungen an die Kleriker, dann heißen sie »Laizisten«.

»Laie« mag ein Kampfbegriff sein, der sich gegen den »Kleriker« abheben läßt. Doch das ist ein innerkirchliches Problem. Wenn Kleriker sich – wie schon Papst Bonifaz VIII. im Jahr 1296[19] – vor den Leuten fürchten, die sie Laien nennen, ist das ihre Sache. Wenn aber der Klerikalismus die Demokratie bedroht, ist das unsere Sache.

Daß die Meinungen der weitaus überwiegenden Mehrzahl des

Kirchenvolkes auch etwas gelten könnten und müßten, will den Amtsträgern nicht in den Kopf. Während ganzer Jahrhunderte der Kirchengeschichte gab es heiße Kämpfe zwischen Klerus und Laien. Schließlich haben aber die Elitären gesiegt. Dieser Sieg war freilich nur vorläufig. Die Laien haben immer wieder aufbegehrt, und auch ein paar jener Rechte gegen den Klerus durchgesetzt, die sie zu Recht für ihre Menschenrechte hielten. Die klerikale Theologie hat in unserer Zeit damit begonnen, diese Entwicklung theoretisch nachzuvollziehen. Das hört sich so an: Der Begriff »Laie« kann überhaupt nur gewonnen werden, wenn die von Gott vorgegebene Unterscheidung der Kirchenangehörigen in Klerus und Laienvolk berücksichtigt wird. Einen Eigenstand haben sie eigentlich nicht. Dafür sind »auch« sie dazu berufen und befähigt, zu ihrem Teil am kirchlichen Apostolat teilzunehmen (»Laienapostolat«).

Also: Auch sie dürfen, zu ihrem ihnen zugewiesenen Teil, partizipieren. Ganz ohne sie geht es nicht. Aber viel dürfen sie nicht. Sie nehmen ihre gesamtkirchliche Mitverantwortung beispielsweise wahr, indem sie sich in den Beratungsorganen der Amtsträger engagieren. Diese Berufslaien finden sich dann im Pfarrgemeinderat, im Regionalrat, im Diözesanrat, im Seelsorgerat. Da dürfen sie raten, was der jeweilige Kleriker schon beschlossen hat. Von innerkirchlicher Demokratie wird dabei nur in Festansprachen gesprochen. Mit moderner Demokratie hat das nichts zu tun.

Den Frauen geht es in der Männergesellschaft Kirche durchweg gleich. In einer der wichtigsten Bastionen des Patriarchats haben sie dienend zu schweigen.

Die »Laien« sind ein leidvolles Thema der Kleriker. Und erst recht die »Laizisten«. Sie sind grundsätzlich nicht mit dem zufrieden, was als Brosamen unter den Tisch der Kleriker fällt. Sie haben eine große Tradition, die besonders in Frankreich stark ist. Das Papsttum mußte Angst vor den Laizisten haben und sich wehren. Der restaurative Pius IX. hat im Jahr 1864 den »Zeitirrtum des Laizismus« neben 79 anderen sogenannten Irrtümern als schwere Verfehlung gegen den wahren

Glauben verurteilt[20]. Diese Verdammung, Inbegriff klerikaler Barbarei, hat aber weder gesellschaftlich noch kirchenpolitisch viel genützt. Der Laizismus ist nicht nur in Frankreich zum konstitutiven Bestandteil demokratischer Bewegungen geworden. Im Kirchenstaat dieses Papstes aber, einer wahren Klerokratie, in der Priester und Polizei das Sagen hatten, gab es seinerzeit zum Beispiel immerhin noch 70 Prozent Analphabeten[21]. Und ich weise in diesem Zusammenhang auf zwei weitere geschichtliche Fakten hin, die Einblicke in das undemokratische Innenleben einer »Volks«-Kirche zulassen, soweit diese sich am Hauptsitz Rom konkretisiert hat. Beispiel 1, Leibeigenschaft: Unter allen abendländischen Großstädten ist die Sklaverei im päpstlichen Rom am längsten beibehalten worden[22]. Beispiel 2, Selbstbestimmung: In einer Volksabstimmung im Herbst 1860 hatten sich schon 230 000 Menschen gegen die päpstliche Herrschaft in den Provinzen Umbrien und den Marken entschieden, und nur 1600 für Pius IX.[23]. Das hielt den Souverän nicht ab, nach wie vor ein Fünftel der landwirtschaftlichen Fläche von ganz Italien zu beanspruchen und den Seinen die Freiheiten zu versagen, die sie außerhalb seines Machtbereichs schon errungen hatten. Als er 1870 schließlich seinen Staat einbüßte, obgleich die Bischöfe des Erdkreises immer wieder versichert hatten, das weltliche Regiment des Papstes – und wohl auch die 40 000 Quadratkilometer Landbesitz – seien von Gottes Vorsehung gewollt, und als sich bei einer Volksabstimmung 133 681 Wähler für den Anschluß an Italien (und nur 1507 dagegen) ausgesprochen hatten[24], zog sich Pius IX. schmollend in seinen Vatikan zurück. Entschädigungsangebote nahm er nicht an. Aber nicht etwa, weil er der Auffassung war, sein früheres Territorium sei ohnedies von seinen Vorgängern zusammengestohlen gewesen, sondern weil er auf eine Befreiung aus seiner Gefangenschaft hoffte. Schon 1871 war er allen Ernstes daran interessiert, daß das Deutsche Reich ihn militärisch (»Kreuzzug über die Alpen«) aus seiner Lage befreie und die »Beraubung des Hl. Stuhles«[25] rückgängig mache.

Da hätte er lange warten können. Ganz so dumm schossen die Preußen nicht. Befreit wurden die im Vatikan »gefangenen« Päpste, die aus lauter Verdruß über ihr Schicksal den Apostolischen Segen Urbi et orbi zu Ostern nur noch in Richtung Vatikanische Gärten, aber nicht – wie heute – nach vorne in Richtung Petersplatz spenden wollten, erst durch Mussolini. Denn der Faschismus machte ein für allemal klar, wie Katholiken mit ihren Päpsten umzugehen hatten. Daß der Name Mussolini in goldenen Lettern in die Geschichte der katholischen Kirche eingetragen wurde, war 1929 in einem Glückwunsch aus Köln zu lesen. Absender? Konrad Adenauer[26].

Papst Pius IX., dessen Eigensinn die Kirche auch das Dogma von der »Unfehlbarkeit« zu verdanken hat[27], ist zu Recht schon lange nicht mehr im Gespräch. Er war ein Zeitirrtum. Vielleicht ist die verurteilende Kirche selbst auch ein Zeitirrtum. Wir werden sehen.

Einmal mehr zeigt sich die historische Erfahrung der Menschen: Grundrechte müssen gegen die Amtskirche durchgesetzt werden. Mit ihr zusammen läßt sich nichts bewegen. An der Emanzipation des Menschen hat die Kirche einen minimalen Anteil. Martin Dibelius, ein bedeutender protestantischer Theologe aus Deutschland, sagte einmal knapp: »Darum waren alle, die eine Verbesserung der Zustände dieser Welt wünschten, genötigt, gegen das Christentum zu kämpfen.«[28]

Frankreichs Laizisten wußten dies schon früher als die Deutschen. In ihrem Land war der Boden bereitet. Die »älteste Tochter der Kirche«, wie sich Frankreich einmal stolz genannt hatte, spielte mit dem Gedanken, ihre Mutter aufzugeben. Die Kirche hatte zwar noch unter Kaiser Napoleon III. die günstige Lage ausnutzen können, die Alleinherrscher bieten: Mit dem Emporkömmling und seinem reaktionären System hatte sie, selbst durch und durch konservativ, sich zu arrangieren vermocht. Doch um die Jahrhundertwende drehte sich der Wind. Nachdem der Kaiser gestürzt war und die Republik sich gefestigt hatte, erinnerten sich viele Franzosen an die unrühmliche Rolle, die die Kirche im Kaiserreich gespielt hatte. Sie brauchten sich nur umzuschauen und umzuhören, wenn sie wissen wollten, daß die Katholiken an ihrer Gegnerschaft gegen die republikanische Staatsform festhielten. Mit der Demokratie der Zeit hatte der Vatikan – Sitz einer absoluten

Monarchie bis heute – nichts im Sinn. Immer wieder waren von Papst und Bischöfen antidemokratische Äußerungen zu hören: Rom weigerte sich aus Gründen der Selbsterhaltung, die bürgerlichen Rechte auch nur von ferne anzuerkennen. Meinungsfreiheit und Pressefreiheit blieben ihm ein Greuel[29].

Zur Erinnerung: Die Erklärung der Menschenrechte zu Beginn der Französischen Revolution ist seinerzeit von der Kirche mit einer Verlautbarung beantwortet worden, die diese Menschenrechte – Gedankenfreiheit, Religionsfreiheit, Rede- und Pressefreiheit – als Ungeheuerlichkeiten verdammte[30].

Helmut Kohl[31] im Jahr 1976: »Die Grundwerte unserer Verfassung stehen in einem engen Zusammenhang mit dem von den Kirchen tradierten Menschenbild. Man kann wohl sagen, daß es ohne die historischen Leistungen der Kirchen den modernen Staat in seiner heutigen Gestalt nicht gäbe.«

Zum aktuellen Stand: Fuldas Bischof Johannes Dyba hat noch 1989 die Französische Revolution als »Machtübernahme der Gottlosen« geschmäht, die »vor 200 Jahren zum ideologischen Völkermord geführt« habe[32]. Die ideologischen Völkermorde (Religionskriege, Inquisition, Kreuzzüge), die seiner eigenen Kirche anzulasten sind, hat er zu erwähnen versäumt. Hierzulande kann sich ein Kleriker so etwas noch immer leisten. In Frankreich kaum.

Deutsche Kirchenglocken haben nachweislich nicht nur zum »Tag der Unschuldigen Kinder« (28. 12.) des Jahres 1989 geläutet, sondern auch aus Anlaß von »Führer«-Besuchen während der Hitler-Diktatur[33]. Die deutschen Bischöfe haben auch zu Hitlers sogenannter »Volksabstimmung« vom 10. April 1938 mahngeläutet, um die Ihren an die Urnen zu treiben[34]. Und nach der Niederlage Polens im Jahre 1939 haben sie sieben Tage hintereinander zwischen 12 und 13 Uhr festläuten lassen, um Hitlers Angriffskrieg zu feiern[35].

Wie viele dieser mahn- und festläutenden katholischen Glocken sind wohl aus öffentlichen Mitteln mitfinanziert worden? Es müssen Tausende sein.

Wie haben denn die Franzosen das Problem gelöst?

Frankreich hat im 19. Jahrhundert andere kirchenpolitische Entscheidungen getroffen und andere finanzielle Konsequenzen eingeleitet als die Deutschen. Daß der Vatikan noch immer von den Segnungen der Monarchie träumte und die romtreuen Katholiken entsprechend beeinflußte, vergaß die parlamentarische Mehrheit des republikanischen Frankreich nicht. Gesetz um Gesetz drängte den Einfluß der Kirche zurück: Orden wurden aufgehoben, die Geistlichen wurden zum Militärdienst verpflichtet, die Ehescheidung wurde erleichtert, der Religionsunterricht verschwand aus den staatlichen Schulen.

Die Deutschen aber schauten über den Rhein und wagten selbst den Aufstand nicht. Zwar muckten einige Gruppen auf, doch gelang es der Kirche in Deutschland, ihre Besitzstände zu retten. Was sich an kritischen Positionen aus jenen Tagen in unserer Erinnerung bewahrt hat, wird inzwischen unter dem Stichwort »Kulturkampf« behandelt. Noch heute tut dieses Wort des großen deutschen Arztes Rudolf Virchow (1873) seine Wirkung: Wann immer in der Bundesrepublik klerikale Besitzstände – etwa beim Religionsunterricht – angerührt werden sollen, taucht die Vokabel »Kulturkampf« auf und hält viele davon ab, sich ans Denken und Handeln zu machen. Die Angst der Deutschen vor der eigenen Kirche sitzt tief.

Ist es Angst? Oder ist es der »religiöse Sinn, der den Germanen angeboren ist«, den Kaiser Wilhelm II.[36] ein paar Jahre bevor sein Bündnis von Thron und Altar den Ersten Weltkrieg anzettelte, vor den Mönchen des Klosters Beuron beschworen hat? Lesen wir die Ergüsse deutscher Theologen aus jenen Tagen, da »im deutschen Volke die alte Heldenkraft aufs neue erwacht«[37] war, könnten wir beinahe glauben, die Worte des Rottenburger Bischofs von Keppler seien glaubhaft gewesen und der »Kampf um das Deutsche Reich« sei wirklich »zu einem Kampf um das Reich Gottes«[38] entartet.

Aber es kam ganz anders. Gott war nicht mit uns, nicht mit dem »Triumph der sittlichen Weltordnung«, sondern mit den Bajonetten jener »gottesfeindlichen Staatsidee aus Frankreich«, die – so Michael Faulhaber, der Bischof von Speyer –, »ungestraft durch die Welt fortwuchern«[39] wollte. Geholfen haben dem Kaiser weder der religiöse Germanensinn noch sein Bündnis mit den Altären der beiden Großkirchen. Als die Seinen kapituliert hatten, sprach der nächste Papst, Benedikt XV., die wegweisenden Worte: »Diesen Krieg hat Luther verloren[40].«

Wie es ihr kirchengeschichtlich erprobtes Prinzip ist, stand die katholische Kirche auch diesmal wieder gegen Ende des Völkermordens auf der richtigen Seite, auf der der Sieger. Benedikt XV. konnte sich an die wahren Werte erinnern, und selbst das laizistische Frankreich durfte sich anhören, von ihm aus »solle sich Gottes Gnade über die ganze Welt ergießen; was menschliche Klugheit auf der Versailler Konferenz begonnen, möge göttliche Liebe veredeln und vollenden«[41]. Benedikt bat sogar darum, »der Freund Frankreichs genannt zu werden, ohne Franzose zu sein«[42].

Der römische Papst hatte wieder einmal mitgesiegt, während »der Papst der Preußenreligion hinweggefegt«[43] war. Luther am Boden, das hörten nicht wenige Nicht-Lutheraner gern. Schon Papst Pius X. hatte ihnen gefallen, der 1910 nicht nur den Protestantismus als Anfang der Revolution bezeichnet, sondern auch die führenden Reformatoren »hochmütige und rebellische Feinde des Kreuzes Christi« und »irdisch gesinnte Menschen voll sittlicher Zügellosigkeit, deren Gott der Bauch ist«[44], genannt hatte. Das war keine einmalige Entgleisung. Nur ein Beispiel: Die päpstliche Zeitung *Osservatore Romano* hat am 13. März 1933 geschrieben: »Protestantismus, Schisma, Laizismus und Bolschewismus sind im Grunde das gleiche.«

Die katholische Sache einmal mehr richtig gewendet. Ob dies nicht Grund genug für die katholischen Deutschen war, die Kirche noch intensiver als vor dem Krieg zu finanzieren? Zwischen 1919 und 1930 sind in Deutschland nicht weniger als 12 Klöster im Monatsdurchschnitt gegründet worden. Mit einem Gesamtzuwachs von rund 2000 Mitgliedern pro Jahr[45]. Das spricht – mitten in einem Land sich ausbreitender Arbeitslosigkeit und wachsender Inflation – für eine stete finanzielle Entwicklung klerikaler Interessen. Die Deutschen zahlten in jedem Fall, als potentielle Sieger wie als reale Verlierer. Noch zu Beginn des Krieges hatten sie ganz andere Töne aus dem Vatikan gehört. Damals hatte Rom noch auf den deutschen Sieg gesetzt. Noch wenige Tage vor seinem Tod hatte Papst Pius X., der Weltkrieg war schon in vollem Gange, die deutschen Katholiken als »die besten der Welt« bezeichnet[46]. Er wußte, warum. Er hatte nur nach Westen, nach Frankreich, zu schauen brauchen, um zu erfahren, wie weniger gute Katholiken mit seinem Klerus umsprangen.

Religiöser Sinn? Angst vor der Kirche? Die Franzosen kennen wie die meisten anderen Europäer das Problem nicht mehr. Nach immer schärfer werdenden Debatten wurden im Jahr 1904 die diplomatischen Beziehungen zum Vatikan abgebrochen. Im folgenden Jahr war schließlich die vollständige Trennung vollzogen. Papst Pius X. hatte in schärfster Form protestiert. »Kraft der Machtvollkommenheit, die Uns von Gott übertragen worden ist«, hatte er sogar das von der französischen Volksvertretung beschlossene Trennungsgesetz »annulliert«, weil es »Gott im tiefsten Sinne verächtlich behandelt«[47]. Doch der erwartete Sturm im katholischen Volk war ausgeblieben.

Märtyrer waren nicht gefragt. Päpstliche Sprüche wie derjenige, daß »Frankreich nur im Festhalten am Himmel und am Papsttum groß sei und gerettet werden könne«[48], auch nicht. Die Französische Revolution hatte sich auch in diesem Fall behauptet. Der in beiden Revolutionen angelegte Menschenrechtsgedanke hat sich als stärker erwiesen als jede vatikanische Ideologie.

Die Kirche Roms ist seit 1905 in Frankreich nicht mehr die – auch in staatlichen wie steuerlichen Belangen – alleinseligmachende. Eine – wenn auch jahrhundertealte – Tradition ist abgebrochen. Jetzt haben alle Menschen gleich welcher Weltanschauung die reale Chance, sich unabhängig von staatlicher Bevormundung und von staatlichem Geld zu verwirklichen. Vollständige Trennung bedeutet in Frankreich wirklich vollständig. Auch andere Staatswesen haben seither diese Vollständigkeit erreicht. Die Trennung von Staat und Kirche, die sich die Deutschen in ihren Verfassungen erlaubt haben, ist vergleichsweise unvollständig. Sie befreit, das wohlfeile Gerede von »Partnerschaft« hin oder her, weder die Kirche noch den Staat vom Gegenüber.

Auch in Frankreich gibt es eine nicht unwichtige Ausnahme. Als 1905 das Trennungsgesetz beschlossen wurde, gehörten einige östliche Landesteile zum Deutschen Reich, die es im Krieg von 1870/71 erobert hatte und erst nach dem 1. Weltkrieg wieder abgeben mußte. Die beiden Bistümer Straßburg und Metz leben daher nach anderem Recht. Sie sind noch dem Konkordat Napoleons (1801) und den entsprechenden Zusätzen von 1802 unterworfen. Napoleon hatte sich mit dem Vatikan arrangiert, kannte er doch keine Menschen, »die sich besser verstehen als Priester und Soldaten«[49]. Auch wußte er: »Wenn man mit dem Papst in Einklang ist, beherrscht man noch heute das Gewissen von hundert Millionen Menschen.«[50] Und im Jahr 1808 regelte er in diesem Geist den Unterricht an den Schulen. Grundlage aller öffentlichen Pädagogik hatten künftig das Normensystem der katholischen Religion und die treue Ergebenheit gegen den Kaiser zu sein. Diesen Geist atmen die – bis heute gültigen – Vorschriften des Konkordats zwischen Soldat und Priester, zwischen Papst und Kaiser. Die Situation in den elsässisch-lothringischen Teilen Frankreichs ist ähnlich wie in der Bundesrepublik: Die als »Kulte« anerkannten Religionsgemeinschaften und ihre Kultdiener, Kultgebäude und Gottesdienste werden vom französischen Staat subventioniert. Auch ist der Religionsunterricht und die Ausbildung an theologischen Fakultäten gesetzlich gesichert. Die kirchlichen Würdenträger haben bei öffentlichen Zeremonien einen offiziellen Rang[51].

Der ungleich größere Teil Frankreichs kennt diese Sorgen nicht. Ich übergehe daher die spezielle Lage in den drei östlichen Departements Bas-Rhin, Haut-Rhin und Moselle und zitiere Artikel 2 des Trennungsgesetzes von 1905: »Die französische Republik erkennt keinen Kult an und subventioniert keinen Kult.«

Das besagt, daß der französische Staat grundsätzlich von der Kirche keine Kenntnis nimmt und sie daher auch nicht finanziell aushält. Keine Kirche ist in Frankreich eine Körperschaft des öffentlichen Rechts wie in der Bundesrepublik, kein Kult ist privilegiert. Die französische Kirche hat ihre öffentlich-rechtliche Stellung verloren und ist in den Bereich des Privat- und Vereinsrechts verwiesen. Allerdings zwingt das praktische Leben immer wieder zu Ausnahmen. Die Tatsache, daß Staatsbürger auch gläubig sein können, verlangt besondere Regelungen etwa im Bereich von Ehe und Schule. An der prinzipiellen Trennung ändert dies nichts, und die Franzosen leben damit ganz zufrieden.

Alle Kirchen und Religionsgemeinschaften haben in Frankreich jede Freiheit, um ihre Gottesdienste und Kultzeremonien durchzuführen und ihre Lehre bekanntzumachen. Nur müssen öffentliche Ruhe und Ordnung aufrechterhalten bleiben. Im Fall von Prozessionen außerhalb der Kirche und beim exzessiven Glockenläuten hat es immer wieder Schwierigkeiten gegeben[52].

Die vor 1905 errichteten Kultgebäude gehören dem französischen Staat. Er stellt sie den Kulten zur Verfügung. Die seither errichteten Gebäude gehören eigens gegründeten Vereinen. Frankreich greift nicht in die Auswahl der Kultdiener ein. Pfarrer, Pastoren, Rabbiner werden von der zuständigen Autorität des jeweiligen Kultes ernannt. In ihrer Rechtsfähigkeit sind sie allerdings unter bestimmten Voraussetzungen beschränkt: Sie dürfen bestimmte Staatsämter nicht ausüben, an öffentlichen Schulen nicht Lehrer werden, sich nicht testamentarisch (von Nicht-Verwandten) als Erben einsetzen lassen. Zum Militärdienst werden sie herangezogen wie die übrigen Bürger auch.

Der gesetzlichen Pflicht zur Sozialversicherung unterliegen katholische Kultdiener nicht. Die aufzuwendenden Beiträge waren der Kirche zu hoch erschienen. Im Gegensatz zu den Verhältnissen in der Bundesrepublik kann sich die Kirche in Frankreich keine Sonderausgaben leisten.

Das Gesetz von 1905 hat die Zahlung von staatlichen Gehältern an die Pfarrer beendet. Eine Kirchensteuer gibt es in Frankreich nicht. Die Geistlichen leben von freiwilligen Zuschüssen und Spenden. Das

»Heldenzeitalter«[53] der zwanziger Jahre, als französische Kleriker in abgetragenen Kleidern herumliefen und eine Art Mystik der Armut ausbildeten, ist allerdings vorbei. Unterdessen sind in Frankreich nur noch die wirklich Armen arm, und das auf ganz unheroische Art. Wenn französische Priester sehen, daß ihre deutschen Kollegen Mittelklasseautos fahren und deutsche Bischöfe in Luxuswagen chauffiert werden, denken sie zwar über die Solidarität der einen Kirche nach. Aber tauschen möchten sie um keinen Preis. Die bundesdeutsche Lösung ist für sie ebensowenig eine Lösung wie für polnische oder tschechische Priester. Ob sie mit ihrer Haltung dem armen Jesus aus Nazareth ferner sind als ihre deutschen Mitbrüder?

Die »Laien« riskieren ihrerseits hin und wieder einen Blick über die Rheingrenze. Aber ich habe noch keinen getroffen, der das diesseits des Rheins geltende Kirchensteuersystem hätte für Frankreich übernehmen wollen. Ich frage mich immer wieder, ob die Kleriker der Bundesrepublik blind sind für diese Nachbarn. Ob sie ein ruhiges Gewissen haben, wenn sie ihr eigenes System als das beste der Kirchenwelt feiern? Ob sie auch uns für blind halten?

Warum kann die deutsche Seele nicht anders?

Deutsche Spezialitäten. Ich führe sie an, weil sie wesentlich mit dem Thema »Die Kirche und unser Geld« zu tun haben. Denn irgendwo muß das leidige Finanzproblem juristisch geregelt sein, mit dem sich die Deutschen herumschlagen – und das sich andere Europäer vom Hals geschafft haben.

Wirklich, die deutsche Seele ist tief berührt von den Schalmeienklängen aus Rom. Sie kann nicht widerstehen. Sie möchte geliebt werden – und dafür teuer bezahlen. Während sich die Völker fast überall in der Welt zwischen den beiden Weltkriegen von dem klerikalen Erbe befreien konnten, das niemals das ihre gewesen war, arbeiteten die Deutschen dem Vatikan geradewegs zu.

Federführend auf vatikanischer Seite war der Nuntius Pacelli, späterer Papst Pius XII. Er zog die Fäden der vatikanischen Konkordatspolitik und hatte die deutsche Seite fest in der Hand. Alle Konkordate jener Zeit, die mit deutschen Ländern oder mit Hitler abgeschlossen worden sind, atmen nicht nur seinen dem Vatikan gegenüber loyalen Geist, sie tragen auch seine Unterschrift. Pacelli hat eine diplomatische Meisterleistung nach der anderen vollbracht: Er hat in den von ihm ausgehandelten und unterschriebenen Verträgen nicht nur seiner Kirche alle Vorteile gegenüber den Deutschen verschafft. Er hat es auch verstanden, den Deutschen weiszumachen, sie zahlten im eigenen Interesse, zum eigenen Vorteil. Reichspräsident Hindenburg, der später Hitler zum Reichskanzler bestellte, war Pacelli tief verpflichtet. Immerhin hatte es dieser nach dem Ersten Weltkrieg bei den Alliierten erreicht, daß auf eine gerichtliche Verfolgung des Kaisers Wilhelm II. verzichtet wurde[54]. Hindenburg vergaß das nicht. Als Pacelli nach dreizehn Jahren Berlin verließ, war es einem Kommentator[55], »als verlören wir mit ihm unseren Schutzengel«. Wie richtig das war, sollte sich während des Hitlerkrieges herausstellen. Als er im März 1939 zum Papst gewählt wurde, teilte er dies dem »Führer« als erstem Staatsoberhaupt der Welt mit. In deutscher Sprache, als »ein Akt besonderen Entgegenkommens«[56] gegenüber dem Verbrecher, der zu dieser Zeit bereits die »Reichskristallnacht« hinter sich gebracht hatte, um nur ein Beispiel aus seiner schon sechs Jahre andauernden Terrorherrschaft zu nennen.

Pacelli war über die deutschen Vorgänge so wohlinformiert wie stets. Er kannte Deutschland. Er hatte in seiner Zeit als Nuntius alles getan, um seine Schäfchen ins trockene zu bringen. Rom konnte triumphieren. Innerhalb weniger Jahre war es der Kurie geglückt, mit deutschen Ländern wie Preußen, Baden und Bayern Konkordate abzuschließen, und schließlich auch mit dem Dritten Reich des katholischen Diktators. Erstaunlich, und auch wieder nicht. Nachdem Bischof Faulhaber, seit 1921 Münchner Kardinal und unter Bayern bis heute als »Führer des katholischen Widerstandes gegen Hitler«[57]

angesehen, die erste deutsche Republik als Produkt von »Meineid und Hochverrat«[58] geschmäht hatte, wäre anzunehmen gewesen, daß der Klerus sich mit Vertretern dieser Weimarer Republik erst gar nicht an einen Tisch gesetzt hätte, um über Konkordate zu verhandeln. Doch genau dies geschah. Weiterhin gelang es dem Klerus, die Kirchenartikel der Weimarer Verfassung so vorteilhaft zu gestalten, daß er deren Übernahme ins Grundgesetz der Bundesrepublik ebenso leichten Herzens tolerieren konnte wie die fortwirkende Bonner Garantie für das Konkordat mit Hitler.

Wer annimmt, die staatlichen Unterhändler seien von den Kirchendiplomaten bei Konkordatsverhandlungen über den Tisch gezogen worden, kennt nur die halbe Wahrheit. Gewiß sind Kleriker niemals zimperlich, wenn es um ihren Vorteil geht, gewiß sind die Vertreter einer Institution, die sich für überzeitlich hält, den Repräsentanten der sogenannten vorletzten Werte von vornherein überlegen. Doch brauchen Täter auch willige Opfer. Willfährigkeit und Unterlegenheitsgefühl tun sich – auf der Seite des Staates und seiner Repräsentanten – nicht selten und bis auf den heutigen Tag zusammen, wenn es um kirchliche Belange geht.

Volksmeinungen interessierten die Herren nicht (der Evangelische Bund hatte gegen das Preußenkonkordat drei Millionen Unterschriften gesammelt[59]), Regierungskoalitionen wankten und stürzten (in Baden[60]), und der deutsche Dichterfürst[61] schien vergessen, der gemeint hatte:

»Ist Concordat und Kirchenplan
Nicht glücklich durchgeführt? –
Ja, fangt einmal mit Rom nur an,
Da seid ihr angeführt.«

Die deutschen Lemminge stürzten sich zielsicher ins Meer. Obwohl nachgewiesen werden kann, daß in der überwiegenden Mehrzahl der Fälle die Kirche mehr an einem Konkordat verdient als der Staat, haben sich die Deutschen das Recht nicht nehmen lassen, solche gerade finanziell höchst nachteiligen Verträge mit dem Hl. Stuhl abzuschließen.

Die damals geschlossenen Verträge sind noch heute nicht gelöst. Sie sind, das unter schmählichsten Umständen zustande gekommene Hitler-Konkordat eingeschlossen, gültig. Sie regeln – über das Bonner Grundgesetz und die Länderverfassungen – noch immer das Verhältnis zwischen Staat und Kirche. Und noch immer meinen die Deutschen, sie hätten Vorteile aus dieser Weitergeltung. Noch immer unternehmen sie nichts, um die damals beschlossene Verankerung des katholischen Kirchenrechts in Deutschland zu lockern oder gar zu lösen.

Im Gegenteil. Sie gehen sogar, wie erst vor wenigen Jahren in Nordrhein-Westfalen, neue Abmachungen ein, die der Kirche Roms noch weitergehende Zugeständnisse machen. Das ist, auf das übrige Europa gesehen, wo Kirchenverträge zunehmend restriktiv gehandhabt werden, eine ziemlich reaktionäre Haltung. Gerade, im Fall Nordrhein-Westfalens, von Sozialdemokraten.

Ob sich jemand in dieser Partei noch daran erinnern läßt, was einmal ein päpstlicher Kardinalstaatssekretär über ihresgleichen gesagt hat? Sozialdemokraten hätten keinerlei Recht, »als politische Partei behandelt zu werden«[62], meinte der zweite Mann im Vatikan, Kardinal Franchi, im Jahr 1878. Sie seien nur »die öffentliche Ordnung und Ruhe gefährdende und die Grundlagen aller lebensfähigen Staatseinrichtungen untergrabende Missetäter«. Aber auch sozialdemokratische Politiker haben eine deutsche Seele. Auch sie stehen stramm, wenn der Vatikan an das Geld ihrer Wählerinnen und Wähler will. Auch sie wollen vom Papst ernstgenommen und gestreichelt sein und zahlen dafür ganz gerne.

Der einzige Grund für mich, dieses Buch nicht zu schreiben, wäre übrigens die Befürchtung gewesen, einige darin entlarvte und sich darum ungerecht behandelt fühlende Kleriker könnten es zum Anlaß nehmen, den Abschluß weiterer Verträge zu verlangen.

Ein Staat, der wirklich auf seinen eigenen Vorteil und auf den seines

Volkes sieht, darf gar kein Konkordat schließen. Nicht nur die Niederlande, auch die früheren deutschen Regierungen haben das gewußt und beherzigt. Bismarck war zwar gedrängt worden[63], aber er hatte in diesem Fall nicht nach Canossa gehen wollen.

Das letzte Reichskonkordat war 1448 zwischen Papst Nikolaus V. und Kaiser Friedrich III. geschlossen worden. Es hatte bis 1806 Rechtskraft. Die Kirche wollte sich zwar mit dem seither eingetretenen Mangel an Einfluß und Geld nicht abfinden. Doch erst nach langem Warten ist es ihr gelungen, auf deutscher Seite einen verläßlichen Partner zu finden. Einen Politiker, den zum Reichspräsidenten zu wählen schon 1932 auf massenhaft verteilten Handzetteln den Katholiken empfohlen worden war[64]. Der »gläubige Katholik« hieß Adolf Hitler.

In der an sich schon bedenklichen Kirchengeschichte der Deutschen führt kein Weg daran vorbei, daß die deutschen Bischöfe, gelegen oder ungelegen, im Verein mit dem Vatikan und dessen Chef, dem deutsch- und autoritätsfreundlichen »Stellvertreter«-Papst Pius XII., den Diktator mitaufgebaut und fast bis zuletzt gestützt haben. Die vielen Versuche, sich reinzuwaschen, versagen vor den Fakten der Zeit. Ich nenne nur einige aus der Überfülle: Hitlers Ermächtigungsgesetz vom 24. März 1933 (vorher schon waren die bürgerlichen Grundrechte der Weimarer Verfassung außer Kraft gesetzt) ist mit den die Mehrheit beschaffenden Stimmen der klerikal geführten Katholikenpartei (»Zentrum«) beschlossen worden. Diese Zustimmung war wahrscheinlich an die Zusage Hitlers gebunden, über den Abschluß eines Reichskonkordats zu verhandeln[65]. Am 10. April, mitten in einer Zeit von Boykott-Befehlen und Progromen gegen Juden, ist Hitlers Paladin Göring im Vatikan empfangen worden, um Deutschland wegen seines neuen Führers beglückwünschen zu lassen. Am 3. Juni 1933, als schon Tausende von Katholiken in Haft waren, schrieben die deutschen Bischöfe: »Wir wollen dem Staat um keinen Preis die Kräfte der Kirche entziehen.«[66] Am 20. Juni 1933 wurde das Reichskonkordat unterzeichnet. Es enthält nicht nur finanzielle Zusagen, die das Dritte Reich der katholischen Kirche macht. Es weist auch ein Geheimes Zusatzprotokoll auf, welches eine Wiederaufrüstung Deutschlands absegnet. Und es gilt noch heute.

Seinerzeit ist es mit Festgottesdiensten[67] gefeiert worden, bei denen das neu begründete Verhältnis von Staat und Kirche in Deutschland auch liturgisch zum Ausdruck kam: Bischöfe stimmten das Tedeum an, nationalsozialistische Geistliche hielten vor angetretener SA und SS Festpredigten, Sturmfahnen der SA waren neben dem Altar aufgepflanzt, SA-Kapellen spielten Kirchenmusik. Alles freute sich, und wer sich nicht freuen konnte, saß bereits im KZ. Papst Pius XI. ließ sich von seinem Kardinal und Widerständler Faulhaber als den »besten, am Anfang sogar einzigen Freund des neuen Reiches«[68] feiern. Die deutschen Bischöfe ordneten dieses Konkordat am 20. August 1935 richtig ein: Der Heilige Vater hat, so bescheinigten sie Hitler, »das moralische Ansehen Ihrer Person und Ihrer Regierung in einzigartiger Weise begründet und gehoben«[69].

Der Bischof von Rottenburg-Stuttgart, Walter Kasper, sagte freilich noch in einem Hirtenbrief vom 28. 8. 1989, »eine gottlose neuheidnische Weltanschauung« habe »damals unsägliches Leid über Europa und die gesamte Welt gebracht«. Er vergaß zu erwähnen, daß seine Kirche auf vertragliche Bindungen zu Hitler, Franco und Mussolini (allesamt Katholiken!) immer besonderen Wert gelegt hat.

Widerstand? Widerstandskämpfer unter den Bischöfen? Von den 26 000 deutschen Klerikern war nur ein Prozent in Dachau, darunter kein einziger Bischof, weder Faulhaber aus München noch Galen aus Münster[70]. Als Hitler bald schon das Reichskonkordat brach, beklagten Bischöfe und Papst nur die eigene Benachteiligung. Niemals protestierten sie gegen die Aufhebung der demokratischen Grundrechte aller Deutschen, niemals gegen die Beseitigung von Liberalen, Demokraten und Kommunisten, niemals gegen den Antisemitismus und seine verbrecherischen Taten an Millionen. Kein einziger Hirtenbrief, so 1936 Kardinal Bertram (Breslau)[71], habe je den Staat, die Bewegung oder den Führer kritisiert.

Freilich, hinterher waren sie alle wieder auf der Seite der alliierten Sieger, und kein einziger Hirte wollte es gewesen sein. Ein aktuelles bundesdeutsches Lexikon teilt unter dem Stichwort »Faulhaber, Michael von« mit, der Kardinal sei »schon vor 1933 entschiedener Gegner des Nationalsozialismus«[72] gewesen. Für wie dumm dürfen die Deutschen denn noch gehalten werden? Erträgt ihre fromme Seele denn alle Geschichtsklitterungen? Wird es ihnen niemals zuviel, vom restlichen Europa ausgelacht zu werden? Und vom Vatikan selber?

Papst Pius XII., der Oberste Oberhirt seiner Kirche und Meisterdiplomat der deutschen Konkordatsära, sagte nach der Besetzung der Tschechoslowakei, er liebe Deutschland »jetzt noch viel mehr«[73]. Nach dem Überfall auf Polen wiederholte der Papst diesen Liebesschwur gegenüber seinen besten Finanziers. Sein *Osservatore Romano* schrieb, um die Kriegsschuldfrage von vornherein richtig zu beantworten: »Zwei zivilisierte Völker beginnen einen Krieg.«[74] Als England und Frankreich darauf bestanden, der Papst möge Hitler zum Angreifer erklären, lehnte Pius XII. ab[75]. Noch im November 1943, mitten in Hitlers hochverbrecherischem Angriffskrieg, erklärte Pius XII. seine »ganz besondere Sorge« gelte »dem jetzt so schwergeprüften deutschen Volke vor allen anderen Nationen«[76].

Vor allen anderen Nationen? Der Aggressor ohne Wenn und Aber seinen Opfern vorgezogen? Die Deutschen, ganz offenes Ohr und ganz offenes Portemonnaie, waren gewiß hingerissen von so viel Liebes-Diplomatie aus dem Vatikan. Die deutsche Seele durfte sich mal wieder gestreichelt fühlen – und dafür zahlen.

Die Erzdiözese Freiburg hatte schon in den ersten 15 Kriegsmonaten über 1,3 Millionen Reichsmark an »Kriegshilfeleistungen« erbracht[77]. Kein Wunder, da ihr Oberhirte Gröber, selbst Förderndes Mitglied der SS[78], in dieser Zeit nicht weniger als siebzehn Hirtenbriefe verfaßt hatte, die allesamt zur Opferbereitschaft aufriefen. Und das überfallene Europa? Es zahlte mit seinen Blutopfern.

Aus seinen Verlautbarungen strich der Papst politisch verfängliche Wörter wie »Invasion«[79]. Im März 1941, als bereits Millionen Menschen von Deutschen getötet worden waren, bestellte er sich über den Nazi-Außenminister ein Orchester in den Vatikan. Er wollte unbedingt Wagners Parsifal hören, er schwärmte für deutsche Musik[80].

Weshalb Franzosen noch immer nicht zahlen? Warum Hitler noch 1940 dem Papst sagen lassen konnte[81], der nationalsozialistische Staat verwende jährlich eine Milliarde Reichsmark zugunsten der katholischen Kirche, »eine Leistung, deren sich kein anderer Staat rühmen könne«?

Vor diesem historischen Hintergrund müssen die Details des bundesdeutschen Kirchen-(geld)systems, das sich in der Diktatur wesentlich hat etablieren und halten können, gesehen werden.

2. Kapitel
Jahr für Jahr Milliarden ohne große Gegenleistung: Die normalen Zahlungen an die Großkirchen in der Bundesrepublik

Die Kirchen leben bei uns nicht von der Kirchensteuer allein. Sie erhalten in der Bundesrepublik darüber hinaus erhebliche Gelder aus den allgemeinen Steuertöpfen, in die sogar die miteinbezahlen, die mit der Kirche nichts mehr zu schaffen haben wollen. Da es sich offiziell um ein christliches Land handelt, das für seine Kirchentradition teuer bezahlen will, finanzieren *alle* Bürgerinnen und Bürger der Republik das mit, was sie nicht ändern wollen. Ebensowenig, wie sie persönlich danach gefragt werden, ob sie bestimmte Verteidigungslasten wie den Jäger 90 oder die Atomkraftwerke des Landes mitfinanzieren wollen, werden sie gefragt, ob sie den Meßwein für Militärgottesdienste oder das purpurne Seidenkäppchen des Münchner Kardinals mitbezahlen wollen oder nicht. Mitgefangen, mitgehangen.

Aber während die Frage nach dem Jäger 90 immerhin öffentlich und kontrovers diskutiert wird, ist das Problem der stillen Mitfinanzierung bestimmter Kirchenlasten weder öffentlich noch kontrovers. Es kommt überhaupt nicht vor. Die Interessierten in Staat und Kirche lassen es dabei. »Legales Schwarzgeld« läßt sich am besten auf diese Weise machen.

Frühere Diskussionen[1] um das heikle Thema dieser direkten und indirekten Subventionen sind eingeschlafen – oder bewußt eingeschläfert worden. Die paar hundert Millionen DM pro Jahr schleppen wir so lange mit, wie die Wissenden uns nicht sagen, daß wir sie überhaupt bezahlen. Offensichtlich macht es niemandem etwas aus, unbefragt weiterzuzahlen. Offensichtlich ist es allen egal, wofür genau sie bezahlen. Ändern können sie schon deswegen nichts an diesem vordemokratischen Zustand, weil sie nichts von ihrer Lage wissen. So entstehen »Selbstverständlichkeiten«.

Selbstverständlich ist in solchen Fällen nur das Schweigen der Mitwisser und Mittäter. Alle haben sie etwas zu verbergen. Und sei es nur die intellektuell nicht sehr redliche Tatsache, daß sie von einem bequemen Grundsatz ausgehen. Der heißt: Was einmal Recht gewesen ist, kann nicht plötzlich Unrecht sein.

Also zahlen die bundesdeutschen Steuerpflichtigen, weil es »Gesetze, Verträge oder besondere Rechtstitel« gibt, die den Großkirchen das Recht auf finanzielle Unterstützung einräumen. Zwar ist die Ablösung dieser sogenannten »Staatsleistungen« bereits in der Weimarer Verfassung (Artikel 137 I) gefordert, doch da sich in dieser Beziehung noch immer nicht viel tut, sind die Staatsleistungen bis auf weiteres garantiert (Artikel 173 Weimarer Verfassung, Artikel 140 Grundgesetz). Das bedeutet, daß die Bundesrepublik noch immer eine in und für Großkirchen organisierte religiöse Betätigung ausnahmslos von allen Steuerpflichtigen finanziell unterstützen läßt.

Eine Sonderform solcher finanzieller Staatsleistungen stellt die – in eigenen Verträgen mit den Großkirchen abgesicherte – Subvention der Bundesrepublik dar, die an die »Militärseelsorge« fließt. Sie wird im Zusammenhang mit den übrigen Staatsleistungen zumeist verschwiegen, da sie nicht unter das genannte Verfassungsgebot fällt, sondern auf eigenen Vertragsgrundlagen beruht[2]. Ich nenne sie dennoch an dieser Stelle, da sie wesentliche Gemeinsamkeiten mit den übrigen Leistungen aufweist. Die Militärseelsorge wird wegen ihres Seelsorgecharakters ebenso subventioniert wie die konfessionellen Schulen der Republik – und sie wird von allen (also auch von konfessionslosen) Steuerpflichtigen – außerhalb der Kirchensteuer – finanziert.

Wenn die Kirche das Recht auf ihrer Seite hat, muß der Staat gehorchen. Nicht von ungefähr sind nicht nur die Verfassungen von Bund und Ländern durchsetzt von Zusagen und Garantien des Weiterzahlens. Auch noch die neueren Verträge mit den Kirchen – wie das niedersächsische Konkordat von 1965 oder der Kirchenvertrag Nordrhein-Westfalens mit der Evangelischen Kirche von 1957 – schleppen die Zahlpflicht mit sich herum. Ich habe keinen Politiker aus Niedersachsen oder Nordrhein-Westfalen im Landtagswahlkampf 1990 darüber klagen hören. Als hätten demokratisch gewählte Parlamente und Regierungen nichts Volksfreundlicheres zu tun, als diesen Status quo für alle Zeiten festzuschreiben. Als hätten neuzeitliche Volksvertreter eine Option darauf, die Sonderinteressen einer kleinen Gruppe noch immer in denselben Formen zu bedienen, die vor zweihundert Jahren – unter völlig anderen politischen Gegebenheiten – als Recht galten. Ich stelle schon hier fest, daß es sich – entgegen einer weitverbreiteten Meinung – um Privilegien handelt, die eine Kleingruppe für ihre eigenen Interessen ausgehandelt hat und ausnutzt. Unter dieser Kleingruppe verstehe ich vor allem die innerkirchlichen Wortführer, die Hirten. Sie profitieren am meisten. Ihre Herde wird demgegenüber schon deswegen kurzgehalten, weil sie nicht einmal weiß, worum es sich handelt. Eine wirksame Kontrolle für derlei privilegierende Praktiken gibt es nicht. Die Juristen, die der Staat sich hält, haben augenscheinlich lohnendere Themen im Visier, und die Kleingruppe der Kleriker weiß, warum sie die längst überfällige Diskussion fürchtet.

Ich meine, es ist höchste Zeit, die Situation zu ändern. Fürs erste müßte wenigstens allen gesagt werden, daß und wofür und weshalb sie die Großkirchen subventionieren.

Warum müssen auch die aus der Kirche ausgetretenen Staatsbürger die roten Socken des Erzbischofs von Köln mitbezahlen?

Daß die Gelder, die aus öffentlichen Mitteln stammen und nichts mit der »normalen« Kirchensteuer zu tun haben, überreich sprudeln, ist eine – wenn auch sehr unbekannt gebliebene – Tatsache. Woher sie kommen und wieviel sie detailliert ausmachen, ist weitaus schwieriger festzustellen. Kirchliche und staatliche Stellen blocken ab, so gut sie können. Es ist eine Solidargemeinschaft besonderer Art. Nirgendwo sind die Jahr für Jahr gezahlten Gelder zentral erfaßt. Oft sind die Subventionen nicht einmal als solche zu erkennen.

Es steht fürs erste nur fest, daß sich kein einziger bundesdeutscher Steuerzahler dieser mittelbaren »Kultsteuer«[3] entziehen kann, für die er schätzungsweise jährlich 15 bis 20 DM aufbringen muß. Mit diesem Betrag unterstützt er – über Bund und Länder – die Großkirchen, unabhängig davon, ob er selbst einer von ihnen angehört oder nicht. Da er Bürger der Bundesrepublik ist, wird ihm diese finanzielle Unterstützung der Großkirchen auferlegt. Seine europäischen Freunde haben keine ähnliche Kultsteuer aufzubringen. Die bundesdeutschen Steuerpflichtigen stehen einmal mehr allein auf weiter Flur.

Wer für Teilbereiche eines Bundeslandes nachfragt, wie das die SPD-Abgeordnete Pausch-Gruber 1987 in Bayern getan hat[4], muß sich vom zuständigen Ministerium sagen lassen, daß sich schon die Beantwortung der Anfrage »als zeitraubend und verwaltungsaufwendig erwiesen« habe. In manchen Teilbereichen, meint der Minister (der Millionen an Subventionen für die Kirchen bereithält), seien die erbetenen Angaben »nur unter einem nach meiner Ansicht nicht mehr vertretbaren Verwaltungsaufwand zu ermitteln«. Daher schenke er sie sich ganz.

Ich bitte in diesem Zusammenhang zu bedenken, daß solche Subventionen nicht aus der Spendierhose des Herrn Kohl oder des Herrn Streibl kommen, sondern aus der Arbeit der Bevölkerung der Bundesrepublik. Und daß sie eigentlich einer parlamentarischen Kontrolle unterliegen, auch wenn es den Regierenden nicht in den Verwaltungsaufwand paßt.

Doch die beste Subvention ist immer diejenige, von der diejenigen, die sie aufbringen, nichts wissen. Wenn ich ein paar Beispiele anführe, so habe ich nur die Spitze des Eisbergs entdeckt. Ich nenne im folgenden als Empfänger von staatlichen Unterstützungen, die nichts mit der Kirchensteuer zu tun haben, die Militärseelsorge, die Denkmalpflege, die konfessionellen Schulen, die Pfarrer und Bischöfe. Diese auf den ersten Blick heterogene Aufzählung weist eine wichtige Gemeinsamkeit auf: Alle Empfänger erhalten finanzielle Subventionen aufgrund ihrer Bedeutung für die »Seelsorge«. Offensichtlich vermag die Bundesrepublik nicht auf eine ideelle Unterstützung seitens der Großkirchen zu verzichten, auf eine Unterstützung, die die Kirchen schon geleistet haben, als in den letzten Jahrhunderten noch vom Bündnis zwischen Thron und Altar die Rede war. Nicht ohne Grund wendet sich die staatliche Subvention noch immer vorrangig jenen Bereichen kirchlicher Tätigkeit zu, die Erziehung und Militär betreffen. Hier gehen, wie die deutsche Geschichte lehrt, kirchenpolitische und staatspolitische Ziele besonders gerne Hand in Hand.

Wieviel zahlt die Hardthöhe für Militärmeßwein?

Konkret sieht das so aus: Da ist einmal der Etat des Bundesverteidigungsministeriums, hinter dessen Einzelposten nur Kenner Subventionen für die beiden Großkirchen vermuten werden. Ein wirklich aussagekräftiger Militärseelsorgeetat wird nicht veröffentlicht. Doch hat der evangelische Militärbischof Binder bestätigt[5], daß allein im Jahr 1985 um die 45 Millionen DM von der Bundesrepublik aufgebracht worden sind. Für die Belange nur seiner eigenen Kirche. Schätzungen, die seinerzeit von 80 bis 90 Millionen DM für beide Kirchen ausgingen, lagen daher nicht schlecht. Zum Vergleich: Im Jahr 1968 wandte der Bund erst 16,5 Millionen DM für die Militärseelsorge auf[6].

Im Jahr 1988 gingen über 42 Millionen als Löhne und Gehälter ans kirchliche Bodenpersonal. Nicht in diesen Grundbezügen enthalten waren Trennungsgelder, Umzugskosten, Vergütungen für Dienstreisen in Höhe von etwa 2 Millionen DM[7]. Die beiden Oberhirten, einer evangelisch, einer römisch-katholisch, kassierten als Sonderleistungen jährlich je 24 000 DM an Aufwandsentschädigungen und Reisekostenvergütungen[8]. Ihre Gehälter lagen bei 180 000 DM pro Jahr.

Versteckte Zahlungen wie die Erstattung von Telefongebühren, die Bereitstellung von Kraft- und Schmierstoffen, die Bezahlung von dienstlich verbrauchter Energie (Strom, Gas, Öl) tauchen in den Etats der Militärseelsorge nicht eigens auf. Der Erwerb und die Haltung von Dienstfahrzeugen für Militärgeistliche schlugen 1988 mit 983 000 DM zu Buche[9]. Der für alle (also auch konfessionslose) Rekruten verbindliche, aber eben damit wohl verfassungswidrige »Lebenskundliche Unterricht«, der von Militärgeistlichen erteilt wird, machte 890 000 DM erforderlich[10]. Für die Teilnahme von Soldaten an religiösen Sonderübungen (Exerzitien u. ä.) waren 950 000 DM vorgesehen. Für die Anschaffung seelsorgerischer Schriften und den Druck von amtlichen Verlautbarungen der Militärgeistlichkeit wurden nicht weniger als 405 000 DM bereitgehalten[11].

Von den sogenannten christlichen Wochenzeitungen wie dem *Rheinischen Merkur* (Auflage knapp über 100 000) wurden 1991 allein 2025 Exemplare vom Katholischen Militärbischofsamt (das nicht nur aus Kirchensteuermitteln lebt!) bezahlt[12]. An solch versteckte Subventionierung wenig finanzstarker Blätter sollen wir uns wohl gewöhnen.

Der Bundeshaushaltsplan 1988 wies ganz verschämt noch 418 000 DM für Gebet- und Gesangbücher von Soldaten auf[13]. Dazu kamen 167 000 DM für Kultgeräte, Kultkleidung, Kerzen und Meßwein[14]. Das Ministerium zahlte also – aus öffentlichen Mitteln – nicht nur für Panzer und Raketen. Es bezahlte – aus denselben öffentlichen Mitteln – auch die Utensilien für Gottesdienste, die seinen Soldaten angeboten wurden. Da die Summe nicht gering war, konnten gewiß nicht wenige Kerzen und nicht wenig Wein beschafft werden. Kultgeräte und Kultkleider sind vergleichsweise dauerhafte Güter; sie brauchen nicht Jahr für Jahr neu beschafft zu werden.

Um so erstaunlicher ist die unter diesem Haushaltstitel angesetzte Gesamtsumme. Für 96 000 DM jährlich kommt eine ganze Menge zusammen. Die entspricht etwa dem Gegenwert von 100 000 Kerzen.

Und ginge die Summe nur für Meßwein drauf, entspräche sie dem Gegenwert von etwa 12000 Flaschen pro Jahr. Dafür können sicher etliche Messen gelesen werden.

Ein Beispiel aus einem europäischen Nachbarland: Der »Militärsoziale Dienst« der Niederlande beschäftigt neben 160 konfessionellen Militärseelsorgern auch 22 freie Mitarbeiter[15]. In der Bundesrepublik ein Ding der Unmöglichkeit gegenüber den privilegierten Seelsorge-Monopolen der Großkirchen.

Daß in der Bundesrepublik vorerst alles weiterlaufen wird wie gehabt, beweisen die – »im Benehmen mit der Regierung der Bundesrepublik Deutschland« erstellten und am 1. Januar 1990 in Kraft getretenen – »Päpstlichen Statuten für den Jurisdiktionsbereich des Katholischen Militärbischofs für die Bundeswehr«[16]. Ein Notenwechsel zwischen dem Nuntius und dem Auswärtigen Amt vom Januar 1990 bestätigt vor allem, daß unser Land weiterzahlen wird. Der Vertreter des Papstes stellt darin »mit Befriedigung« fest, daß den Soldaten ihr Recht auf Seelsorge »durch entsprechende organisatorische und finanzielle Leistungen des Staates gewährleistet wird«. Und die Bundesregierung sagt zu, sie werde »auch weiterhin... mit den notwendigen organisatorischen Maßnahmen und finanziellen Leistungen dafür sorgen«[17]. Daß das Grundgesetz nur eine Zulassung der Militärseelsorge vorsieht, nicht aber deren Einrichtung und Finanzierung, ist längst vergessen.

Zum Inhalt der Päpstlichen Statuten für die Bundeswehr-Seelsorge: Für je 1500 katholische Soldaten soll »wenigstens ein hauptamtlicher Militärgeistlicher bestellt« werden (Art. 27). Dieser ist »von staatlichen Weisungen unabhängig« (Art. 13) und soll »kirchliche Amtstracht« (Art. 14) tragen. Der Militärbischof der Bundesrepublik, damals »der verehrte Mitbruder Elmar Maria Kredel, Erzbischof von Bamberg«, ist dazu da, »den ihm unterstellten Katholiken die christliche Lehre, die Sakramente der Kirche und die seelsorgerliche Leistung leichter und fruchtbarer zugänglich zu machen« (Art. 1). Ihm unterstehen die katholischen Familienmitglieder der Soldaten und der Zivilbediensteten, »auch wenn der Familienvater nicht katholisch ist« (Art. 4). Der Militäroberhirte veröffentlicht seine Anweisungen in einem eigenen »Verordnungsblatt« (Art. 9).

Daß er auch die »Laien« fest im Griff haben wird, leuchtet ein. Zwar gibt es, wie für die klerikale Scheindemokratie typisch, eine »Zentrale Versammlung der katholischen Soldaten«, die sich aus »Vertretern des Laienapostolats« zusammensetzt. Doch wird diese Laienvertretung »durch eine Satzung des Militärbischofs geordnet« (Art. 12).

Für die Zukunft, wenn Bonn durch Berlin abgelöst wird, ist vorgesorgt: Der Militärbischof »errichtet seine Kurie am Sitz der Bundesregierung... Dort wird die Bundesregierung die erforderlichen Diensträume bereitstellen«. Ihm »steht in der Stadt, in der die Bundesregierung ihren Sitz hat, eine Kirche zur Verfügung« (Art. 6). Die Kosten für all diese Staatsleistungen übernehmen die Steuerzahler.

Was kosten uns die frommen Bildstöcke am Straßenrand?

Ein weiteres Beispiel für bundesdeutsche Großzügigkeiten in Sachen Förderung der Seelsorge: Gelder aus der Denkmalpflege und Gelder für Kirchenbauten. Jeder weiß, wo in seinem näheren Umkreis Kirchen stehen. Aber nicht jeder freut sich darüber, wenn deren Glocken mal wieder läuten. Und manch einer hält die eine oder andere Kirche für ein Denkmal aus überholten Zeiten der deutschen Geschichte, die am besten nicht mehr wiederkommen. Daß er so denkt, bewahrt ihn nicht davor, für den Erhalt vieler Kirchen-Museen mitbezahlen zu müssen. Daß er über die Grenze schaut und sieht, wie die Briten oder die Niederländer immer mal wieder eine alte Kirche zum Verkauf freigeben, läßt ihn ins Grübeln kommen. Leben da drüben nur schlimme Christen, die ihre Heiligtümer in Diskotheken oder Bürozentren umwandeln lassen? Er schreckt vor dem Gedanken zurück – und zahlt mit den übrigen Bürgerinnen und Bürgern der Bundesrepublik über die Denkmalpflege weiter Millionen um Millionen zum Erhalt und zur

Renovierung von nicht oder nicht besonders effektiv genutzten Kirchen.

Die tatsächlich auf dem Gebiet der Bauzuschüsse an die Kirchen gezahlten Summen lassen sich außerordentlich schwer ermitteln, weil sie meist über die Haushalte der Kommunen laufen. Ein Beispiel kann aber doch für viele stehen: Eine mittelgroße Kreisstadt in Baden-Württemberg zahlt unter dem Haushaltstitel »Wissenschaft, Forschung, Kulturpflege« Jahr für Jahr verlorene Baukostenzuschüsse für die beiden christlichen Kirchen in Höhe von etwa 200 000 DM[18]. Kommunalpolitiker, die es riskieren, solche Gewohnheitsprivilegien auch nur vorsichtig zu hinterfragen, müssen sich in der klerikal orientierten Tagespresse auf übelste Angriffe der Frommen gefaßt machen. So hieß es in einer baden-württembergischen Lokalzeitung wörtlich[19]: »Braucht man sich zu wundern, wenn die Grünen, die kein Tabu kennen und selbst auf Bundes- und Landesparteitagen für Sex zwischen Erwachsenen und Kindern eintreten, auf kommunaler Ebene jetzt die Kirchen aufs Korn nehmen?«

Der bayerische Landeshaushalt 1986 führte folgende Titelgruppen auf[20]: zur Unterhaltung der kircheneigenen kirchlichen Gebäude 19,5 Millionen, zur Ablösung von Bauverpflichtungen des Staates 2 Millionen, zur Instandhaltung der Dome 3,8 Millionen, zur Bauverpflichtung an einzelnen kirchlichen Gebäuden 19,5 Millionen DM. Der Etat für 1987 geht von insgesamt 58,747 Millionen DM für kirchliche Gebäude aus (1985 waren es noch rund 42 Millionen DM gewesen). Die Zuschüsse von Kreisen und Kommunen waren in dieser Summe noch nicht enthalten.

Insgesamt nannte der Freistaat an »Pauschalleistungen aus dem Landeshaushalt«, die an die Kirchen gehen, im Jahr 1986 über einhundert Millionen DM. Davon erhielt die evangelische Kirche rund 27 Millionen DM, die katholische über 83 Millionen DM. Bayerns Aufwendungen für die staatliche Baulast hatten sich zwischen 1980 und 1988 fast verdoppelt. Nur für Renovierungen von Kirchen und Pfarrhäusern in Westmittelfranken hatte der Freistaat in 1988 sieben Millionen DM aufzubringen[21]. 52 kirchliche Baustellen standen damals allein auf dem Programm des Landbauamtes Ansbach. Der zuständige Bauamtsleiter sprach von einem förmlichen »Boom in Sachen Kirchenrenovierung«[22].

Die Schuldigen sind offensichtlich nicht nur unter den geistlichen Herren zu suchen, deren Ungeduld fast schon sprichwörtlich ist. Denn manch ein Pfarrer, der in der Nachbargemeinde eine renovierte Wohnung oder Kirche sieht, glaubt die eigene schon zusammenbrechen zu sehen und ruft nach sofortiger Abhilfe. Schuldig am Boom – und an der zunehmenden Staatsverschuldung – sind auch jene Kleriker, die Wünsche haben, welche auf Staatskosten ins »Deutsch-Perfektionistische gehen«[23]. Denn »der Huthaken an der Kirchenbank muß aus eloxiertem Aluminium sein«[24], das ist schön und teuer.

Bayern hat insgesamt für 1335 kirchliche Gebäude mit staatlicher Baulast und staatseigene Kirchengebäude aufzukommen. Im angesprochenen Mittelfranken liegt der kirchliche Eigenanteil an der Bauerhaltung nur bei 20 bis 25 Prozent der staatlichen Aufwendungen[25]. Baden-Württemberg kommt für rund 1330 Gebäude auf. Es zahlte zwischen 1985 und 1989 142,7 Millionen DM für kirchlich genutzte Gebäude.

Beispiele aus dem Landkreis Schweinfurt: Für die Renovierung von Wegkreuzen und religiösen Bildstöcken ersetzte der Bezirk 20 Prozent der Gesamtkosten, das Land Bayern gab 100 000 DM dazu, die Beteiligung des Landkreises wird als »erheblich« bezeichnet. SPD-Abgeordnete wollten den Bayerischen Landtag sogar (vergeblich) zu einem Zuschuß in Höhe von 500 000 DM bewegen. Kommunale Zuwendungen gab es aus den Landgemeinden Schonungen (ca. 100 000 DM für 14 Bildstöcke), Wipfeld (2000 DM von 7500 DM Gesamtkosten) und Brünnstadt (16 000 DM für 9 Bildstöcke)[26].

Bei Kirchenrenovierungen zeigten sich die Kommunen besonders spendabel. In Stadtlauringen trug die Gemeinde die Gesamtkosten des Kirchturms (111 500 DM), in Donnersdorf 120 000 DM (von einer halben Million) für die Innenrenovierung, in Sulzdorf ist die Gemeinde mit einem Drittel von 310 000 DM an einer Außenrenovierung beteiligt, die Gemeinde Poppenhausen trägt die 9000 DM für den Einbau einer Turmuhrautomatik und die Hälfte der Kosten für ein elektrisches Läutwerk. Der Markt Werneck ließ eine Madonnenfigur für 42 000 DM restaurieren und so fort[27].

In der SPD-Hochburg Schweinfurt selbst trug allein der Freistaat Bayern 4,14 Millionen DM für die Erweiterung des Kolpinghauses, in Eltmann hatte der Rat für einen Neubau des Kolpingheimes 200 000 DM bewilligt. Insgesamt ergaben die – durchaus nicht vollständigen – Ausgaben eines einzigen Landkreises innerhalb eines einzigen Jahres eine feststellbare stolze Gesamtsumme von 5,28 Millionen DM, zu der noch prozentuale Bezirks- und Landeszuschüsse kamen[28].

Die evangelische Landeskirche in Bayern besaß im Jahr 1984 nicht weniger als 5500 Gebäude, darunter knapp dreitausend Häuser und Wohnungen, die zumeist von Pfarrpersonal genutzt wurden. Für ihre Erhaltung gewährt Bayern[29] jährlich etwa 8 Millionen DM. Die Miet- und Pachteinnahmen aus diesen Immobilien fließen jedoch allein der Kirche zu. Steuer- und abgabenfrei?

Das Land Nordrhein-Westfalen gibt durchschnittlich fast ein Drittel der Landesmittel für Denkmalpflege für kirchliche Gebäude aus. Seit 1980 wurden allein von diesem Bundesland 190 Millionen DM investiert[30]. Doch gilt die Devise: Vater Staat zahlt, Mutter Kirche schafft an. So investierte beispielsweise Fulda 22,4 Millionen DM in ein 200 Jahre altes Hospital. Genutzt wird das Gebäude von der Caritas, die trotz der Kostenfreiheit bei Bau und Investition zwischen 2500 und 4700 DM monatlich für einen Platz in diesem Altersheim kassiert.

Was haben Konfessionslose für den Unterhalt von Seelsorgeeinrichtungen und Seelsorgern aufzubringen?

Das Fernsehen bringt Bilder vom Kirchentag mit jubelnden Gläubigen ins Haus. Wer aus der Kirche ausgetreten ist, kann sich vielleicht nicht gerade mitfreuen, aber sagt sich: Jedem das Seine. Da ist er freilich im

Irrtum. Denn er hat den Kirchentag mitfinanziert. Es ist also auch ein ganz klein wenig »sein« Kirchentag.

An staatlichen Zuschüssen, also aus Steuermitteln des Bundes und des Berliner Senats, die nichts mit der Kirchensteuer zu tun haben, soll der Evangelische Kirchentag 1989 in Berlin – bei einer Eigenleistung von etwa 3 Millionen DM – über 26 Millionen DM kassiert haben, also fast das Neunfache; der Katholikentag 1990 konnte ebenfalls mit Staatsgeldern rechnen[31]. Nicht schlecht, diese Finanzspritzen an blühend reiche Institutionen.

Das Preis-Leistungsverhältnis stimmt allerdings nicht, wenn das folgende mitbedacht wird: Bei der Volkszählung des Jahres 1987 haben in West-Berlin zwar 39 Prozent der Einwohner angegeben, keiner der beiden Großkirchen anzugehören (26 Prozent zählen sich überhaupt zu keiner Religionsgemeinschaft). Doch nur 12 Prozent wollten als römisch-katholisch gelten. Also ein knappes Drittel der Nicht-Kirchen-Gebundenen[32].

Konfessionslos sind in Hamburg am Stichtag der Volkszählung nicht weniger als 41,4 Prozent, in Bremen 30,4 Prozent der Einwohner gewesen. In Frankfurt ist die Zahl der Protestanten zwischen 1970 und 1985 von 60 auf 35,5 Prozent der Einwohnerzahl gesunken. Nebenbei: Daß bei der Volkszählung überhaupt nach der Religionszugehörigkeit gefragt wurde, war den Kirchen zu verdanken[33]. Der Staat hatte gar kein Interesse an dieser Fragestellung. Er hat es nur auf seine Kosten den Kirchen ermöglicht, nachzuprüfen, wo ihre Schäfchen blieben.

Ist es erstaunlich, daß das vergleichsweise kleine Häufchen der Westberliner Katholiken sich darüber freuen darf, daß seine Kirche für einen Katholikentag Großbeträge vom Staat kassiert, daß die 39 Prozent kirchenfreien Berliner aber keine müde Steuer-Mark erhalten? Nein, in der Bundesrepublik feiern Kirchenfreie auch kein vergleichbares Fest. Daß es eigene »Kirchentagsferien«[34] in den Berliner Schulen gegeben hat und geben wird, damit die öffentlichen Klassenräume für Veranstaltungen und Übernachtungen benutzt werden konnten und können, fällt kaum mehr ins Gewicht. Ob auch dies eine Art versteckter Subventionen ist? Schon die Frage wird die Kritik der Kleriker provozieren. Schließlich handelt es sich bei alldem um die Ausübung von Seelsorge an dem »uns gemeinsam interessierenden Menschen«. Das Argument ist so alt, wie es unkorrekt ist.

Das Cusanus-Werk, eine bischöfliche Stiftung zur Förderung hochbegabter katholischer Studierender, erhielt 1975 einen Staatszuschuß in Höhe von 3,1 Millionen DM. Im selben Jahr zahlten die Bischöfe lediglich 860 000 DM – und blieben damit noch um 100 000 DM unter den Personal- und Verwaltungskosten einer Stiftung, die ihren Namen trägt[35].

»Seelsorge«, sollten wir meinen, ist ausschließlich Angelegenheit einer Religionsgemeinschaft. Ein demokratischer Staat ist dazu verpflichtet, all seine Bürgerinnen und Bürger gleich zu behandeln und keinen wegen seines Bekenntnisses zu benachteiligen oder zu bevorzugen.

So sagt es das Bonner Grundgesetz (Artikel 3,3). In Wirklichkeit protestieren die geförderten Kirchen sofort, wenn eines ihrer Mitglieder benachteiligt zu werden droht. Gegen ihre stillschweigende oder öffentliche Bevorzugung hat niemand sie je Klage führen hören.

Öffentliche Mittel werden nach wie vor in größtem Umfang dazu gebraucht (oder mißbraucht), um die Verkündigung und Verbreitung religiöser Lehren und die Praktizierung religiöser Riten mitzufinanzieren. Ich fange ganz oben an. Wenn jemand glaubt, er bezahle mit seiner Kirchensteuer auch den eigenen Bischof, und der Konfessionslose tue das nicht, irrt er. *Auch aus der Kirche Ausgetretene tragen mit zum Unterhalt katholischer Prälaten bei.* Die Rechtsgrundlage für diese bundesdeutsche Spezialität: Verträge zwischen Staat und Kirche, die zum Teil über hunderfünfzig Jahre alt sind – aber noch immer gelten.

Im Jahr 1817 wurde eine Übereinkunft zwischen Papst Pius VII. und Maximilian I. Joseph, König von Baiern, geschlossen[36]. Sie legte in ihrem Artikel IV die Einkünfte »für baierische Erzbischöfe, Bischöfe, Pröbste, Dechanten, Canoniker, Vicare« der Erzdiözese München sowie der Erzdiözese Bamberg und der Diözesen Augsburg, Würzburg, Regensburg, Passau, Eichstätt und Speyer fest. Ich zitiere einige Leitsätze aus diesem Bayrischen Konkordat: »Der Betrag der jährlichen Einkünfte, nach Abzug der Lasten, wird folgender seyn: Diöces München, Für den Erzbischof 20 000 fl. ... für jeden der drey jüngern Vicare 600 fl.« Dem Bamberger Erzbischof stehen 15 000 fl. zu, den Bischöfen von Augsburg, Regensburg und Würzburg 10 000 fl. und denen von Passau, Eichstätt und Speyer 8000 fl. Diese Einkünfte »sollen in ihrem Betrage stets vollständig und ungeschmälert erhalten werden, und die Güter und Fonds weder veräußert, noch in Geld-Besoldungen verwandelt werden können ... Sowohl den Erzbischöfen und Bischöfen als den ... älteren Vicaren wird eine ihrer Würde und ihrem Stande entsprechende Wohnung angewiesen werden.«

Warum ich die alten Texte anführe? Das Konkordat Bayerns mit dem Hl. Stuhl von 1924, welches bis auf den heutigen Tag in Geltung ist, fußt ausdrücklich auf diesen Vorschriften (Art. 10 § 1 a). Bayern[37] zahlte denn auch noch 1986 an Jahresrenten für die Bischöfe und Erzbischöfe des Landes 900 000 DM, an Gehaltszulagen für zwölf Weihbischöfe 180 000 DM, an Jahresrenten für Angehörige der Domkapitel 8,95 Millionen DM, an Dienstentschädigungen für Generalvikare 40 000 DM, an Dienstentschädigungen für die haupt- und nebenamtlichen bischöflichen Sekretäre 70 000 DM, zur »Ergänzung des Einkommens je eines hauptamtlichen Mesners an den Domkirchen« 200 000 DM, an »Zuschüssen zur Besoldung der Seelsorgegeistlichen« 54,2 Millionen DM, an Beiträgen zum Sachbedarf der Hohen Domkirchen 850 000 DM und für außerordentliche Bedürfnisse wie Glocken, Orgeln, Kirchturmuhren nochmals 150 000 DM. 5 Jahre später waren die Staatsleistungen schon auf 97,1 Millionen und auf 101,1 Millionen für Gehälter und Pensionen kirchlicher Würdenträger angestiegen.

Als die Grünen 1986 im bayerischen Landtag den Antrag einbrachten, die Zuschüsse zur Bischofsbesoldung wenigstens symbolisch um 10 000 DM zu kürzen[38], waren CSU und SPD gleichermaßen bestürzt. Eine Abgeordnete der SPD bekräftigte, »der SPD sei klar und bewußt, daß Bayern und die Bundesrepublik sich entsprechend ihrer Verfassung zum christlichen Abendland gehörig fühlen«. Auf den Einwand, sogar Nichtchristen müßten über die öffentliche Hand katholische Bischöfe mitfinanzieren, sagte sie, die Sache mit dem christlichen Abendland sei »auch Einwanderern und Gastarbeitern bekannt«[39]. Der kritische Zuhörer mag sich fragen, ob der SPD bekannt ist, welche Hirtenbriefe zu Wahlzeiten aus dem christlichen Abendland gekommen sind[40] – und kommen werden.

Insgesamt betrugen diese und andere Staatsleistungen eines einzigen Bundeslandes im Jahr 1991 nicht weniger als 97 Millionen DM[41]. Es ist unter diesen Umständen schon merkwürdig, wie wenig Steuerzahlende in der Bundesrepublik darüber aufgeklärt werden, daß sie indirekt nicht nur die Küster an Domkirchen mitfinanzieren, sondern es dem Erzbischof von Köln und dessen Amtsbrüdern auch ermöglichen, ihre besonders auffällige Amtstracht zu tragen: rote Socken, ein rotes Käppchen, Schuhe mit Silberschnallen, Samt und Seide. Nichts gegen eine solche elitäre Kleidung. Kommen bei Staatsakten viele wichtige Leute zusammen, leuchtet das Kardinalskäppchen schon von weitem aus der demokratisch grauen Menge. Das schmückt die Einladenden ungemein. Im übrigen steht es jedermann frei, sich anzuziehen, wie es ihm seine Hl. Schrift gebietet. Ich bin schon froh, daß die früheren Utensilien eines Kardinals, die meterlange Schleppe und der Hermelinpelz zur Wintersaison, seit ein paar Jahren moderneren Auffassungen vom Evangelium gewichen sind.

Für den Fachbereich Evangelische Theologie der Universität Hamburg[42] lagen im Jahr 1985 die Personalkosten bei 2 Millionen DM, die Sachkosten bei 163 000 DM. Doch auch die Ausbildung künftiger Kleriker an Priesterseminaren erfolgt mit beträchtlicher Unterstützung aus der Staatskasse. Bayern gibt durchschnittlich fast zwei Millionen DM aus, um »das Einkommen der Leiter und Erzieher an bischöflichen Priester- und Knabenseminaren zu ergänzen«[43]. Hinzu kommen jährlich 320 000 DM als Unterhaltsbeitrag für solche Seminare. Für Neubauten im Bereich des Augsburger Priesterseminars wurden 1985 und 1986 je 2 500 000 DM vom Bundesland Bayern aufgebracht; das Priesterseminar in München kostete die Steuerzahler zwischen 1982 und 1983 über 2 Millionen DM[44]. Die evangelische Landeskirche in Württemberg[45] hat für die Besoldung von Religionslehrern und deren Fortbildung in ihrem Haushaltsplan 1986 über 14,5 Millionen DM veranschlagt. Diese Kosten werden ihr vom Land ersetzt.

Zunächst einmal werden Lehrer an öffentlichen Schulen, auch wenn sie Religionsunterricht erteilen, ohnedies vom Staat besoldet. Der Anteil an Religionsstunden, den darüber hinaus Pfarrer, Vikare, Katecheten und Diakone erteilen, wird den Kirchen aus öffentlichen Haushalten erstattet. Das Saarland[46] überwies im Jahr 1986 weit über drei Millionen DM für solche Erstattungen. Und für die »Seelsorge« in Justizvollzugsanstalten zahlte es nochmals 334 300 DM an die Kirchen. Bayern hat 1985 und 1986 je 148 000 DM für die Studentenseelsorge aufgebracht[47]. Ein Landkreis in Baden-Württemberg hat die Einrichtung einer »Telefonseelsorge« zu 50 Prozent mitfinanziert[48].

In Bayern gab es 1987 über 4000 staatliche und 800 private Schulen. Die Hälfte der Privatschulen liegt in kirchlicher Trägerschaft. An den staatlichen Schulen wurden 1986 1,33 Millionen Schüler gezählt, an den privaten rund 120 000. Ein Siebtel des gesamten Kultusetats des Freistaats Bayern[49] kommt den nichtstaatlichen (kommunalen, kirchlichen, freien) Schulen zugute. Im Jahr 1987 hat dieser Posten rund 987 Millionen DM verschlungen, während Bayern im Jahr zuvor noch 889 Millionen DM bezahlt hatte. Für das Jahr 1988 waren 1,024 Milliarden DM vorgesehen. Damit war innerhalb von 10 Jahren nahezu eine Verdoppelung der Zuschüsse erreicht. Nicht enthalten sind in dieser Milliarde die Zuschüsse Bayerns für den Neubau privater Schulen.

Ein konkretes Beispiel[50] aus dem Bereich »Schulen in kirchlicher Trägerschaft«: In einer Zeit, da das Land Baden-Württemberg die Etats der öffentlichen Schulen und Hochschulen infolge knapper Haushaltsmittel drastisch reduzieren mußte, erhielt das katholische Mädchengymnasium Kloster Wald (Kreis Sigmaringen) aus Landesmitteln die folgenden Zuwendungen: Im Jahr 1979 1,19 Millionen DM aus Schulbauförderungsmitteln, in den Jahren 1981/82 aus Mitteln des Landesinfrastrukturprogramms 815 000 DM, im Jahr 1982 aus Mitteln der Denkmalpflege 1,57 Millionen, aus Landesmitteln 832 000 DM und von der württembergischen Gebäudebrandversicherung nochmals 300 000 DM. Insgesamt also über 4,7 Millionen innerhalb von vier Jahren. Und 1989 zahlte das Bundesland 20,52 Millionen DM als »Kostenerstattung« an katholische Bekenntnisschulen.

Nach einem Brandschaden, der von der badischen Gebäudebrandversicherung auf 8,3 Millionen DM veranschlagt worden war, erhielt das Jesuitenkolleg St. Blasien (Südschwarzwald)[51], eine katholische Privatschule, insgesamt 32,2 Millionen DM, also nahezu das Vierfache dessen, was aufgrund des Brandschadens angezeigt war. Unter Umgehung des Haushaltsrechts wurden diese Summen durch formlose Aufstockung bewilligter Beträge am Landesparlament vorbeigeschleust.

Die Katholische Hochschule Eichstätt[52], über deren Effizienz so gut wie keine öffentlichen Diskussionen geführt werden und deren Berufungsverfahren in der Süddeutschen Zeitung vom 23. 12. 1991 als »letzter Hort des Absolutismus« bezeichnet wurde, wird vom Freistaat Bayern jährlich mit etwa 40 Millionen DM subventioniert. Das bedeutet, daß der Staat bei dieser Hochschule fast 90 Prozent der Gesamtkosten übernimmt, weit mehr übrigens als bei anderen (nicht-katholischen) Hochschulen in kirchlicher Trägerschaft.

Da läßt es sich schon leben. Nur nehmen manche der hoffnunglos überfüllten Universitäten in der Bundesrepublik verwundert zur Kenntnis, daß die im Aufbau begriffene Wirtschaftswissenschaftliche Fakultät der Eichstätter Hochschule über sechs Lehrstühle verfügt[53].

Daß den theologischen Fakultäten an bayerischen Universitäten (ohne Eichstätt) im Jahr 1985 nicht weniger als 163 Professoren und 166 Stellen für wissenschaftliches Personal zur Verfügung gestellt und bezahlt worden sind (Personalkosten 30,377 Millionen DM)[54], kann nur mit einer effizienten Lobby erklärt werden. Noch immer sind nämlich Gewerkschaften nicht ähnlich erfolgreich. Ihnen steht kein

Weltanschauungs-Professor zur Verfügung, der an einer »Gewerkschaftsfakultät« einer staatlichen Universität besoldet würde.

Jeder Leser kann sich in diesem Kontext auf sein Demokratieverständnis testen. Beim Wort »gewerkschaftliche Fakultät« oder »sozialdemokratische Fakultät« erfaßt ihn vermutlich Unbehagen, beim Wort »theologische Fakultät« nicht. Das ist ein Ergebnis entsprechender Erziehung.

Als ein Zwischenresultat läßt sich formulieren: Allein das Land Nordrhein-Westfalen zahlt der katholischen Kirche aufgrund seiner »ererbten« Verpflichtungen jährlich die stattliche Summe von rund 350 Millionen Mark[55]. Darüber hinaus erläßt das Land der Kirche Steuern, Gebühren und Abgaben in geschätzter Höhe von jährlich etwa 150 Millionen Mark. Und nochmals, weil es so unglaublich klingt: Die halbe Milliarde stammt nicht aus Kirchensteuern, sondern aus den normalen Steuermitteln des Staates. Sie wird von Katholiken wie Protestanten, von Gläubigen wie Ungläubigen aufgebracht. Ohne es zu wissen, hat jeder nordrhein-westfälische Steuerzahler im Jahre 1987 mitfinanziert:

- 7,8 Millionen DM an »Dotationen für die Erzdiözesen und Diözesen« – der Unterhalt für die fünf katholischen Bischöfe des Landes und ihre Domherren.
- 25 Millionen DM für die Bezahlung von etwa 200 Dozenten der Theologie an staatlichen Universitäten und für die entsprechenden Investitions- und Verbrauchsmittel.
- 292 Millionen DM für die Gehälter der Religionslehrer an den Schulen des Landes – die Arbeitsmittel und die Raumkosten nicht mitgerechnet.

Zum Vergleich: Im Jahr 1968 hatten nordrhein-westfälische Kirchenschulen insgesamt Zuschüsse in Höhe von 127,3 Millionen DM kassiert. Die gesamten Subventionen in der Bundesrepublik für den Religionsunterricht hatten in jenem Jahr 330 Millionen DM betragen[56]. Inzwischen zahlt allein ein einziges Bundesland etwa die gleiche Summe jährlich.

Über diese Zahlungen hinaus werden die Kirchen auch indirekt mitfinanziert. Mit Hilfe der sogenannten »negativen Staatsleistungen«, die im großen Verzicht der Bundesländer auf ihnen zustehende Steuereinnahmen bestehen. Die Kirchen brauchen nämlich keine Grunderwerbs-, Grund-, Schenkungs- und Erbschaftssteuern zu bezahlen. Auch haben sie Vorzugsrechte in Sachen Verwaltungs- und Notariatsgebühren. Wegen der Schenkfreudigkeit manch frommer Bürgerinnen und Bürger handelt es sich dabei um Steuerausfälle in Millionenhöhe, die der Steuerzahler ausgleichen muß. Das Land Nordrhein-Westfalen, nur eines der elf Bundesländer, bezahlt zudem: 11,8 Millionen Mark jährlich an »Beihilfen für Pfarrerbesoldung«, weitere Millionen zur Finanzierung katholischer Privatschulen oder zur Renovierung alter Kirchen[57]. Eine Vergleichszahl: Dasselbe Bundesland läßt sich sein Parlament jährlich 30 Millionen DM kosten. Zusätzlich kassierte die katholische Kirche 1991 allein in Nordrhein-Westfalen 2,7 Milliarden Mark Kirchensteuer. Tendenz steigend.

Das läßt vielleicht manche Leser den Kopf schütteln, andere vermutlich an Dementis denken. Klerikale Gegendarstellungen kenne ich. Sie laufen in der Regel nach dem folgenden Muster ab: Es wird dargestellt, daß die Kult-Kosten, die die Hardthöhe jährlich aufbringen müsse, nicht 167000 DM betrage. Die korrekte Zahl sei 164558 DM. Daß die Bundesrepublik überhaupt Meßwein bezahlen muß, wird nicht dementiert. Und die Kernfrage nach dem »Warum« bleibt mit Bedacht ausgeklammert.

Sind die bundesdeutschen Kirchen Verbände unter Verbänden? Kaum. Nicht nur ihre europäischen Schwesterkirchen können es nicht glauben, auch die Gewerkschaften nicht. Die wissen aus Erfahrung, welche Vorsprünge die Kirchen in der Bundesrepublik genießen. Und sie scheinen sich mit dieser Bevorzugung der Kirchen abgefunden zu haben. Sonst wollten sie es vielleicht den Kirchen gleichtun und von einem Bundesland wie Nordrhein-Westfalen »Zuschüsse zur Funktionärsbesoldung« in Höhe von fast 12 Millionen bekommen, ohne daß sie jemand danach fragt, wofür genau sie diese Subvention aus den allgemeinen Steuermitteln verwenden. Vielleicht fragt sich hin und wieder ein Gewerkschafter, ob seine Tätigkeit denn nicht auch den Menschen diene. Und worin der Unterschied zum Herrn Pfarrer bestehe und was eine solch immense Differenz an Subventionen rechtfertige.

Leben wie Gott in Frankreich? Zumindest für Oberhirten war das einmal so. Heute ist es weitaus lohnender, in der Bundesrepublik Pfarrer zu werden.

Hat sich die Kirche einmal auf Rentenbasis enteignen lassen?

Warum zahlen die Bundesländer überhaupt? Haben sie bei der Kirche etwas auf Pump gekauft? Nein. Sie zahlen, weil sie eine Art Erbe angetreten haben. Dieses hat ihnen keinen Gewinn, sondern nur Schulden eingetragen. Sie haben die Folgen der »Säkularisation« zu tragen, jener Enteignung von Kirchengut aus dem Jahr 1803, für die noch immer »Entschädigung« an die Kirche zu zahlen ist. Um diesen Sachverhalt mitaufzuklären, muß ich ein wenig in die deutsche Geschichte zurückgehen.

Wie viele wissen, hatte die Kirche einmal den größten Grundbesitz in deutschen Landen. Wie sie zu der unheimlich großen Menge Land gekommen war, ist nicht in jedem Fall klar. Aber ein paar Fakten können schon genannt werden.

Mit welchen Mitteln die Kirche wohl an Grund und Boden gekommen ist?

Gewiß haben geistliche Herren und Damen auch selbst hart für ihr Fortkommen gearbeitet. Aus der langen Geschichte des christlichen Klosterwesens wissen wir beispielsweise, daß die Weltflucht der

Klosterleute zur Quelle kollektiven Reichtums geworden ist. Arbeitet eine Kommune bienenfleißiger Menschen, die bedürfnislos leben, Jahr um Jahr für ihr Kloster, erwirtschaftet sie notwendig Überschüsse. Einen Teil davon mag sie Bedürftigen abgegeben haben, den Rest hat sie ins Eigene investiert[58].

Doch ist dies nicht die einzige und noch nicht einmal die wichtigste Möglichkeit gewesen, den Besitz zu mehren. Es ist im Zusammenhang mit kirchlichem Grund und Boden noch heute hin und wieder die Rede von Schenkungen. Das hört sich gut an, ist aber nicht gut. Denn die gewaltigsten »Schenkungen«, die die Kirchengeschichte kennt, sind Fälschungen gewesen.

Daß einmal ein Kaiser Konstantin im 4. Jahrhundert dem Papst Silvester I. (314–335) und seinen Nachfolgern Rom und das ganze Abendland »geschenkt« haben soll, ist eine fromme Fabel. Das haben sich, viel später, im 8. Jahrhundert, jene Kleriker in Rom ausgedacht – und die entsprechenden Dokumente gefälscht[59] –, die Interesse an Grundbesitz und abendländischer Ideologie in einem gehabt haben.

Um einen »von Gottes Gnaden« deutschen König hereinzulegen, haben sie die Konstantinische Schenkung erfunden. Pippin, so hieß der Karolinger, der Vater Karls des Großen, fiel auch auf die Legenden herein, und seither gab es den mittelalterlichen Kirchenstaat, eine »Pippinische Schenkung« aus dem Jahr 754 mit ungeheuren territorialen Zusagen. Diese sollten Pippin schon auf Erden Gewinn eintragen, noch mehr aber an der Himmelstür, an der der hl. Petrus, von den Päpsten als »erster Papst« verkündigt, über Sein oder Nichtsein Wache hielt. Den eigentlichen Gewinn, wenn nicht den ausschließlichen, hatten freilich die römischen Päpste. Pippin versprach, aus lauter Angst vor dem Verlust diesseitiger wie jenseitiger Gnade, künftig das Kirchengut in seinem Reich nicht nur zu schützen, sondern auch zu mehren. Er erließ ein Staatsgesetz, das die Zahlung des Zehnten an den Klerus garantierte[60], und wurde auf diese Weise gar so etwas wie ein Erfinder der deutschen Kirchensteuer.

Der Apostel Petrus besaß einige Grundstücke in Rom. Und die

vatikanischen Kleriker ließen sich von denen, die künftig zu diesem Ort pilgerten, Kaiser, Könige, Kaufleute voran, reich beschenken. Den Erfolg dieser Immobilienpolitik sehen wir noch heute.

Interessant zu wissen, auf welchem Grund und Boden der Vatikan steht – und sich hält. Jedenfalls sind erhebliche Zweifel angebracht, wenn es um die sogenannten jahrhundertealten Besitzansprüche der Kirche geht. Und noch zweifelhafter ist es, wenn in diesem Zusammenhang von »Entschädigung« gesprochen wird.

Zwar hat der Vatikan – auf Druck von außen hin – im 19. Jahrhundert die Fälschung zugegeben (400 Jahre nach der Entlarvung), doch ist das unrechte Gut niemals zurückgegeben worden. Auch ist bis heute keine Rede davon gewesen, die Erträge, die die Päpste aus diesem Unrechtsgut gezogen haben, zurückzuerstatten.

Was den Päpsten auf dem Gebiet ihrer Territorien und Immobilien gelang, war auch den unteren Chargen nicht verborgen geblieben. Bald wollte jeder Bischof, jeder Abt seinen eigenen »Priesterstaat« auf deutschem Territorium. Alle bedienten sich vom Kuchen. Sie führten nach römischem Vorbild ihre eigenen »Schenkungsnachweise« ein, sie gingen keiner Fehde um ein Stückchen Land mehr aus dem Wege. Erfolglos waren auch sie nicht. Da sie es inzwischen durchgesetzt hatten, geistliche Gnaden zu verteilen oder zu versagen, war es ein leichtes für sie, jeden zu verdammen, der klerikalen Besitz kassierte oder eine Enteignung auch nur begünstigte. Die noch immer verbreitete und von interessierter Seite gepflegte Angst der Deutschen, der Kirche (die niemals »ihre« Kirche gewesen ist) zu schaden, hat eine lange Tradition.

Aber noch immer liegt im völligen dunkeln, welche Liegenschaften, die gegenwärtig der Kirche »gehören«, auf welche Weise »geschenkt« oder »erobert« worden sind. Es braucht nicht viel Phantasie, sich vorzustellen, daß auf diesem Terrain, würde einmal sorgfältig geforscht, die schlimmsten Betrügereien aufgedeckt werden könnten.

Blut und Boden? Bodenerwerb durch Blut. Das gilt auch für die folgenden Beispiele. In der Kirche hat es immer Fraktionen gegeben.

Da war auf der einen Seite die kleine Gruppe derer, die immer schon wußten, was die wahrste Wahrheit ist, wo und bei wem sie liegt – und bei wem nicht. Das waren die orthodoxen, rechtgläubigen Christen. Zumeist waren es Kleriker. Denn sie allein hatten es mit der Zeit geschafft, sich ein Wahrheitsmonopol anzueignen.

Dieser selbsternannten Elite stand die Mehrheit gegenüber: die sogenannten einfachen Christen, denen gesagt werden mußte, was Wahrheit sei, und die paar Christen, die eine andere Auffassung von Wahrheit hatten als die jeweiligen Hirten – und dies auch offen sagten. Außerhalb dieser innerkirchlichen Gruppen fanden sich noch Menschen, die gar keine Christen waren. Die christlichen Eliten nannten diese Leute kurzerhand Heiden und Juden.

Folge dieses elitär-intoleranten Denkens war eine gnadenlose Repression gegen alle Andersdenkenden und -glaubenden. Religionskriege, Hexen- und Ketzerverbrennungen sowie Judenpogrome waren die unausweichliche Konsequenz. Ein kleiner, doch nicht unwichtiger Umstand: Die meisten der vom Klerus Verfolgten und Ermordeten hatten Vermögen. Die Juden hatten vergleichsweise viel.

Dazu ein winziger Ausschnitt aus der Kirchengeschichte[61]: Im Jahr 1349 sind in mehr als 350 deutschen Städten und Dörfern nahezu alle Juden verbrannt worden. In diesem einzigen Jahr haben Christen weit mehr Juden ermordet als die Heiden einst Christen in den zweihundert Jahren Christenverfolgung der Antike. Diese Zahlen kommen in der gewöhnlichen Geschichtsschreibung der Kleriker ebensowenig vor wie im normalen Religionsunterricht: Die handeln lieber von den vielen armen Christen, die den Heiden und ihren Löwen zum Opfer gefallen sein sollen. Hier aber geht es um Fakten des 14. Jahrhunderts[62] und nicht um Legenden: Nach der Ermordung der Nürnberger Juden wurden die Häuser beschlagnahmt und die Geldvermögen eingezogen. Der Bischof von Bamberg kassierte hierbei ebenso wie beim Pogrom in seiner eigenen Bischofsstadt, wo er fast sämtliche Häuser der Opfer übernahm. Eine deutsche Tradition? Eine christliche Tradition?

Im Jahr 1931 hat der Regensburger Bischof Buchberger[63] das »übermächtige jüdische Kapital« als »Unrecht am Volksganzen« bezeichnet. Und Adolf Hitler erklärte im April 1933 dem Osnabrücker Bischof Berning, Vertreter der deutschen Bischöfe bei der Reichsregierung[64]: »Die katholische Kirche hat 1500 Jahre lang die Juden als die Schädlinge angesehen... Ich gehe zurück auf die Zeit, was man 1500 Jahre lang getan hat... und vielleicht erweise ich dem Christentum den größten Dienst.« Von einem Widerspruch des katholischen Bischofs, der seine Briefe »Mit Deutschem Gruß und Hitler Heil!« unterzeichnet hat[65], ist nichts bekanntgeworden. Staat und Kirche fanden sich, als sei dies die natürlich-übernatürlichste Sache der Welt. 1933 startete der noch heute mit einem christlichen Programm aufwartende Verlag Aschendorff in Münster ein Buchprogramm »Reich und Kirche«, das »dem Aufbau des Dritten Reiches aus den geeinten Kräften des nationalsozialistischen Staates und des katholischen Christentums dienen soll... Ganz deutsch und ganz katholisch«[66]. Die Nazis hätten »bei der propagandistischen Vorbereitung ihres Judenboykotts die bischöflichen Argumente bis in die Formulierungen hinein« übernehmen können, schrieb vor wenigen Jahren das katholische *Publik-Forum*[67]. Der Jesuit Ludwig Volk[68] aber beschwichtigte noch im Jahr 1980 seine treukatholischen Leser: »Für die Bischöfe waren Ideologie, Machtgebrauch und Herrschaftsanspruch eines totalitären Weltanschauungsstaates ein ebenso fremdartiges Phänomen wie für die meisten Zeitgenossen, so daß sie sich in der neuen Wirklichkeit erst tastend zurechtfinden mußten.«

Ob bei dem Gespräch zwischen dem Diktator und dem Bischof auch das Konkordat zwischen dem Hl. Stuhl und Hitlers Drittem Reich angesprochen worden ist? Es ist anzunehmen, denn dieser Schand-Vertrag ist nur drei Monate später geschlossen worden. Daß er der Kirche des Bischofs Berning die Kirchensteuer garantierte, kann auch als ein »Dienst« Hitlers »am Christentum« interpretiert werden.

Neben den Juden auch die Ketzer und die Hexen[69]: Ein Mainzer Dechant hat zur Zeit der Hexenverfolgungen in zwei Dörfern über 300 Menschen verbrennen lassen, nur um ihre Güter seinem Sprengel einverleiben zu können. Jedes der zahlreichen Todesurteile in der

Diözese Augsburg endete mit der Formel: »Ihr Hab und Gut verfällt dem Fiskus Ihrer Fürstlichen Gnaden des hochwürdigsten Herrn Marquard Bischofs zu Augsburg und Dompropstes zu Bamberg.« Die Inquisitoren und Beichtväter haben stets Blutgelder eingestrichen. Das zu einer Zeit, da ein geflügeltes Wort sagte, das schnellste und leichteste Mittel, reich zu werden, sei das Hexenverbrennen. Auch die Kirchen der Reformation haben sich wacker an dieses Prinzip gehalten.

Vermögen einziehen, Kontributionen auferlegen, vertreiben, verbrennen, das ist die eine Seite des damaligen kirchlichen Handelns. Nichts mehr davon wissen wollen, die andere, die heutige. In den dreißig Jahren, da ich mich mit Kirchenfragen beschäftige, habe ich noch keinen einzigen Satz der Entschuldigung von denen gehört, die es von Amts wegen wissen müssen. Wohl aber viele Worte des Abwiegelns bei den Theologen mit dem Alles-halb-so-schlimm-Gesicht.

Was ist aus den Vermögen und Liegenschaften geworden, die deutsche Kleriker ihren Blutopfern abgenommen haben? Daß es keine Statistik gibt, die auch nur annähernd die schlimme Herkunft vieler kirchlicher Immobilien entschlüsselt, beantwortet vieles. Daß kein einziger unter den wissenden Klerikern der Bundesrepublik auch nur auf die Idee kommt, an eine Art Entschädigung zu denken, beantwortet alles. Wäre guter Wille vorhanden, ließe sich gewiß ein Weg finden, wenn schon nicht real, so wenigstens symbolisch, Entschädigungen zu leisten. Ein Fonds, eine Stiftung ...

Elitäre Gruppen in der Kirche haben sich früher an ihren Opfern schadlos gehalten, und deren heutige Gesinnungsgenossen sind nicht bereit, irgendein Opfer zu entschädigen.

Der Besitz, das unrechte Gut, bleibt entschädigungslos bei den Erben der Bluttäter. Und in Kirchenkreisen sammelt sich weiteres Vermögen an. Wir können davon ausgehen, daß manch ein Christenmensch, als er sein letztes Stündlein herannahen sah, in seinem Testament noch schnell ein Stück Land seiner Kirche vermachte. Im Lauf der Jahrhunderte ist einiges zusammengekommen. Manches gehört noch nach Jahrhunderten dieser lachenden Erbin.

Warum soll ein gläubiger Mensch keine letztwillige Verfügung zugunsten seiner Kirche machen? Schließlich kann er sein Geld oder sein Land oder beides dem vermachen, den er für den besten Erben hält. Allerdings erinnere ich an die französische Regelung[70], die es verbietet, daß geistliche Herren am Sterbebett als mögliche Erben Platz nehmen. Wenn es eines solchen Gesetzes bedurfte, hatte dies seine Gründe. »Laizistisch« möchte ich diese nicht nennen, eher wirklichkeitsnah. Offensichtlich hatte der Mißbrauch überhandgenommen. Sterbenden gegenüber, denen die Angst vor dem Jenseits den Willen und die Hand führt, haben Leute, die sich als Angst- und Hoffnungsmacher in einem präsentieren, leichtes Spiel. Die Chance, testamentarisch die eine oder die andere Wiese »für fromme Zwecke« überschrieben zu bekommen, vermehrt sich, wenn dieselben Kleriker, die an das Sterbebett treten, schon zu Lebzeiten der Erblasser ihre geistlichen Möglichkeiten voll ausgespielt haben.

Wer ständig gepredigt bekommt, wie wichtig geistlicher Beistand von der Wiege bis zur Bahre ist, und wem dazu nicht ohne Hintergedanken gesagt wird, daß selbst die Predigt ihren Lohn verdiene, ist seelisch mürbe gemacht. Auch so kommt die Kirche an unser Geld.

Luther[71] hat sein Teil zu diesem Zustand beigetragen: »Ihr undankbaren Bestien«, fährt er seine Gläubigen an, »Ihr seid den Schatz des Evangeliums gar nicht wert. Wenn Ihr Euch nicht besinnt, will ich aufhören zu predigen, daß ich nicht Perlen vor die Säue werfe.«

Der biblische Rat an die Prediger hatte freilich anders gelautet: »Umsonst habt ihr empfangen, umsonst sollt ihr weitergeben.« (1 Petr. 2, 25) Doch sind Zeichen klerikaler Vergeßlichkeit gegenüber der Bibel auch sonst häufig zu beobachten. Die Reformation hat es, alles in allem, geschafft, die deutschen Gelder von den früheren Adressaten, den Klöstern und Kirchen, abzuziehen – und auf die eigenen Pfründen umzuleiten. Große Unterschiede zwischen der alten und der neuen Kirche kann ich in diesem Punkt nicht erkennen. Ich stelle nur das Faktum fest: Beide Kirchen bedienen sich inzwischen mit einem ähnlich geistlichen Eifer. Mit nichts anderem ist auf der Welt soviel Geld verdient worden als mit der relativ einfachen Tatsache, daß niemand sicher sagen kann, ob diese Welt die einzige ist – oder ob es noch etwas danach gibt.

Warum wohl sind in deutschen Großstädten noch einige der besten Innenstadtlagen Kirchengut, auch wenn Kaufhäuser darauf stehen oder Parkplätze angelegt sind? In Münster sind Teile des Domplatzes als Parkplätze ausgewiesen, für die die Stadt Miete zahlt. In Regensburg liegt unmittelbar neben dem Dom die Gaststätte »Bischofshof«...[72]

Zu den Zeiten, da Bischöfe auch Landesherren waren, die sich mit Feuer und Schwert um die Ausbreitung des Gottesreiches mühten, fiel immer wieder ein Stück Land ab. Jeder Bischof mehrte auf diese Weise seinen Grundbesitz, und manchen gehört dieser bis auf den heutigen Tag.

Deutsche Kleriker haben früher als politische Beamte, Minister, Kronschatzverwalter, Heerführer des Königs gewirkt. Unter Kaiser Otto II. (955–983) hatten sie einmal mehr als doppelt so viele Gepanzerte wie alle weltlichen Fürsten gestellt. Die Erzbischöfe von Mainz, Köln und Trier hatten es als erste der deutschen Kurfürsten geschafft, wesentlichen Einfluß auf die deutsche Politik zu nehmen. Schon seit 1198 mußten sie an jeder Wahl eines deutschen Königs oder Kaisers beteiligt sein. Ohne ihre Teilnahme war die Wahl ungültig.

Bischöfe haben ganze Armeen befehligt, fremde und eigene. Gemordet haben sie auch höchst eigenhändig, und die Besitztümer ihrer Opfer eingezogen ebenso. Ein Beispiel[73]: »Also stunt es mit der Pfaffhait, wo man poses horte oder krig wer und man fragte, wer tut das, so hies es, der bischof, der pfaff.« Auch das ist deutsche Tradition, selbst wenn mancher es nicht gerne hören will. *Kirche ist nicht von vornherein ein Synonym für Moral. Oder für Frieden. Oder für Gerechtigkeit.*

Beispiele und Beweise gibt es genügend. Wir müssen sie nur nennen. Goethe: »Die Kirche hat einen guten Magen, hat ganze Länder aufgefressen und doch nie sich übergessen; die Kirch' allein, meine lieben Frauen, kann ungerechtes Gut verdauen.«

Warum will die Kirche noch immer von uns entschädigt werden?

Zwar erregte der immense Reichtum der deutschen Kirche bereits im 12. Jahrhundert Widerspruch[74]. Der Klerus besaß damals fast ein Viertel allen Grund und Bodens. Doch selbst die Reformation änderte an diesen Tatsachen nicht viel. Zwar wurden auch im Verlauf des Dreißigjährigen Krieges ehemals klösterliche und bischöfliche Besitzungen säkularisiert, d. h. in weltlichen Besitz überführt. Doch blieb genug übrig. Die geistlichen Kurfürsten von Köln, Trier und Mainz zum Beispiel, gerade sie Erben und Nutznießer zusammengerafften Besitzes, blieben alles in allem ungeschoren. Sie durften weiterhin Landesherren spielen. Ein Beispiel für das gedeihliche Wirken des Trierer Erzbischofs, die sogenannten Toleranzbedingungen aus dem Jahr 1784. Sie sprechen schon in der Einleitung offen davon, daß in den erzbischöflichen Landen »gnädigst« eine »beschränkte Toleranz« eingeführt werde – und auch die wurde nur genehmigt, um »Gewerbe und Handlung« in dem heruntergewirtschafteten Kurland des Erzbischofs durch Ansiedlung von Nicht-Katholiken zu fördern[75].

Neben den erwähnten Kurfürsten hatten auch die Bischöfe von Worms und Speyer zunächst Glück gehabt. Ihnen allen drohte erst das Verhängnis, als Kaiser Franz II. namens des sich auflösenden Reichs im Frieden von Lunéville (9. Februar 1801) das gesamte Land links des Rheins an Frankreich abtreten mußte. Die deutschen Reichsfürsten schrien Zeter und Mordio: Sie wollten für ihre linksrheinischen Verluste rechtsrheinisch entschädigt werden. Als Entschädigungsmasse bot sich das Kirchengut an. Artikel 7 des Friedensvertrages räumte den Fürsten grundsätzlich das Entschädigungsrecht ein[76]. Bald darauf waren die Pläne konkretisiert. Eine außerordentliche Reichsdeputation aus acht Mitgliedern des Reichsfürstenrates bereinigte die Angelegenheit: Der sogenannte »Reichsdeputationshauptschluß« von Regensburg (22. Februar 1803) sah eine allgemeine Säkularisation der Reichskirchen vor[77]. Alle reichskirchlichen Hoheitsrechte und Güter wurden zugunsten der weltlichen Fürsten konfisziert.

Diese Säkularisation betraf ein Gebiet von über 1700 Quadratmeilen mit mehr als drei Millionen Einwohnern, die drei rheinischen Kurfürstentümer Köln, Trier und Mainz sowie das Fürsterzbistum Salzburg, dazu 18 Reichsfürstenbistümer, etwa 80 reichsunmittelbare Abteien und Stifter sowie über 200 Klöster[78].

Die weltlichen Herren waren zufrieden mit dieser Entschädigung: Bayern hatte das Siebenfache seines Verlustes erhalten, Preußen das Fünffache, Württemberg das Vierfache. Die Kirche konnte nicht zufrieden sein: Neben ihrem immensen Landbesitz hatte sie eine ganze Substruktur aufgeben müssen: katholische Universitäten, Gymnasien und Bildungsanstalten. Dieser Verlust schrie nach Entschädigung.

Die Staaten sollten daher in die Pflicht genommen werden, »die Bedürfnisse der Kirchen im wesentlichen zu befriedigen«[79]. Der Reichsdeputationshauptschluß hatte die säkularisierenden Fürsten rechtlich nicht nur »zur festen und bleibenden Ausstattung der Domkirchen« verpflichtet, sondern auch zur »Zahlung von Pensionen für die aufgehobene Geistlichkeit« sowie zur Dotation von den – früher den Klöstern und Stiften zugehörigen – Pfarreien. Diese grundsätzlichen Ansprüche sind im Lauf der folgenden Jahrzehnte in eigenen Kirchenverträgen (beispielsweise mit Bayern) konkretisiert worden[80]. Es handelt sich um Zusagen, die bis heute praktisch werden können und eingehalten werden müssen.

Statt – wie in Italien durch die Lateranverträge Mussolinis von 1929[81] – die Möglichkeit wahrzunehmen, sich durch eine einmalige Geldzahlung solcher Verpflichtungen zu entledigen, ist in der Regel die spezifisch deutsche Lösung gewählt worden: die fortlaufende und dynamisch fortgeschriebene Entschädigungszahlung.

Kirchen selbst entschädigen grundsätzlich für nichts, lassen sich aber gerne dafür entschädigen, daß sie einiges von dem wieder hergeben mußten, wofür sie selbst keine Entschädigung an ihre Opfer gezahlt hatten.

Die auf Gesetz, Vertrag oder besonderen Rechtstiteln (Art 138 I Weimarer Verfassung/Art. 140 Grundgesetz) beruhenden Zahlungen nennen sich kurz »Staatsleistungen«. Und wer sich als deutscher Staat versteht, zahlt. Das Kaiserreich hat gezahlt, die Weimarer Republik zahlte, und die Bundesländer machen es nicht anders.

Seit vielen Jahrzehnten wird der ursprüngliche Gedanke einer einmaligen Ablösung dieser Verpflichtungen weitergeschleppt. Auch das Bonner Grundgesetz fordert in seinem Artikel 140 zu dieser Ablösung auf, doch die Kirche macht keinerlei Anstalten in dieser Hinsicht. Sie zieht, was aus finanzpolitischen Erwägungen sicher vernünftig ist, die jährliche Rente von etlichen hundert Millionen DM vor.

Gerade zu Zeiten, da das Kirchensteueraufkommen infolge der zunehmenden Kirchenaustritte sinken könnte, bleibt das Verlangen der Kirchen nach den hier im fachlichen Sinn gemeinten »Staatsleistungen« ungebrochen[82]. Dabei sind die Kirchen in der Bundesrepublik noch nie schlecht entschädigt worden. Hatte Rheinland-Pfalz im Jahr 1962 noch 10,7 Millionen DM bezahlt, waren es 1966 bereits 13,3 Millionen DM. In Niedersachsen stieg die »Staatsleistung« von 7,7 Millionen DM in 1955 auf 10,4 Millionen DM in 1963.

Zahlen aus dem Jahr 1968[83]: Baden-Württemberg zahlte schon damals 51,2 Millionen DM, Bayern 63,7 Millionen, Berlin 8,6 Millionen, Hessen 19,8 Millionen, Niedersachsen 18,2 Millionen, Nordrhein-Westfalen 29,8 Millionen, Rheinland-Pfalz 34,6 Millionen, das Saarland 1,6 Millionen und Schleswig-Holstein 5,5 Millionen DM. Die beiden Stadtstaaten Hamburg und Bremen haben ihre diesbezüglichen Verpflichtungen 1965 abgelöst.

Die »Dynamik« dieser besonderen Leistungen ist erhalten geblieben. Die Staatsleistungen werden laufend den Veränderungen in der Beamtenbesoldung und in anderen vergleichbaren Staatsausgaben angepaßt[84]. Im Jahr 1968 waren es insgesamt bereits 260 Millionen DM, die Bund und Länder zahlten. Heute handelt es sich um etwa den fünffachen Betrag.

Daß nicht nur die Bundesländer bezahlen, sondern auch der Bund selbst zahlt, wird oft unterschlagen, da die zugrundeliegenden Vereinbarungen nicht veröffentlicht sind, wie der Jurist Hans-Jochen Brauns 1970 in seiner Dissertation feststellt[85]. In diesem Zusammenhang verweist er auf Zuschüsse an die Kirchen »für die Versorgung heimatvertriebener Seelsorger, Kirchenbeamten, Kirchenangestellten und deren Hinterbliebene« in Höhe von 20 Millionen DM sowie auf die »Dotation für die derzeitigen bischöflichen Verwaltungen der Ostdeutschen Diözesen jenseits von Oder-Neiße« in Höhe von 820 000 DM allein aus dem Jahr 1968.

Was aus diesen Zahlungen geworden ist, läßt sich nicht feststellen. Bis zum Beweis des Gegenteils nehme ich an, daß sie noch immer, dynamisch angepaßt, weitergezahlt werden.

Der schon in der Weimarer Verfassung (Artikel 138 I) enthaltene Befehl an den Landesgesetzgeber, die Staatsleistungen abzulösen, interessiert offenbar nicht. Seinerzeit hatten die Rechtsparteien und das Zentrum, die Katholikenpartei im Parlament, versucht, nur die Möglichkeit der Ablösung in die Verfassung einzubringen. Doch die Nationalversammlung nahm den Antrag des Liberalen Naumann an, die Ablösung zwingend vorzuschreiben[86]. So steht es auch im Bonner Grundgesetz (Artikel 140).

Der katholische Moraltheologe Joseph Mausbach, dem schon der Verfassungsgrundsatz der Trennung von Staat und Kirche nicht geschmeckt hatte (zumal auch Papst Pius IX. ihn als Zeitirrtum verworfen hatte), versuchte als Mitglied des damaligen Verfassungsausschusses, für seine Kirche das Beste herauszuholen[87]. Im Gegensatz zu seinen kriegshetzerischen Äußerungen von 1914[88] hatte er damit wenig Erfolg. Brauchbar für die Seinen war dieser Priester dennoch. Hatte er noch zu Beginn des Ersten Weltkrieges gepredigt, das kaiserliche Deutschland habe den Willen Gottes an Frankreich zu vollstrecken[89], stand er jetzt als Weimarer Republikaner in der vordersten Reihe, so oder so ein Kriegsgewinnler.

Mausbach hatte 1914, weitab vom Schuß, folgendes verkündigt: »Wie überall in Zeiten falschen, faulen Friedens hatte sich die feige Liebe zum Leben... in die Volksseele geschlichen; schnöder Mißbrauch der Ehe, Versündigung am Kindesleben, um das eigene zu schonen, waren die naturgemäße, naturzerstörende Folge. Nun schwingt der Krieg seine Geißel, nun zerreißt er das Lügengewebe der Eigenliebe und bannt das Schreckgespenst der Übervölkerung! Nun zeigt er die Unerbittlichkeit und den Adel des Todes... Nun erwachen die alten Frauentugenden... in einer Stärke, daß wir erstaunt und erschüttert dastehen vor Müttern, die ohne Klage acht und zehn Söhne zu den Schlachtfeldern senden!«[90]

Derselbe Kriegsprediger, ich erinnere nur an die gewohnten klerikalen Zusammenhänge in Deutschland, war wenige Jahre später, als sich der Wind gedreht hatte, schon wieder unangefochten einer von denen, die an maßgeblicher Stelle die Verfassung der Weimarer Republik ausarbeiteten. Die in ihren staatskirchenrechtlichen Sätzen noch heute gilt.

Und die deutschen Bischöfe jener Zeit? Während des Krieges hatten sie in einem Hirtenbrief von 1917[91] die Idee von der Volkssouveränität ebenso kategorisch abgelehnt wie das »Schlagwort von der Gleichberechtigung aller Stände«. Sie hatten sich auch gegen den möglichen Frieden »als Judaslohn für Treubruch und Verrat am Kaiser«[92] gewandt. Denn Gott selbst habe »unseren Herrschern... den Herrscherstab in die Hand gelegt«. Dann hatten sie beteuert: »Wir werden stets bereit sein, wie den Altar, so auch den Thron zu schützen gegen innere und äußere Feinde, gegen die Mächte des Umsturzes.«[93]

Schon im Dezember 1918[94] hatten sie nichts Wichtigeres zu tun, als gegen den drohenden Einzug der Staatsleistungen an ihre Kirche zu protestieren und mitten im Nachkriegselend Deutschlands von ihrer eigenen »Beraubung« zu sprechen.

Im August 1919[95] sprachen sie von der Trennung von Staat und Kirche als dem Szenarium, in dem sich der Untergang Deutschlands abspielen werde. Im März 1920[96] nennen sie die deutsche Revolution, die das Kaiserreich abgelöst hatte, »Stunde und Macht der Finsternis«. Sie hatten ihre Gründe. Sie konnten sich zumindest der Zeit erinnern, da Preußen die Geistlichkeit dazu benutzt hatte, jene »gute Bürgergesinnung« pflegen zu lassen, »ohne die der Staat zerfallen müßte«[97]. Sie wußten, daß den Mitgliedern auch ihrer Kirche »Ehrfurcht gegen die

Gottheit, Gehorsam gegen die Gesetze, Treue gegen den Staat...einzuflößen«[98] waren, damit sie selbst die Dotationen nicht verloren.

Anders stand es um die Sozialdemokratie: Bereits 1891 hatte sie »die Abschaffung aller Aufwendungen aus öffentlichen Mitteln zu kirchlichen und religiösen Zwecken«[99] gefordert. Sie hatte allen Grund dazu. Der preußische Staat braucht die Kirchen als Kampfgenossen gegen die Sozialdemokraten – und mußte den Klerus schon aus diesen Gründen kräftig fördern. Staatsleistungen an die Kirchen waren Gegenleistungen für wirksame antisozialistische Wahlhilfen, Treueprämien an kirchliche Wahlhelfer. Die zunächst stiefmütterlich bedachten Katholiken sahen dies genauso[100]: »Oder ist die Arbeit der Pfarrer der katholischen Konfession, welche z. B. unter dem Gesichtspunkt der Statistik der Ausbreitungsverhältnisse der Sozialdemokratie sicher nicht ungünstig dasteht, weniger des Lohnes wert als jene der protestantischen Pfarrer?«

Seit sich »die Sozialdemokratie« über Erwarten in Deutschland »ausgebreitet« hat, ist freilich von ihr so gut wie nichts mehr zum Thema zu hören. *Der Auftrag des Grundgesetzes wartet noch immer darauf, erfüllt zu werden.*

Über den Modus der in der Weimarer Verfassung wie im Bonner Grundgesetz gebotenen Ablösung[101] bestehen verschiedene Ansichten. Die einen sprechen von einer »ewigen Rente« an die Kirche, was dieser verständlicherweise besonders gefällt. Andere halten eine einmalige Kapitalabfindung für geboten, wobei sich um den sogenannten »Kapitalisierungsfaktor« streiten läßt: Wieviel macht denn nun die Abfindung aus? Das Zwanzigfache der gegenwärtigen Jahreszahlungen oder das Hundertfache der zur Zeit bezahlten Rente? Wieder andere meinen, durch die jahrzehntelangen Zahlungen sei die Ablösung schon längst erfolgt und keine Kirche habe darüber hinaus auch nur noch eine DM zu bekommen[102].

Jedenfalls sind seit 1919 keine ernsthaften gesamtdeutschen Anstrengungen unternommen worden, das Verfassungsgebot der Ablösung einzulösen. Vielmehr geht das herrschende Interesse in die entgegengesetzte Richtung: Statt von Ablösung zu sprechen, wird eine förmliche »Garantie«[103] der Staatsleistungen eingefordert, die künftige Säkularisationen unmöglich machen soll. Seither geschlossene Kirchenverträge garantieren die bisherigen Leistungen in Form von Geldrenten; von Ablösung sprechen sie wohlweislich nicht.

Als erstes der neuen Bundesländer wird Sachsen die Staatsleistungen wiederaufnehmen und die Pfarrer mitbezahlen.

Weshalb ist die Kirche daran interessiert, daß alles so bleibt, wie es ist?

Ich bringe es auf einen Nenner: Die Kirchen bleiben daran interessiert, wie sie am besten ihre finanzielle Liquidität von einem Jahrhundert ins nächste transportieren können[104]. Mehr wollen sie nicht. Mehr vermögen sie auch gar nicht. Unter diesen Umständen können die Argumente, die zur Befestigung des bisherigen Zustandes kirchlicher Geldanschauung angeboten zu werden pflegen, intellektuell nicht sonderlich anspruchsvoll ausfallen. Wenn schon zu Beginn einer Denktätigkeit vorgeschrieben ist, was als Ergebnis herauskommen muß, können sich der Hoftheologe und der Hofjurist weiterreichende geistige Anstrengungen ersparen. Die meist zugunsten ihrer Kirche ausschlagende Objektivität einiger Wissenschaftler spricht für sich. Wir wissen, was als Resultat von Anfang an feststeht: Die Kirchen bekommen nun einmal seit langem ihr Geld, und dabei soll es auch bleiben, koste es, was es wolle.

Im Rahmen der »Essener Gespräche zum Thema Staat und Kirche« ist beispielsweise im März 1971 entdeckt worden[105], daß der liberale Nachtwächterstaat des 19. Jahrhunderts einem modernen, weltanschaulich neutralen, demokratischen Sozialstaat gewichen ist. Auch wurde aus diesem Anlaß und zu diesem Termin die frühere Trennung von (Hof-, Militär-, Beamten-) Staat und (bürgerlicher) Gesellschaft für überwunden erklärt. Diese Entdeckungen hatten Methode. Denn: Heute ist alles anders. Heute gibt es neue Gründe für die alten

Zahlungen. Heute finden sich sogar Argumente dafür, daß die vom Grundgesetz geforderte Ablösung dieser Zahlungen ein Unding ist.

Die Gedankenspiele sind verwegen: Auch das typisch klerikale Denken nennt den gegenwärtig erreichten Zustand (an dessen Entwicklung es selbst nicht den geringsten Anteil hatte) inzwischen »pluralistisch« und übernimmt damit einen Begriff, der ihm selbst fremd ist, zum eigenen Nutzen. In einem solch pluralistischen Umfeld soll es lebensnotwendig für alle Gruppen sein, sich als Interessenverbände zu konstituieren und gesellschaftlich zu präsentieren.

Nur wer seine Gemeinnützigkeit nachweisen kann, darf mit Subventionen rechnen. Parteien und Gewerkschaften ist dieser Nachweis gelungen. Der Kirche wie selbstverständlich auch. Daher bekommen diese Interessengruppen anteilig Geld aus einem großen Steuertopf. Vor allem die Kirchen sind wieder aus dem Schneider.

Das hört sich nicht schlecht an. Es ist aber schlecht. Denn das, was die Interessengruppe Kirche an staatlichen Geldern einstreicht, kann weder von seinem Umfang noch von seiner juristischen Absicherung her mit anderen Zuschüssen verglichen werden. Mir ist jedenfalls nicht bekannt, daß ein Funktionär der IG Metall wie ein Militärpfarrer seine Dienstkleidung von der Bundesrepublik bezahlt bekommt.

Auch habe ich noch nie gehört, daß in den öffentlichen Schulen der Republik Gewerkschafter Unterricht erteilen, der dem staatlich garantierten und bezahlten Religionsunterricht entspräche. Und ich wüßte nicht, daß Gewerkschaften eine vom Staat beigetriebene »Gewerkschaftssteuer« in Höhe von mindestens acht Prozent der Lohn- und Einkommensteuer kassieren, wie das die Kirchen mit ihrer Kirchensteuer tun?

Offenbar kann und will sich die pluralistische Gesellschaft solche und solche Lobbyisten leisten. Offensichtlich gibt es, bei gleichen Aufgaben, erfolgreiche und erfolgreichere Interessenvertreter. Offenbar hat der Interessenverband Kirche, obgleich unter allen Mitbewerbern der einzige vordemokratisch strukturierte, in unserem demokratischen Rechts- und Sozialstaat die effizienteste Lobby.

Warum das so ist? Der nachmalige Berliner Senator Wilhelm Kewenig (CDU) hat schon bei seinem Vortrag zum erwähnten »Essener Gespräch« von 1971 festgehalten, daß Kirchen neben ihren ideellen auch sehr konkrete politische Interessen vertreten. Und das »mit großem Nachdruck und mit Methoden, die denen anderer Interessenverbände durchaus entsprechen«[106]. Hinzu komme die vergleichsweise riesige Masse ihrer Zahlmitglieder, die »unendlich weit oberhalb der jedes Konkurrenten«[107] liege und das entsprechende Gewicht verleihe. Auch spreche die große Vergangenheit der Kirchen für eine besondere Art (sprich: Höhe) der Dotation. Desgleichen die unleugbare Tatsache, daß ein Kulturstaat wie der unsrige die Kirchen als »Bestandteil unserer Kultur« zu fördern habe.

Wem dies noch immer nicht genügt: Bei den Kirchen gibt es jenes gewaltige »Mehr«, das Wilhelm Kewenig ihnen pauschal zuerkennt. Worin genau das Mehr besteht, kann der Wissenschaftler nicht angeben. Jedenfalls sind Kirchen für ihn »mehr« als Verbände unter Verbänden. Mit dieser Meinung steht er weder in der CDU noch in der SPD allein [108].

Das »Mehr«. Eine nicht unwichtige, wenn auch unbewiesene Feststellung, die in manchen Köpfen spukt. Vor allem, wenn es darum geht, den objektiven Stellenwert der Kirchen als »öffentlicher Potenzen« in Mark und Pfennig zu umschreiben. Ihm gegenüber versagt allem Anschein nach auch bei ausgewiesenen Politikern und Wissenschaftlern das Denken. Daß nämlich die angeführten Argumente in anderen europäischen Kultur-Ländern politisch wie gesellschaftlich anders und gegenteilig gewichtet werden, interessiert die Lobredner des »Mehr« gar nicht. Wer anders denkt und handelt, gilt als »Laizist« (ein Lieblingswort des Juristen Kewenig[109]) – und damit als nicht diskussionsfähig. Hauptsache, es ist gelungen, den »besonders prominenten Platz« – und damit die Liquidität – der bundesdeutschen Kirchen zu sichern.

Daß die Kirche auch eine immense inhumane und damit nichtkulturelle Vergangenheit hat, ist für die Begründung des »Mehr« relativ uninteressant. Das ist um so bemerkenswerter, als für das klerikal-kirchliche Mehr immer wieder die »historische Komponente des Andersseins« angeführt wird. Allein die Forschungen Karlheinz Deschners in Sachen Kriminalgeschichte des Christentums[110] relativieren aber das Mehr ungemein. Ein Mehr an Unkultur, an Mord und Totschlag in Deutschland.

Und das ideelle Mehr? Die »religiöse Seite des Andersseins«? Auf sie, die in einer juristischen Beweisführung nicht angebracht ist, auf sie, die auch nicht eben frei ist von den erwähnten Verbrechen in der deutschen Kirchengeschichte, kommen die Verteidiger des Status quo eher beiläufig zu sprechen. Offenbar handelt es sich um ein theologisches Problem. Damit gehört es in die Hände derer, von deren Antwort die eigene Dotation abhängt. Es wäre von einem Theologen zuviel verlangt, wollten wir von ihm hören, das ideelle Mehr gebe es gar nicht außerhalb der eigenen Phantasie – und deswegen sei sein Besitz auch nicht länger finanziell zu honorieren.

Das Mehr? Vielleicht könnten die folgenden Fragen dazu führen, das Thema nicht mehr gar so eilfertig und glatt abzuhandeln wie gewohnt: Kann gerade das »ideelle Mehr«, falls es ein solches wirklich gibt, Geld verdienen? *Müssen wir uns Jesus von Nazareth, der für dieses Mehr steht, als Zugpferd für Gewinn und Privileg vorstellen?* Kann eine kranke Gesellschaft wie die Kirche, die beispielsweise das freie Wort nicht schätzt, überhaupt eine gesunde Kultur, ein ideelles Mehr, hervorbringen? Werden die Kirchen in unserem Land nicht nur deswegen als Garantinnen ewiger Werte geschätzt (und honoriert), weil der Bedarf an Ethik um so größer erscheint, je raffgieriger eine Gesellschaft ist? Ist eine Gesellschaft, die den individuellen Tod ebenso gerne verdrängt wie die Frage nach dem Lebenssinn, daran interessiert, sich für solche Probleme ein Spezialistenteam zu halten – und diesem »das Monopol der letzten Tage« auch finanziell zu garantieren?

Daß die große Zahl der Zahlmitglieder einer Kirche gegen die Konkurrenz anderer Lobbys ins Feld geführt wird, ohne daß der innerkirchliche Schweige-Status dieser Mitgliederzahl auch nur erwähnt wird, hat Methode. Daß die Amtskirche merkwürdiger- oder bezeichnenderweise dieselbe geblieben ist, gleich ob sie (die innerkirchliche Kleingruppe) sich mit dem Kaiserreich oder mit der Bundesrepublik arrangieren mußte, taucht in der Argumentation vom großen »Mehr« gar nicht auf. Daß sich die Kirche Roms selbst keineswegs mit einem Arbeitgeberverband oder einer Partei vergleichen läßt, auch nicht.

Ich meine, der Weg, die Interessengruppe Klerus mit ähnlichen Gruppen gleichzusetzen, hat seine gefährlichen Tücken. Die Kirchen ahnen, daß sie sich nicht auf diesen Weg locken lassen dürfen. Wenn der Staat Sportstätten, Schwimmhallen und Krankenwagen subventioniert – und eben auch Kirchenbauten –, wird früher oder später nachgemessen werden, wer das meiste und beste und rentierlichste fürs Geld leistet. An diesem Maß gemessen, hätten die Kleriker bereits heute schlechte Karten. Dennoch verstummt das Argument nicht. Der frühere Bundespräsident Heinemann hat einmal erklärt[111], er habe nicht viel Hoffnung, daß die Staatsleistungen eines Tages vermindert oder gar abgelöst würden. Der Zustand lasse sich schon deshalb nicht ändern, weil auch die Parteien der Republik staatlich finanziert würden.

Die Parteienfinanzierung als Rettungsanker für die Kirchenfinanzierung? Die Kirche mit einer Partei auf eine Ebene gestellt? Oder, noch schlimmer, mit einer Gewerkschaft? Da sei Gott vor, denken die Kleriker. Das verwischt entscheidende Grenzen zwischen Natur und Übernatur, zwischen vorletzten und letzten Werten (wie es hier und da in der SPD heißt[112]), das grenzt bereits an Ketzerei.

Aber wenn es um unser Geld geht, ist die Übereinstimmung grenzenlos. Da werden die Grenzen zu den anderen Lobbyisten leicht verwischt. Es ist hilfreich, sich und andere an diese Übung zu erinnern. Die Staatsleistungen laufen so lange weiter, als niemand sich findet, der ihren Stopp verlangt und durchsetzt. Die Verfassungen der Bundesländer gehen in dieser Frage verschiedene Wege. Während in Hessen die Ablösung gefordert ist, erwähnen Bayern, Rheinland-Pfalz und das Saarland diese Möglichkeit gar nicht, sondern halten die Zahlungen aufrecht. Nordrhein-Westfalen will eine Ablösung »durch Vereinbarungen«, und Berlin, Schleswig-Holstein wie Niedersachsen schweigen sich ganz aus. Baden-Württemberg hat einen Mittelweg eingeschlagen[113].

Vorherrschend bleibt bei den meisten Bundesländern die Untätigkeit. Die Verantwortlichen lassen alles laufen, wie es seit fast zweihundert Jahren läuft, und die nicht informierte Masse der Steuerpflichtigen zahlt zufrieden weiter. Sie stört sich nicht an der Devise von der knallharten Gewinnmaximierung, nach der Kirchen leben.

Sollten wir nicht beginnen, uns über diese »Verteidigungslasten« in einem kirchlich besetzten Land wie der Bundesrepublik zu wundern? Was haben wir mit politischen Vorgängen aus dem 16. und dem 19. Jahrhundert zu schaffen? Gibt es eine Kollektivschuld und eine Kollektivbuße der Deutschen? Die staatstragenden Personen der Bundesrepublik machen sich ungleich weniger Gedanken, und die Kirchenleute gar keine. Staat und Kirchen leben in stiller Partnerschaft.

Die Bundesländer zahlen und zahlen. Diejenigen, die ihnen das noch immer zumuten, haben die Zahlungsverpflichtung auf einen – wie sie meinen – treffenden Begriff gebracht. Sie sprechen geschmackvoll von »Folgehaftung«[114], ohne jede Erinnerung an die mangelnde Folgehaftung der Kirchen für die im Laufe der deutschen Geschichte von ihren Führungsgruppen begangenen Straftaten.

Zu denken, die grundsätzlich auf Übernatürliches ausgerichtete Kirche in ihrem weltlichen Besitz einzuschränken, sei kein Unrecht, ist selbst wieder Unrecht. Zu denken, es sei nicht fein, noch 190 Jahre später Buße tun zu müssen, und dies ohne Aussicht auf endgültige Absolution, ist ebenso unfein. Ganz daneben aber ist der politisch gemeinte Vorschlag, es gebe überhaupt nichts mehr zu zahlen und auch nichts mehr abzulösen. Denn fast 200 Jahre Rentenzahlung sei genug auch an »Ablösung«.

Warum läßt sich die deutsche Kirche nicht auch für noch frühere Enteignungen als die von 1803 entschädigen? Mit dem gleichen Recht könnte sie doch verlangen, für das Unrecht entschädigt zu werden, das ihr die Karolinger im 8. und 9. Jahrhundert angetan haben. Auch der fränkische Hausmeier Karl Martell (gestorben im Jahr 741, ein Rechtsvorfahr der heutigen Bundesländer?) hatte bereits Kirchengut eingezogen, um seine Vasallen mit Pfründen versorgen zu können. Haben diese Säkularisationen etwa kein ähnliches Schuldverhältnis mit den Bundesländern begründet?

Mittelalterliche Theologen und Rechtslehrer haben immer wieder den Gedanken einer Säkularisation verteidigt, auch in deutschen Landen. Selbst innerkirchliche Gruppen, Armutsbewegungen, haben stets der reichen Institution und der herrschenden Kleriker-Elite den Gedanken der Aufgabe von Besitz ins Gesicht geschrien. Auch das ist deutsche Tradition: Die Kirche auf ihre eigentlichen Aufgaben zu beschränken und sie von allem, was diesen widerspricht, zu befreien, also von Landnahme, Habsucht, Geldgier.

Die elitäre, vom Zahlvolk sich penibel abgrenzende Klerikergruppe sieht es offensichtlich anders. Die Amtskirche kennt ihre Gründe. Aber ich frage diejenigen, die so willfährig von der historischen Schuld der (weltlichen) Enteigner sprechen und uns deswegen noch immer ein schlechtes Gewissen einreden wollen: Weshalb mußte nur die Kirche entschädigt werden? Wo bleiben die Entschädigungen für Menschen, denen im Lauf der deutschen Geschichte ähnliches Unrecht angetan worden ist? Von ihnen spricht niemand.

Warum hat die Kirche ihrerseits niemanden für das Unrecht entschädigt, das sie selbst – materiell und geistig – zugefügt hat? Daran zu denken, daß beispielsweise die Nachfahren der von der Kirche Verfolgten und Verbrannten entschädigt würden, gilt als unsinnig. Offensichtlich hat die Kirche niemanden zu entschädigen, da sie niemanden je geschädigt hat.

Warum zahlen die Bundesländer nicht auch für Karl Martells Schuld? Setzt hier unsere Folgehaftung aus? Vielleicht sollte eine entsprechende Kommission eingesetzt werden, die über die ziemlich aussichtsreich anstehenden zusätzlichen Staatsleistungen berät.

Die Pfarrer predigen ständig Opfer und Verzicht. Aber ihre Kirche geht nicht ein einziges Mal mit gutem Beispiel voran, sondern klammert sich an die überholten Staatsleistungen wie an eine sichere Rente. Sie hat allen Grund dazu: Das bundesdeutsche Geld fließt reichlich. Nur selten wird die Ausnahme sichtbar: Das Verwaltungsgericht Würzburg verurteilte nach fünfjährigem Rechtsstreit eine katholische Pfarrpfründestiftung dazu, die am Pfarrhaus anfallenden Kaminkehrergebühren (durchschnittlich 60 DM jährlich) selbst zu bezahlen. Diese waren sechzig Jahre lang von der politischen Gemeinde bezahlt worden[115].

Es ist jedenfalls noch gar nicht sicher, ob die Kirche durch die »Säkularisation« nicht doch mehr gewonnen als verloren hat. Sie selbst diskutiert das Thema nicht. Gewiß weiß sie, warum. Ihre Wortführer haben es geschafft, sich als Opfer dazustellen. Haltet den Dieb! rufen sie. Sie haben sogar Erfolg. Einem Opfer begegnen wir in der Regel mit Mitleid. Und wenn wir sogar der Ansicht sind, wir seien selbst nicht ganz unschuldig am Opferstatus des anderen, sind wir auch eher bereit, Entschädigung zu leisten.

3. Kapitel
Ein ausgekochtes System, eine bundesdeutsche Spezialität: Die Kirchensteuer

Kirchen-Steuer, ein entlarvendes Wort. Für sehr viele Menschen handelt es sich um das Problem Nummer 1 zwischen Staat und Kirche, für andere ist es genau das nicht, weil sie bereits eine endgültige Lösung gefunden zu haben glauben. Hauptproblem oder nicht, in den weitaus meisten Fällen, in denen über die Kirche und unser Geld diskutiert wird, geht es um die Kirchensteuer. Die kennt jeder, ob er sie nun zahlt oder nicht. Ich wünschte mir einen ebenso hohen Bekanntheitsgrad in den Fällen der stillschweigenden Subventionierung der Kirchen durch Bund, Länder und Kommunen. Dann ließe sich vielleicht auch schneller etwas am gesamten System der bundesdeutschen Kirchenfinanzierung zum bessern ändern.

Die Kirchensteuer ist innerhalb dieses Systems nur der bekannteste Sündenfall: Ein – von der eigenen Verfassung (Artikel 3,3 GG) zur Gleichbehandlung aller verpflichteter – Staat garantiert nicht nur den Vereinsbeitrag bestimmter Religionsgemeinschaften in Form einer eigenen Steuer, er treibt die Mitgliedsbeiträge sogar mit Hilfe seiner Behörden ein. Die Kirchen lassen sich dies gefallen; sie haben den bequemsten wie sichersten Weg gewählt, um an unser Geld zu kommen. Wer sich unbefangen in der Bundesrepublik umsieht, kommt auch nicht entfernt auf den Gedanken, daß unsere Verfassung eine grundsätzliche Trennung von Staat und Kirche vorsieht[1]. Im Gegenteil, ein solcher Beobachter käme unweigerlich zu dem Schluß, unser Grundgesetz kenne ein System enger Bindung von Staat und Kirche.

Allein ein – vorläufiges – Verzeichnis der institutionalisierten Mitwirkungsrechte der Kirchen im staatlichen Bereich umfaßt 17 Druckseiten[2].

Dabei hat das Bundesverfassungsgericht 1965 vom Staat als »Heimstatt aller Staatsbürger«[3] gesprochen, dem von der Verfassung »ohne Ansehen der Person weltanschaulich-religiöse Neutralität« auferlegt ist. Konkret besagt dies, so das höchste deutsche Gericht, daß »die Privilegierung bestimmter Bekenntnisse untersagt«[4] ist. Es versteht sich, daß ein solcher Staat »den Glauben oder Unglauben seiner Bürger nicht bewerten darf«[5].

Die Wirklichkeit gerade in Kirchensteuerfragen sieht anders aus. Keine andere Interessengruppe in der Bundesrepublik als die Kirche hat eine auch nur annähernd ähnliche Bevorzugung zu erwarten. Es gibt bei uns weder eine eigene »Gewerkschaftssteuer« noch die Möglichkeit für den ADAC, Mitgliedsbeiträge durch den Staat einziehen zu lassen. Nur die Kirchen werden – wegen ihres »Mehr«? – auf diese Weise bevorzugt. Haben sie das verdient?

Wer diese Über-Privilegierung anstandslos hinnimmt, beweist eine gute kirchliche Erziehung, aber wenig demokratisches Bewußtsein. Wem diese Bevorzugung gar korrekt vorkommt, der hat viel von dem Prinzip verstanden, das das Verhältnis von Kirche und Staat in der Bundesrepublik mitbestimmt. Es lautet: *Im Zweifelsfall entscheiden sich Politiker lieber für die klerikalen Privilegien als für die allgemeinen Grundrechte.*

Die Furcht der Klerikergruppe, die Bundesrepublik könne sich dem übrigen Europa anschließen und die einseitige Bevorzugung der beiden Großkirchen einstellen, ist von daher gesehen wenig begründet. Eine »Aussparung der Kirchen aus der direkten oder indirekten staatlichen Förderung«[6] ist hierzulande so schnell nicht zu erwarten. Dennoch winkt der Jurist Wilhelm Kewenig dem Staat mit dem Zaunpfahl, wenn er anmahnt, daß die Förderung heute, wo alle Interessenverbände an der staatlichen Futterkrippe stehen, nicht mehr »die Ausnahme, sondern die Regel« sei – und damit »keine Privilegierung mehr, sondern die Zubilligung normaler, üblicher Behandlung«[7]. Das ist aber überhaupt nicht das Problem. Denn die »normale, übliche Behandlung« von Kirchen, die sich, wann immer es sich lohnt, als Verbände unter Verbänden geben, ist in der Bundesrepublik gar nicht in Frage gestellt. Wer eine Normalbehandlung für die Großkirchen einklagt, ist blind für die bundesdeutsche Realität.

Was ist von einem Gemeinwesen zu halten, das seine Bürger zwingt, erst Unterschriften zu sammeln oder einen Verein gründen zu müssen, um ihren Kindern einen nicht-konfessionellen Kindergarten bieten zu können? Das kirchlich betriebene Kindergärten auf weiteste Strecken hin zum aus öffentlichen Mitteln finanzierten Regelfall macht?

Was die beiden Kirchen erfahren, ist schon nicht mehr »Normalbehandlung« zu nennen. Es liegt vor aller Augen, daß diese Normalbehandlung unnormal intensiv ausfällt und in keinem Verhältnis zu der anderer Interessengruppen steht. Von dieser Bevorzugung der Großkirchen gegenüber anderen Verbänden ist freilich unter den lamentierenden Klerikern nicht die Rede. Sie argumentieren stets nach demselben Schema: Sie klagen beim Staat Grundrechte für sich und die Ihren ein, aber sie unterschlagen in ihren Beweisgängen, daß dieses Gesetz auch für alle anderen, auch für Konfessionslose, gilt. Als Beispiel ein Zitat aus einer Kampfschrift zur Verteidigung des geltenden Kirchensteuersystems, von der noch ausführlicher die Rede sein wird[8]: »Die Förderung der (Religions-)Freiheit als genuine Aufgabe des grundrechtsgebundenen Kulturstaates ist noch nicht gegen die religiös-weltanschauliche Neutralität des Staates verstoßende ›Identifikation‹ (mit einer Staatsreligion), solange sie sich dem Pluralismus der geistigen und politischen Kräfte – als Strukturelement der Demokratie – verpflichtet weiß. Dies bedeutet, daß der Kulturstaat durch das Grundgesetz allen gesellschaftlich relevanten religiösen und weltanschaulichen Gruppierungen die Chance eröffnet, ihr Anliegen auch im Unterricht zu artikulieren.«

Das heißt im Klartext: Die Bundesländer tun gut und richtig daran, den Religionsunterricht an öffentlichen Schulen wie bisher zu finanzieren. Das würde freilich auch bedeuten, daß »alle gesellschaftlich relevanten religiösen und weltanschaulichen Gruppierungen« dieselbe finanzielle Chance bekommen müßten. Ich bin gespannt, was geschieht, wenn auch nur eine nicht-konfessionelle Gruppe als Unterrichtsmonopol der Großkirchen tangiert.

Daß Freiheit immer die Freiheit des Andersdenkenden ist, hat noch kein Papst formuliert. Nach wie vor gilt das – auch und gerade finanziell sehr einträgliche – Prinzip, nach dem sich Kleriker stets auf das Grundgesetz berufen, solange es um ihre eigenen Interessen geht, daß sie aber beredt schweigen, wenn der von ihnen und für sich selbst eingeforderte Pluralismus finanzielle Konsequenzen zugunsten anderer hat.

Diese Praktiken sind nichts anderes als Attitüden einer Minderheit. Diese Minderheit, die »Klerikergruppe«, zu der durchaus nicht alle Geistlichen zählen, brüstet sich mit der großen Zahl der Christen, für die sie angeblich spricht. In Wirklichkeit vertreten solche Leute, unter der netten Vokabel vom Gemeinwohl verborgen, die Interessen ihres eigenen Machtwillens. Noch ist nicht ausreichend untersucht, wie viele ausgesprochene Machtcharaktere sich unter den Klerikern finden, denen der Herrenwille über alles geht.

Im übrigen schmilzt die große Zahl dahin[9]. Der Anteil der evangelischen Christen in Hamburg ist zwischen 1970 und 1987 von 70,6 Prozent auf 50 Prozent zurückgegangen, der in West-Berlin von 67 Prozent auf 48,3 Prozent, der in Bremen von 80,6 Prozent auf 59,7 Prozent, der in Schleswig-Holstein von 84 Prozent auf 73,3 Prozent. Der Anteil der katholischen Bevölkerung lag 1987 in diesen Ländern durchschnittlich unter 10 Prozent. Jahr für Jahr verließen mehr als 80 000 Katholiken in der Bundesrepublik die Kirche; 1991 stieg die Zahl der Kirchenaustritte in größeren Städten um 50 bis 100 Prozent, in ländlichen Regionen bis 300 Prozent. Auch die Pfarrseelsorge blutet aus: Zwischen 1979 und 1988 ist die Zahl der aktiven katholischen Seelsorgsgeistlichen von 10 533 auf 9284 zurückgegangen[10]. Im Bistum Augsburg zum Beispiel stehen für 600 kleinere Pfarreien nur noch 178

Priester zur Verfügung. Fast jede vierte Pfarrei in Bayern muß inzwischen ohne Pfarrer auskommen. Die 220 katholischen Frauenorden melden einen rasanten Mitgliederschwund. Den jährlich 350 Eintritten stehen rund 2000 Todesfälle gegenüber; über die Zahl der Austritte werden keine Angaben gemacht[11].

Eine vertrauliche Repräsentativumfrage, die das Institut für Demoskopie Allensbach im Auftrag der Deutschen Bischofskonferenz gemacht hat[12], beantwortet die Leitfrage nach der »Vertrauenskrise in der Kirche« eindeutig mit Ja. Waren 1982 noch 47 Prozent der deutschen Katholiken davon überzeugt, daß die Religion auf die meisten Zeitfragen eine bündige Antwort geben kann, sind es 1989 nur noch 36 Prozent. Die Bereitschaft, sich wichtigen Entscheidungen des Papstes zu beugen, ist auf 16 Prozent gesunken, ein noch nie erreichter Tiefstand[13]. Nur noch 16 Prozent der Katholiken zwischen 20 und 29 Jahren gehen jeden Sonntag zur Messe. Ob unter diesen Umständen noch davon ausgegangen werden kann, die Deutschen seien ein christliches Volk? Ob die bundesdeutschen Gerichte künftig noch allen Ernstes urteilen können, das christliche Sittengesetz sei die Basis der Rechtsprechung in Ehe- und Familiensachen? Der Eindruck verstärkt sich, daß den Klerikern wie den von ihnen beeinflußten Juristen nicht nur die Argumente abhanden kommen, sondern auch die Menschen.

Kassiert wird freilich bei allen und argumentiert wird noch immer mit der großen Zahl – und mit dem Kulturwert Religion, der unbedingt auch finanziell gesichert sein muß. Diese pfäffische Argumentation ist, vorsichtig gesagt, wirklichkeitsfern. Das große bundesdeutsche Geld rettet die Großkirchen nicht einmal vor dem eigenen Untergang. Die reichste Kirche der Welt ist nicht die lebendigste – und sie wird es nicht mehr werden. *Wer sich mit dem Reichtum identifiziert, hat es schwer, für sich und sein System die biblische Tradition zu beanspruchen.*

Zahlen Millionen Gleichgültige Milliarden DM für ihre eigene Missionierung?

Corrado Pallenberg, der ein kirchenfreundliches Buch über die Finanzen des Vatikans geschrieben hat, kommentierte vor fast dreißig Jahren den bundesdeutschen Zustand: »Man darf es für schlechthin undenkbar halten, daß die Regierungen von Großbritannien, Frankreich, Italien und den USA, ja selbst die ultrakatholischen Spanier es wagen würden, ihren Bürgern solch schwere Steuerlasten ›um des Glaubens willen‹ aufzubürden. Die Deutschen ertragen es, weil sie sich daran gewöhnt haben.«[14]

Karlheinz Deschner präzisierte 1974 diese Aussage[15]: »Weil sie zwar eines der fleißigsten, aber auch politisch dümmsten Völker sind. Und nichts ist schlimmer als diese Mischung aus Energie und Hörigkeit; die beiden Weltkriege beweisen es.« Seit diese Worte geschrieben worden sind, ist in Europa manches geschehen: Italien und Spanien, die ultrakatholischen Länder, haben sich von den mit Franco und Mussolini geschlossenen Konkordaten befreit[16]. In der Bundesrepublik ist dagegen buchstäblich nichts passiert. Hier gilt das Hitler-Konkordat, das die Kirchensteuer garantiert, noch immer.

Die Rechtsbasis der in der Bundesrepublik Deutschland erhobenen Kirchensteuer ist an erster Stelle das Grundgesetz (Artikel 140 in Verbindung mit Art. 137 Abs. 6 der Weimarer Verfassung), welches ein kirchliches Besteuerungsrecht verbrieft. Dieses wird durch Staatskirchenverträge und Gesetze der Bundesländer sowie – in deren Rahmen – durch kirchliche Steuerordnungen und Beschlüsse über Hebesätze näher ausgestaltet.

Eine direkte Finanzierung sogenannter Freiwilligkeitskirchen (»Freikirchen«), die keine Kirchensteuergläubigerinnen sein können, geschieht in der Bundesrepublik mit Hilfe des Einkommensteuerrechts[17]: Bestimmte Spenden können als Sonderausgaben der Kirchensteuer gleichgestellt werden. Das entsprechende Spendenaufkommen wird auf ein Drittel der Kirchensteuer geschätzt. Es handelt sich damit auch um Beträge in Milliardenhöhe.

Bei den sogenannten Maßstabsteuern (Einkommen-, Grund-, Vermögen- und teilweise auch Gewerbesteuer) wird die Kirchensteuerschuld in Prozentsätzen der zugrundeliegenden Steuerschuld berechnet; die ertragreichste von diesen ist die Einkommensteuer (mit Lohnsteuer). In einigen Bundesländern wird daneben ein (umstrittenes) »Kirchgeld« erhoben, dessen Bedeutung allerdings vergleichsweise gering ist (1972: 6,9 Millionen DM für die katholische Kirche)[18].

Die Großkirchen haben sich dafür entschieden, die Kirchensteuer tariflich an die Einkommensteuer (und an deren wichtigste Spielart, die Lohnsteuer) anzulehnen. Sie erheben einen bestimmten Prozentsatz der Einkommensteuer als Kirchensteuer. Die Höhe dieses Prozentsatzes wird auch in der katholischen Kirche neuerdings nicht mehr durch die Oberhirten allein festgelegt, sondern – im Wege einer »bischöflichen Selbstbindung«[19] – durch deren »Kirchensteuerbeiräte«. Der Prozentsatz liegt heute bei acht bis neun Prozent der Einkommensteuerschuld. Bis zur Währungsreform hatte der Satz bei drei bis vier, bis 1955 bei sieben Prozent gelegen. Diese Anlehnung (»parasitäre Existenz«?) bringt es mit sich, daß die Kirchen an die bundesdeutsche Steuerpolitik gebunden bleiben: Lohn- und Einkommensteuersenkungen wirken sich ebenso auf die Kirchensteuer aus wie Steuererhöhungen. Wer keine Lohnsteuer zu zahlen hat, zahlt auch keinen Pfennig Kirchensteuer, mag er ein noch so aktiver Christ sein. Wer viel Einkommensteuer zu bezahlen hat, zahlt entsprechend hohe Kirchensteuer, auch wenn er kein tätiger Christ ist. Spitzenverdiener können von Fall zu Fall Sondertarife aushandeln: Den Klerikern ist es lieber, daß solche Leute überhaupt, wenn auch nicht den vollen Satz zahlen, als daß sie aus der Kirche austreten.

Steuergläubigerin ist im Fall der Kirchensteuer die Kirche, nicht wie im übrigen Steuerrecht die öffentliche Hand. Über Stundungs- und Erlaßanträge entscheiden die betroffenen Kirchen; das ist folgerichtig, da es sich bei der Kirchensteuer um Mitgliedsbeiträge an die Kirchen handelt, die – aufgrund staatlicher Bewilligung – in Form einer Steuer erhoben werden.

Da die Kirchen darauf verzichtet haben, eine eigene Steuerorganisation auszubilden, weil eine solche verschiedene »pastorale Energien«[20] bände, springt der Staat ein. Er zieht die Kirchensteuer durch seine Finanzämter ein, was in den Großkirchen die Energien von Seelsorgern wieder freisetzt. Für dieses »lautlose Inkasso« bekommt er drei bis vier Prozent des Kirchensteueraufkommens, was unter Klerikern, die weniger nach der theologischen Stimmigkeit eines Systems als nach seiner Wirtschaftlichkeit fragen, als kostengünstig gilt.

Die Weimarer Verfassung hat das Staatsinkasso nicht vorgesehen; auch die Bundesrepublik ist nicht durch ihr Grundgesetz verpflichtet, den Großkirchen diesen Dienst zu erweisen. Die Hauptlast dieses Inkassos hat die Bundesrepublik auf die Arbeitgeber abgewälzt[21], die bei ihren Arbeitnehmern die fälligen Kirchensteuerbeträge entschädigungsfrei einbehalten und unter gewissen Voraussetzungen auch gegenüber den Kirchen für die Kirchenlohnsteuerschuld ihrer Arbeitnehmer mithaften. Freilich setzt dieses Verfahren voraus, daß die Konfessionszugehörigkeit auf den Lohnsteuerkarten eingetragen ist. Diese Regelung wurde kurz nach Abschluß des Reichskonkordats mit Hitler in Kraft gesetzt.

Bekenntniszwang auch im Lohnsteuerwesen? Fast könnten wir meinen, an dieser profanen Stelle werde ein Rest des kirchlichen Credos sichtbar, eine letzte Verpflichtung derer, die sich im Alltag ihrer Lohnarbeit keinen Deut mehr um die Kirche scheren, auf die ursprüngliche Bekenntnisformel, die die Gläubigen von den Heiden und Ketzern hatte unterscheiden sollen. Zahlungsunwilligen Steuerpflichtigen droht die Zwangsmaßnahme. Diese Übung, die andere zum Vollstrecker kirchlicher Ansprüche degradiert, wird unter Klerikern als normale Folge des Verhältnisses zwischen Staat und Kirche in der Bundesrepublik betrachtet.

Kirchensteuern sind in der Bundesrepublik in voller Höhe – als Sonderausgaben – von dem zu versteuernden Einkommen abzuziehen.

Das wirkt sich beim Lohnsteuerjahresausgleich und bei der Einkommensteuererklärung aus. Die Steuerpflichtigen sparen auf diese Weise allgemeine Steuern, und unser Staat büßt auf dieselbe Weise Jahr für Jahr ein paar Milliarden DM an Steuereinnahmen ein. Im Jahr 1988 waren dies 3,1 Milliarden DM. Diese Summe, fast ein Viertel des gesamten Kirchensteueraufkommens, wird also von der öffentlichen Hand an die Kirchensteuerzahler zurückgereicht. Gläubigerinnen der Kirchen(einkommen)steuer sind, obgleich es anders sein könnte, die Evangelischen Landeskirchen und in der katholischen Kirche die Diözesen, nicht die einzelnen Kirchengemeinden. Nach einer Meldung der *FAZ* aus dem Oktober 1985 hat zumindest die Diözese Hildesheim die Einführung auch einer zusätzlichen »Ortskirchensteuer« erwogen und die Pfarreien angewiesen, ihren Bedarf zu ermitteln[22].

Voraussetzung der Kirchensteuerpflicht ist die Mitgliedschaft in einer steuererhebenden Kirche; der Austritt aus dieser beendet diese Steuerpflicht. Die Intensität der persönlichen Bindung an eine Kirche spielt hier nicht die geringste Rolle; was steuerlich zählt, ist die rechtlich-formale Mitgliedschaft. Diese wird durch die Taufe begründet (auch durch die Säuglingstaufe!) und durch den Kirchenaustritt nach Maßgabe der geltenden staatlichen Vorschriften beendet.

Was die Frage der Taufe betrifft, so scheint es wenig Schwierigkeiten zu geben, es sei denn, wir fragten nach dem bis in unsere Tage aufrechterhaltenen Prinzip der römischen Kirche, alle gültig Getauften, also auch evangelische Christen, seien grundsätzlich als Katholiken anzusehen. Ob sie auf diese Weise auch der katholischen Kirche steuerpflichtig geworden sind?

Ein Kirchenaustritt muß nach bundesdeutschem Recht nur (vor dem Amtsgericht bzw. dem Standesamt) erklärt, nicht aber begründet werden. Da es sich beim Kirchenaustritt um die Wahrnehmung eines unverletzlichen Grundrechtes handelt, darf ein solcher weder behindert noch mit Sanktionen verbunden werden. Die klerikale Praxis sieht, wie nicht anders zu erwarten, wesentlich anders aus. Sich in bestimmten Regionen der Republik oder in bestimmten Berufen zum Kirchenaustritt zu entschließen, kommt einer Selbstaufgabe gleich. Es ist erst dem Bundesverfassungsgericht[23] gelungen, die Kirchen in ihre Schranken zu verweisen. Vor diesen Urteilen hatten die Großkirchen sich nicht gescheut, selbst von sogenannten juristischen Personen (also keinen lebenden Einzelpersonen, sondern Firmen u. ä.) Kirchensteuer einzufordern. Auch das Recht des einen (kirchenfreien) Partners in einer glaubensverschiedenen Ehe, die Zahlung von Kirchensteuern für den anderen (kirchentreuen) Partner zu verweigern, mußte vor den Verfassungsrichtern erstritten werden. Freiwillig hätte die Kirche weder darauf verzichtet, einen Mohammedaner für seine Frau mitzahlen zu lassen, noch eine Aktiengesellschaft, die doch wohl nicht als getauft angesehen werden kann, zur Kasse zu bitten.

Eine kirchliche Strafe wie die Exkommunikation[24] ist steuerlich gesehen rechtsunerheblich: Der Kirchenbann befreit nicht automatisch von der Zahlung der Kirchensteuer. Er nimmt dem Gebannten – wie etwa in jüngster Zeit den uneinsichtig gebliebenen Anhängern des Traditionalisten-Bischofs Lefèbvre – nur das Recht, am aktiven (römisch-katholischen) Kirchenleben teilzunehmen. Nicht aber die Pflicht, finanziell zum Wohl genau der Kirche beizutragen, der ein Exkommunizierter die Kirchenstrafe verdankt.

Innerkirchlich ist das zu den allgemeinen Menschenrechten zählende Recht eines jeden, sich frei gegen eine kirchliche Bindung zu entscheiden und durch eine Erklärung vor dem zuständigen Amtsgericht oder Standesamt aus der Kirche auszutreten, nicht anerkannt: Wer einmal Christ geworden ist (und sei es als Säugling), muß dies immer, selbst über den Tod hinaus, bleiben. Dem bundesdeutschen Kirchensteuersystem kann niemand in die Freiheit eines Christenmenschen hinein entrinnen. Die für eine Zeitlang in Mode gekommenen sogenannten »modifizierten« Kirchenaustrittserklärungen, in denen Austrittswillige erklärten, nur die steuererhebende Körperschaft, nicht aber die Glaubensgemeinschaft verlassen zu wollen, sind von der Kirche immer heftig bekämpft worden. Hätte sie diesen Modus zugelassen, wären ihr noch mehr Zahler abhanden gekommen, als dies ohnehin geschehen ist.

Ich halte diese Einstellung der Kirchenleute für konsequenter als diejenige der zu einem modifizierten Austritt Entschlossenen. Wer katholisch sein möchte, muß dies entweder ganz oder gar nicht sein. Mischformen mögen modisch sein, konsequent sind sie nicht. Will jemand gegen das wenig rühmliche Kirchensteuersystem der Bundesrepublik protestieren, so muß er – mit den vielen Hunderttausenden, die ähnlich denken – innerkirchlich und innerstaatlich eine Änderung anregen und mit demokratischen Mitteln durchzusetzen versuchen. Oder er muß sich damit abfinden, daß in der Bundesrepublik und ihren Kirchen die Verfilzung von Geld und Mysterium nicht mehr behebbar ist – und ganzen Abschied nehmen.

Immerhin können sich Bundesdeutsche durch einen Kirchenaustritt der Kirchensteuerpflicht entziehen. Ungleich gravierender ist die Tatsache, daß ihr Kirchenaustritt nichts daran ändert, daß sie mit ihren sonstigen Steuern zu den Milliardenbeträgen beitragen, die ihr Staat an eben die (von ihnen aufgegebene) Kirche leistet. Daß Teile dieser stillen Mitfinanzierung von den Kirchen dazu verwandt werden können, auf dem Weg über die geistige Indoktrination (Kanzel, Katheder) die Nichtmitglieder oder Ausgetretenen zu diskriminieren – oder sie zumindest zu missionieren –, ist ein bundesdeutsches Privileg der Großkirchen.

Der mit bürgerlich-rechtlichen Folgen versehene Kirchenaustritt gilt innerkirchlich nur wenig (in den evangelischen Landeskirchen) bis gar nichts (römisch-katholische Kirche). In bundesdeutschen Kirchenkreisen wurde sogar diskutiert, ob die sich hinter der Verweigerung von Kirchensteuerzahlungen verbergende Haltung nicht mit dem Kirchenbann zu belegen sei. Auch das wäre eine bundesdeutsche Spezialität: Dem Nicht-Zahler die Eucharistie vorzuenthalten riefe in unseren Nachbarländern schieres Entsetzen hervor.

Neuerdings geht der Klerus nicht mehr so hart mit den verlorenen Schafen ins Gericht. Die Hirten gehen sogar dem einzelnen Schäfchen nach. Allerdings vergreifen sie sich bisweilen in der Wahl ihrer Mittel. So erhielten Ende Juli 1987[25] über 28 000 inzwischen konfessionslose

Bürgerinnen und Bürger der Bundesrepublik vom Kirchenamt der Nordelbischen Evangelisch-Lutherischen Kirche der Hansestadt Hamburg eine Aufforderung, sich zu ihrer kirchlichen Mitgliedschaft zu bekennen. Wie das?

Das Kirchenamt, gegen dessen Praktiken Strafanzeige erstattet worden ist[26], hatte den Betroffenen geschrieben: »In Ihrer Kirchengemeinde werden Sie als Mitglied geführt, nicht aber im staatlichen Meldebestand. Für die Frage einer Kirchenmitgliedschaft ist aber nicht der staatliche Meldestand, sondern das geltende kirchliche wie staatliche Recht maßgebend. Wir gehen deshalb zunächst davon aus, daß Sie Mitglied der Kirche sind... Falls unsere Annahme... nicht zutreffen sollte, bitten wir Sie um kurze, schriftliche Mitteilung.«[27]

Das bedeutete nicht nur einen Verstoß gegen den Datenschutz, sondern auch eine Verschiebung der Beweislast: Wer sich nicht zurückmeldete, um einen – oft schon Jahre zurückliegenden – rechtswirksamen Kirchenaustritt zu bestätigen, würde wieder als steuerpflichtiges Mitglied geführt. Auf diese Weise sollten Konfessionslose zur Zahlung einer Kirchensteuer bewogen werden, auf die kein Rechtsanspruch bestand.

Kirchenfreie Personen dürfen der Kirchensteuerpflicht nicht unterworfen werden. Inzwischen haben die Vertreter der Kirche einsehen müssen, daß dieser Grundsatz gilt – und daß daher auch derjenige nicht steuerpflichtig ist, dessen Ehepartner (in einer glaubensverschiedenen Ehe) Kirchenmitglied bleiben will. Es bedurfte freilich, wie gesagt, eines eigenen Urteils des Bundesverfassungsgerichts, um den Klerikern diese Einsicht zu vermitteln. Der Bundesfinanzhof verhalf 1991 zu weiterer Einsicht: Auch der Hauptverdiener in einer Ehe muß nicht mehr für den andersgläubigen Gatten zahlen; Katholiken finanzieren evangelische Christen nicht mehr mit, mit denen sie verheiratet sind, und umgekehrt.

Bei einer Pauschalerhebung der Lohnsteuer, die zum Beispiel bei einer Teilzeit- oder Nebenbeschäftigung möglich ist, wird von den jeweiligen Arbeitgebern auch dann der Kirchensteuersatz mitangegeben (bzw. bezahlt), wenn die Betroffenen gar keiner Kirche angehören. Auf diese Weise kassieren die Kirchen auch von Nichtmitgliedern. Evangelische oder katholische Kirchensteuerpflicht auch für einen moslemischen Arbeitnehmer? Das klingt paradox, ist aber bundesdeutsche Steuerwirklichkeit. Kein Wunder aber, daß Kirchensteuerpflichtige immer aggressiver auf die Privilegien der Kirchen reagieren und, so die Süddeutsche Zeitung vom 16. 12. 1991, bereits bis zu einem Viertel der Beschwerden mit »Beleidigungen und Beschimpfungen durchsetzt« sind.

Die Praxis ist ebenso rechtlich fragwürdig wie die im Fall der »Direktversicherung«[28] von Angestellten, deren Gehalt, obgleich sie konfessionslos sind, noch immer um einen pauschalen Kirchensteuersatz gekürzt wird; Musterprozesse sind anhängig. Von sich aus wird keine bundesdeutsche Kirche auf diese Zusatzeinnahmen verzichten, die von Konfessionslosen aufgebracht werden. Will ein Steuerpflichtiger an sein Geld kommen, muß er immer gegen die Kirche klagen.

Daß die Kirchen alles versuchen, um ihre Kassen auch durch Kirchensteuermittel zu füllen, ist verständlich. Daß zu den nicht ganz lupenreinen Mitteln die immer wiederkehrende öffentliche Klagebereitschaft der Kleriker gehört, braucht nicht eigens gesagt zu werden. Alles geht zurück, meinen sie, die Moral im Land – und das Geld.

Warum sollten ausgerechnet die Kirchen keine Zweckpropaganda kennen?

Das kirchliche Lamento wirkt nur auf diejenigen, die nicht informiert worden sind. Schon 1954 hatten die Oberhirten gejammert, die damalige Kleine Steuerreform brächte sie an den Bettelstab[29]. Zur Entschädigung durften sie den Hebesatz in verschiedenen Bundesländern höherschrauben. Und so ist es weitergegangen. Im Zuge der Steuerreformen der letzten Jahre sind pünklich die Klagen der Kirchen laut geworden, sie nähmen weniger ein als bisher und seien früher oder später gezwungen, wesentliche Abstriche an ihrer (karitativen) Tätigkeit vorzunehmen.

Prompt hat eine Allensbacher Umfrage von 1986[30] ergeben, daß 55 Prozent der Befragten von einer realen Einbuße der Kirchen ausgingen – und nur 20 Prozent gegenteiliger Meinung waren. Die aber hatten recht. Denn das kirchliche Lamento erwies sich als Zweckpropaganda. Die Kleriker hatten nicht nur verschwiegen, daß der Staat – und nicht die Kirche – ohnedies bis zu 90 Prozent der Leistungen im Sozialbereich selbst finanziert. Das heißt, die Kirche braucht aus Kirchensteuermitteln nur 10 bis 15 Prozent der Ausgaben für ihre öffentlichen karitativen Einrichtungen zu finanzieren.

Die Kirchen haben zudem in den Jahren, da sie publikumswirksam klagten, nicht weniger, sondern mehr an Kirchensteuern eingenommen. Der Anstieg der Kirchensteuer seit 1970 hat, ohne Einbeziehung des Zinseszinseffektes, durchschnittlich 7 Prozent pro Jahr betragen[31]. Das übertrifft sowohl die durchschnittliche Inflationsrate als auch den Lohnkostenanstieg; außerdem sank beispielsweise die Mitgliederzahl der Evangelischen Landeskirchen zwischen 1970 und 1986 um 14 Prozent. Weniger Zahlmitglieder haben demnach mehr Steuergelder eingebracht. Der Zuwachs für 1991 wird über zehn Prozent betragen.

Die Steigerungsrate beim Pro-Kopf-Aufkommen[32] in den Evangelischen Landeskirchen in Deutschland betrug zwischen 1975 und 1985 nicht weniger als 73,9 Prozent, allein in Berlin West sogar 103,9 Prozent. Hatte das Aufkommen im Jahr 1975 noch 126,05 DM betragen, lag es 1985 schon bei 219,20 DM; in West-Berlin verbesserte es sich im selben Zeitraum von 149,82 DM auf 305,41 DM. Die Steigerung des Kirchensteueraufkommens zwischen 1984 und 1985 betrug 14,46 Prozent, die zwischen 1985 und 1986 5,69 Prozent (35,53 Millionen DM bzw. 16,01 Millionen DM).

Die Finanzlage der Großkirchen ist alles in allem wesentlich besser, als es die öffentlichen Klagen suggerieren. Die bayerische evangelische Landeskirche nahm 1987 rund 34 Millionen DM mehr als erwartet ein[33]. Bund, Länder und Gemeinden wären froh, wenn sie ähnliches nachweisen könnten.

Was bleibt denn nun von alldem in den Kirchenkassen? Die kirchensteuerpflichtigen Bürgerinnen und Bürger haben – je nach der Region der Bundesrepublik, in der sie wohnen – zwischen acht und neun Prozent ihrer Lohn- oder Einkommensteuer als Kirchensteuer abzuführen. Zusammengenommen ergibt dies eine Gesamtsumme in Milliardenhöhe. 1963[34] waren es rund 2,4 Milliarden DM, 1970 3,98 Milliarden DM für beide Kirchen, im Jahr 1980 bereits 9,33 Milliarden DM, 1985 dann 11,1 Milliarden, im Jahr 1988 nicht weniger als 13,88 Milliarden DM (davon für die katholische Kirche 7,08 Milliarden DM). Für 1992 kann von einer Gesamtsumme in Höhe von etwa 15 Milliarden DM ausgegangen werden. Kirchenkreise sprechen von überdurchschnittlich erfüllten Erwartungen und einer »soliden Ausgangslage« für die Zukunft.

Niemand kann ernsthaft behaupten, die Kirchensteuereinnahmen gingen nicht stetig nach oben. Im Jahr 1907 hatte die katholische Kirche noch 16 Millionen Mark kassiert, im Jahr 1939 106 Millionen Reichsmark, im Jahr 1950 waren es 130 Millionen DM, im Jahr 1970 bereits 1,751 Milliarden DM[35]. Vor 1945 erhielten die Kirchen durchschnittlich zwei bis drei Mark pro Kopf ihrer Mitglieder, 1963 waren es schon 45 DM. Im Jahr 1986 hat jedes Mitglied einer evangelischen Landeskirche durchschnittlich 231 DM an Kirchensteuern gezahlt, 11 DM mehr als im Jahr zuvor. Das höchste Pro-Kopf-Aufkommen verzeichnete die Evangelische Kirche in Berlin-Brandenburg (329 DM), das niedrigste die Evangelisch-reformierte Kirche in Nordwestdeutschland (160 DM)[36].

Der Anteil der Kirchensteuern machte im Jahr 1988 bei den Gesamteinnahmen der Evangelisch-Lutherischen Kirche in Bayern mit 664,7 Millionen DM fast 82 Prozent aus[37].

Wofür werden solche Gelder ausgegeben? Die zunehmend kritischer werdende bundesdeutsche Gesellschaft fragt intensiver nach. Sie gibt sich nicht mehr so schnell wie früher mit dem Argument zufrieden, die

Kirchen verwalteten die eingenommenen Gelder (unser Geld!) im Sinn ihrer spezifischen Aufgabenstellung – oder im Sinn christlicher Nächstenliebe. Gerade in Sachen klerikaler Caritas bleiben viele Fragen offen. Weder das von Privaten aufgebrachte Geld noch die öffentliche Subvention entwickeln in Kleriker-Händen von vornherein eine bestimmte Qualität.

Wofür die Kirchen unser Geld ausgeben, können wir – selbst näherungsweise – erst seit jüngster Zeit sagen. Die Evangelische Kirche in Deutschland hat erstmals im Jahr 1982 generelle Zahlen veröffentlicht[38], und die katholischen Diözesen sind auch nicht viel auskunftsfreudiger gewesen[39]. Die weitaus interessanteren Detailzahlen sind nach wie vor nur von Fall zu Fall – und damit selten genug – greifbar. Fragen werden von störrischen Klerikern, die sich nicht in die Karten schauen lassen wollen, wie ein Sakrileg behandelt.

Als der *Spiegel*[40] im Jahr 1963 eine Fragebogen-Aktion gestartet hatte, um Daten und Zahlen über Kirchensteuereinnahmen zu ermitteln, hatten Kleriker abgeblockt. Der Generalvikar der Erzdiözese Freiburg hatte seine Absage damit begründet, daß der *Spiegel* des Landesverrats beschuldigt sei, und der Speyrer Domkapitular Thiebes hatte schriftlich geantwortet: »Zu Veröffentlichungen über Fragen des kirchlichen Finanzwesens möchte ich mir aus der Vielfalt publizistischer Organe solche auswählen, die meinem persönlichen Typ entsprechen. Das Nachrichten-Magazin DER SPIEGEL ist nicht mein Typ.«

Kleriker verstehen, wie gesagt, nichts von Demokratie. Sie verwalten das Geld aller, doch sie suchen sich »nach dem persönlichen Typ« diejenigen Stellen aus, denen sie andeuten wollen, was mit dem Geld geschieht, das unser Geld ist, nicht ihres.

Die Synode der Bistümer in der Bundesrepublik Deutschland hat 1977 formuliert, das Geld des einzelnen Christen, der Kirche insgesamt und speziell das Kirchensteuergeld habe »so lange eine positive Funktion, ... als es nicht zum Selbstzweck wird, als die Kirche ... das Geld selbstlos und von ihren Mitgliedern verantwortet zur Erfüllung ihres Dienstes benutzt«[41].

Wie sieht diese »selbstlose und von den Mitgliedern verantwortete Nutzung« konkret aus? Die weitaus überwiegende Mehrheit der Mitglieder (die bloßen »Zahlchristen«) verantwortet im prinzipiellen und undemokratischen System der Catholica gar nichts. Die in allen deutschen Diözesen gebildeten »Kirchensteuerbeiräte« sind Gremien, die mehrheitlich aus gewählten Kirchensteuerpflichtigen (Berufslaien) bestehen und über die Verwendung der Kirchensteuern »bestimmen« dürfen – freilich nur solange es den nach wie vor ausschlaggebenden Bischöfen paßt. Erst deren Unterschrift verleiht den Beschlüssen der Kirchensteuerbeiräte ihre Wirkung; ohne bischöfliche Zustimmung geschieht nichts. Eine durch und durch hierarchisch angelegte Institution wird nicht einmal mit der Inszenierung von Scheindemokratie glücklich.

Auch die Selbstlosigkeit läßt zu wünschen übrig: Den mit Abstand größten Einzelposten der Kirchensteuer schluckt – entgegen anderslautenden öffentlichen Meinungen – das Kirchenpersonal selbst. Im Jahr 1972 gingen im Bistum Essen noch 48 Prozent der Kirchensteuer diesen Weg; 1981 mußten es schon 82 Prozent sein[42]. Der Haushaltsplan 1981 des Bistums Essen[43] rechnete mit knapp 300 Millionen DM an Einnahmen, darunter 236,2 Millionen DM Kirchensteuer. Er wies 4 Prozent der Ausgaben für Verkündigung, Gottesdienste und pastorale Dienste aus, für Caritas und soziale Dienste 8 und für Bildung, Schule und Wissenschaft 13 Prozent. Gesamtkirchliche Aufgaben, darunter Mission, Entwicklungshilfe und Ausgaben für die sogenannte Diaspora wurden mit 8 Prozent beziffert; 49 Prozent der Haushaltsmittel gingen an die Pfarreien und das dort tätige Personal. 1990 teilte der Finanzreferent der Evangelischen Landeskirche Bayern mit, 80 Prozent des Haushalts von 900 Millionen DM gingen ans Personal und 4,4 Prozent an die Sozialarbeit. Im selben Jahr gab die Diözese Augsburg von ihrem Gesamtetat in Höhe von 405,5 Millionen DM gerade 31,3 Millionen für »Caritas« aus, also 7,7 Prozent.

Die Kirchen sind riesige Dienstleistungsunternehmen und haben deshalb vergleichsweise hohe Personalkosten. In manchen evangelischen Landeskirchen wie in den großstädtisch organisierten von Bremen und Berlin verschlingen diese Personalkosten mehr als drei Viertel des jeweiligen Haushalts. Die vom kirchlichen Personal angebotenen Service-Leistungen werden freilich immer weniger in Anspruch genommen[44]. Waren noch 1984 bei 4,7 Prozent aller Eheschließungen in der Bundesrepublik und West-Berlin beide und bei 11,7 Prozent ein Partner konfessionslos, so stieg der entsprechende Anteil bis 1986 schon auf 4,9 Prozent bzw. 12,5 Prozent an. Bei Geburten ist 1986 in 12,1 Prozent der Fälle mindestens ein Elternteil konfessionslos gewesen. Für immer weniger Bundesbürger ist die Kirche das, was sie noch vor ein paar Jahrzehnten war – »nur noch eine Sparkasse für das Feierliche im Leben«[45].

Neuere Zahlen belegen, wie die *Katholische Nachrichten-Agentur* am 3. 11. 1989 mitteilt, das Auseinandertriften der Generationen insbesondere in der katholischen Kirche.

In den letzten 15 Jahren halbierte sich die Quote der Kirchgänger von 48 Prozent auf 24 Prozent; mehr als die Hälfte der Getreuen ist über 65 Jahre alt. Nur 10 Prozent der 25- bis 44jährigen Eltern sehen in der religiösen Erziehung ihrer Kinder noch ein lohnendes pädagogisches Ziel.

In der Bundesrepublik wird der karitative und soziale Bereich ebenso wie der Schulbereich nur zum geringeren Teil aus dem Kirchensteueraufkommen bedient. Den Löwenanteil bezahlt nicht die Kirche an ihre sozialen Einrichtungen, sondern unser Staat – und dies selbstverständlich aus öffentlichen, von uns aufgebrachten Steuermitteln.

Damit ist bereits das Notwendige über die tatsächliche Verwendung der Kirchensteuermittel in der Bundesrepublik gesagt. Zu fragen bleibt allenfalls, aus welchen Kassen beispielsweise die folgenden Ausgaben bestritten werden:

▷ Die Prozeßkosten, die immer wieder anfallen, wenn Kleriker gegen eine vermeintliche Benachteiligung ihrer Kirche (nicht »der« Kirche) klagen. Neuestes Beispiel: Der jahrelange Streit um die Soutane als steuerlich voll absetzbare Berufskleidung katholischer Pfarrer, der erst im November 1989 vom Bundesfinanzhof zugunsten der Kleriker entschieden worden ist[46].

▷ Die Druckkosten für jene Traktate, mit deren Hilfe Bischöfe die Ergebnisse ihres Denkens unters hoffende Volk tragen.

▷ Die Reisespesen, die jene Prälaten verbrauchen, die im Dienste ihrer guten Sache unser Geld an die Dritte Welt verteilen – und dafür hin und wieder ein Ehrendoktorat oder eine ähnliche Auszeichnung erhalten.

Sollte das bundesdeutsche Modell-System nicht sogar exportiert werden?

Ich sprach von der bundesdeutschen Gewohnheit, sich im Bedarfsfall eher für die Kirchenprivilegien als für die allgemeinen Menschenrechte stark zu machen. Eine Wahl, die so häufig und regelmäßig zugunsten der Finanzprivilegien der Kirche ausgeht, müßte auch im Interesse anderer Länder in Europa und auf der Welt sein. So könnten wir meinen, wenn wir nachlesen, was uns von klerikaler Seite angedient wird. *Das bundesdeutsche System, ein unüberbietbar geglücktes System?*

Heiner Marré, Jurist im Dienst des Bistums Essen, hat sich in diesem Sinn mit der Kirchensteuer befaßt. Daß es sich bei seinem Büchlein um eine Tendenzschrift handelt, braucht nicht zu wundern. Schließlich schreibt er, was sein gutes Recht ist, zugunsten seiner Arbeitgeber. Verwunderlich sind einige der Argumente, die die Tendenzschrift des Justitiars des Bistums Essen im Jahre 1982 anführt, um aus dem bundesdeutschen Status quo nicht ein »Relikt aus der Vergangenheit«, sondern einen »Wechsel auf die Zukunft«[47] zu machen.

Ich kann in dieser Argumentation nur das Resultat einer seit Jahrzehnten geübten Gettoisierung der Klerikergruppe sehen, die fern aller Wirklichkeit und weitab vom Denken und Handeln der Mehrheit bundesdeutscher Christen ihre Sandkastenspiele betreibt. Allerdings haben es die Kleriker verstanden, ihre aus der Isolation von den Menschen gewonnene Meinung auch bei jenen Staatskirchenrechtlern einzuführen, für die so etwas noch interessant ist. Daraus resultiert die nicht selten festzustellende klerikal argumentierende – statt am Grundgesetz orientierte – Schützenhilfe mancher Juristen.

Marré bekräftigt das Recht der Kirche auf Abgaben ihrer Mitglieder als ein »nicht vom Staat abgeleitetes ursprüngliches eigenes Recht«[48]. Damit übernimmt er die – aus kirchenpolitischen Gründen – seit langem gegen laizistische Ansichten vorgetragene Meinung, die Kirche sei eine eigenständige Größe, eine in sich vollständige, »vollkommene Gesellschaft«, die es als weltgeschichtliche Erscheinung von Rang nicht nötig habe, sich von irgend jemandem Vorschriften machen zu lassen. Das Recht, Abgaben von den Ihren einzufordern, gründet Marré – auch dies ist nicht neu – »auf Aussagen der Bibel und auf die Tradition der Kirche« sowie auf die »umfassenden Aufgaben der Kirche im religiösen, im missionarischen, im sozial-karitativen, im erzieherischen und im Bildungsbereich«[49]. Über die Aufgabenstellung der vollkommenen Gesellschaft Kirche herrschen unter den Christen ebenso verschiedene Meinungen wie über die biblische Fundierung des Ganzen. Doch hält der harte Kern der Klerikergruppe an dieser eingeschränkten Sicht fest. Dagegen ist von außen her nichts einzuwenden. Das sind Innenangelegenheiten der jeweiligen Kirche. Schwieriger wird die Beweisführung der klerikalen Interessengruppe, wenn es sich darum handelt, die Konkretionen ihres eigenen Grundsatzes zu vertreten. Denn es gibt nun einmal nachweislich verschiedene historische und aktuelle Möglichkeiten, das Abgabenrecht der Amtskirche gegen die eigenen Mitglieder durchzusetzen. Es finden sich Spenden- und Kollektensysteme (in den USA, in Frankreich, in den Niederlanden, in Schweden), es gibt – in Österreich[50] – ein eigenes (obligatorisches) Kirchenbeitragssystem – und es gibt die Lösung der Bundesrepublik Deutschland.

Die Klerikergruppe läßt keinen Zweifel daran, daß ihr das Kollekten- und Spendensystem ebensowenig paßt wie das System eigener Kirchenbeiträge. Zukunftsweisend erscheint ihr allein das System der staatlich eingetriebenen Kirchensteuer. Sie kommt freilich nicht an der Tatsache vorbei, daß dieses so wenig biblisch fundiert ist wie alle übrigen Konkretionen ihres Prinzips auch. Da die theologischen Gründe für die Bevorzugung des Kirchensteuersystems fehlen, muß sie sich um Argumente bemühen, die den Kirchenmitgliedern einleuchten – und sie zum Zahlen bewegen.

Diese Verpflichtung auf Sachgründe ist relativ neu. Es ist noch gar nicht so lange her, daß die Kleriker sich solche Beweisgänge überhaupt schenkten – und diejenigen, die nicht zahlen wollten, einfach exkommunizierten.

Aber Argumente beibringen? Marré holt, nicht untypisch für klerikale Beweisgänge, unterschwellige Emotionen zu Hilfe, die Zustimmung auslösen sollen – oder Ablehnung. Das Spendensystem zum Beispiel wird nach seiner Beweisführung »durchweg in den klassischen Ländern der strikten, radikalen – kirchenfreundlichen oder kirchenfeindlichen bzw. weniger kirchenfreundlichen – Trennung von Staat und Kirche praktiziert«[51]. Also kann es nicht viel taugen, auch wenn es sich in Frankreich und in den USA so schlecht nicht ausmacht.

Ich möchte den Autor fragen, ob er bezweifelt, daß außerhalb der Bundesrepublik auch ernstzunehmende Christen leben. Höre ich mir seine Argumente an, verstärkt sich der Eindruck, als vegetierten alle Christen, die nicht das Glück haben, Kirchensteuer zahlen zu dürfen wie in der Bundesrepublik, nur noch vor sich hin. Sind US-amerikanische Katholiken wirklich wegen ihres Spenden- und Kollektensystems zu bedauern? Oder hat ihnen dieses System nicht gewaltige Möglichkeiten gegeben, nach Art des american way of life eine wohlhabende Kirche aufzubauen (wie der Vatikan gerne bestätigen wird)? Im übrigen haben die bundesdeutschen Katholiken beispielsweise im Jahr 1980 nicht nur 4,5 Milliarden DM an Kirchensteuer aufgebracht, sondern auch Spenden in der geschätzten Höhe von einer Milliarde

DM. Im Jahr 1979[52] wurden für das Lateinamerika-Hilfswerk »Adveniat« 105 Millionen DM, für das Hilfswerk »Misereor« 102 Millionen DM, für das Katholische Hilfswerk »Missio« 100 Millionen DM gespendet. Die sogenannten missionierenden Orden haben 1980 etwa 138 Millionen DM in Länder der Dritten Welt investiert; 85 Prozent dieser Mittel stammten aus Spenden bundesdeutscher Katholiken[53].

Machen Spenden von den Spendern abhängig und sind sie deswegen für Kirchen unannehmbar? Marré suggeriert diese Ansicht. Freilich bleibt er die Antwort auf die Frage schuldig, inwiefern das bundesdeutsche Subventionssystem die Kirche nicht ähnlich oder gar noch weitaus mehr kompromittiert.

Wie weit die Abhängigkeit gehen kann, wenn eine Kirche sich vom Staat dotieren läßt, zeigt ein Hinweis auf die deutsche Vergangenheit: Am 7. April 1942 hat Hitler nach Auskunft von Henry Picker (»Tischgespräche«) gedroht, »der katholischen Kirche möchte er eigentlich nur einen Höchstbetrag von 50 Millionen zuwenden. Dieser sei am besten an die Kirchenfürsten zu zahlen, denen man die Verteilung anheimstellen könne... Mit diesen 50 Millionen würde man mehr erreichen als mit den bisher gezahlten 900 Millionen. Denn: Da die Kirchenfürsten über sie nach eigenem Gutdünken verfügen dürften, würden sie nach den geschichtlichen Erfahrungen ihm dieses Beitrages wegen die Stiefel ablecken.«[54] Derselben Quelle zufolge hat Hitler am 4. Juli 1942 das Thema wieder aufgegriffen: »Wenn wir einmal nicht mehr jährlich eine Milliarde an die Kirche zahlen, würden unsere Pfaffen ihre Frechheit auch sehr bald ablegen und, statt auf uns zu schimpfen und uns unverschämt zu kommen, uns aus der Hand fressen. Mit wesentlich geringeren Zuwendungen könnten wir dann die Geistlichkeit so dirigieren, wie es unseren Wünschen entspreche. Man müsse die Zuwendungen dann nur auf einzelne Pfaffen abstellen. Wenn man einem Bischof nämlich für ihn und die ihm unterstellten Geistlichen eine Million ausschütte, werde er die ersten dreihunderttausend Mark davon sofort für seine Privatschatulle kassieren, sonst wäre er kein rechter Pfaffe. Durch die Verteilung des

Restes auf die übrigen Geistlichen seines Bezirks würde dann ein niedliches Pfaffengezänk ausgelöst werden, an dem wir unsere helle Freude haben könnten.«[55]

Machen staatliche Subventionen und ein staatlich garantiertes Steuersystem die Kirchen weniger abhängig als private Spenden? Nicht alle Betroffenen schweigen sich so aus wie Marré. Der frühere hannoversche Landesbischof Hans Lilje sagte demgegenüber[56]: »Seit ich Bischof bin, habe ich den Wunsch, daß die Kirchensteuer auch bei uns, wie in Amerika, ohne Mitwirkung des Staates freiwillig bezahlt wird.« Der ehemalige Bundespräsident Gustav Heinemann[57] hat die bundesdeutsche Kirchensteuer und ihr Inkasso als »bedauerliches Relikt des obrigkeitsstaatlichen Denkens« bezeichnet. Es ginge, guten Willen vorausgesetzt, auch anders als gegenwärtig. Am liebsten wäre es den Klerikern freilich, sie erhielten unser Geld ganz ohne bindende Auflagen und Kontrollen. Mit Erhalt der Spende oder der Subvention wären alle Probleme gelöst, und die Empfänger könnten schalten und walten, wie immer sie wollten. Da die bundesdeutsche Regelung dieser klerikalen Option am nächsten kommt, wird sie als Modellfall für Europa und die Welt hochgelobt.

Und das österreichische Beitragssystem? Es kennt kein staatliches Inkasso wie in der Bundesrepublik. Das mag ein Mangel sein, wenn einseitig auf die Steuergerechtigkeit abgehoben wird. Das System hat aber zumindest den Vorzug, den weltanschaulich neutralen Staat nicht zum Büttel kircheneigener Forderungen herabzuwürdigen.

Die bundesdeutschen Kleriker kommen immer wieder auf das eigene Modell zurück. Es gilt ihnen als wegweisend. Denn es garantiert – als einziges – ein System »freiheitlicher Kooperation«, eine Zusammenarbeit von Kirche und Staat »bei gleichzeitiger voller Wahrung ihrer gegenseitigen Unabhängigkeit und der Grundrechte des einzelnen«[58]. Der Bundesrepublik wird diese Kooperation schmackhaft gemacht, indem die Kleriker ihr suggerieren, sie werde »als demokratischer Sozial- und Kulturstaat tätig, der sich in positiver Neutralität bemüht, auch um des Gemeinwohls willen für die materielle Sicherung der

Kirchen als eine Voraussetzung ihrer Freiheit und ihrer öffentlichen Potentialität mitzusorgen«[59].

Ich meine, da werden viele starke Worte gemacht, die die Schwäche der Argumentation verdecken sollen. Sie basieren alle miteinander auf so antiquierten Leitbildern wie dem von Kirche und Staat als zwei vergleichbaren Größen, auf der neuzeitlich anmutenden, aber bereits überholten Rede von der »Partnerschaft«, auf der Vorstellung des 19. Jahrhunderts, die materielle Sicherung der Kirchen habe um des Gemeinwohls willen zu erfolgen, auf der typisch klerikalen Ansicht, die Kirchen hätten noch heute, da ihr Einfluß rapide zurückgeht, eine gut dotierte »öffentliche Potentialität« zu beanspruchen.

Der Begriff »Öffentlichkeitsauftrag«[60] der Kirchen ist erstmals im niedersächsischen Kirchenvertrag von 1955 aufgetaucht und gleich so begierig aufgegriffen und in einen »Öffentlichkeitsanspruch« umformuliert worden, daß unterdessen eine ganze Rechtstheorie existiert, die »auf die Restauration mittelalterlicher Rechtszustände hinausläuft«. Die innerkirchliche Krise zu bereinigen ist ihr allerdings nicht gelungen. Die großkirchlichen Ideologen schert dies wenig. Sie verstärken vielmehr ihre Anstrengungen, um eine säkularisierte Welt wiederzutaufen, d. h. zu entsäkularisieren.

Der frühere Bundesverfassungsrichter Konrad Hesse[61]: »Wenn die Kirchen trotz dieser inneren Krise eine Position äußerer Stärke anstreben und gewonnen haben, so ist das in gewisser Weise folgerichtig: sie suchen das, was sie an unmittelbarem Einfluß auf die moderne Gesellschaft verloren haben, mittelbar durch staatskirchenrechtliche Institutionalisierung zurückzugewinnen.« Das mag Klerikerart und -übung sein. Mit Demokratie hat es nichts zu tun. Ich bezweifle, daß es Aufgabe der Bundesrepublik – und damit auch der bundesdeutschen Gerichte bis hin zum Bundesverfassungsgericht – ist, den schwindenden Einfluß der Großkirchen durch Zuweisung von Rechtspositionen auszugleichen.

Gewiß haben es weite Teile der bundesdeutschen Gesellschaft versäumt, sich an die Entwicklung einer humanen Kultur zu machen, die dem Lebensgefühl der großen Mehrheit in unserem Land entspricht. Dieser Mangel gibt jedoch der historisch überholten Klerikerkultur nicht das Recht, ihrerseits Ansprüche auf eine Wegweisung in die Zukunft zu erheben – und sich diese – als »allgemein« nützlich – honorieren zu lassen. Wer noch immer davon ausgeht, die Kirchen im allgemeinen und ihre Kleriker im besonderen hätten ihre Chance nicht nur nicht ein für allemal verspielt, sondern sie führten die Menschen auch noch in eine bessere Zukunft, ist entweder blind für die Wirklichkeit, oder er betrügt sich und andere. Hinter den Argumenten, die für eine Weitergabe des Kirchensteuersystems sprechen sollen, verbirgt sich eine Position klerikaler Stärke, die einmal ihren historischen Platz hat beanspruchen können (zu Unrecht übrigens), die heute und künftig aber völlig fehl am Platze ist. Es gibt zu denken, daß eine solch antiquierte Position nur noch in der Bundesrepublik vorgetragen werden kann.

Das Oberverwaltungsgericht für das Land Nordrhein-Westfalen hat 1962 formuliert[62]: »Die beiden großen christlichen Kirchen haben die Stellung der Reichskirche im Mittelalter noch nicht wieder eingenommen, wollen dies vermutlich auch gar nicht, aber Vergleichsmöglichkeiten bieten sich dennoch an.«

Hierzulande konnte der frühere nordrhein-westfälische Kultusminister Paul Mikat (CDU) noch 1960 als das »heutige kirchenpolitische System« die Lehre von der Koordination vortragen, nach der Kirche und Staat als gleichrangige Gemeinschaften erster Ordnung, als »vollkommene Gesellschaften«, zum Gemeinwohl zusammenwirken[63]. Mikat präzisierte seine diesbezügliche Auffassung später noch, als er davon sprach, beide »Mächte« leiteten ihre »Daseinsberechtigung und -ordnung« aus »göttlicher Anordnung« her[64].

Der Bundesgerichtshof durfte schon 1961 (fast fünfzig Jahre nach dem französischen Trennungsgesetz) diese Lehre übernehmen und davon sprechen, das Grundgesetz gehe von der »grundsätzlichen Gleichordnung von Staat und Kirche als eigenständige Gewalten« aus[65]. Paul Mikat hat 1973 seine frühere Auffassung korrigiert[66], doch der römische Kurienkardinal Ratzinger, früher bundesdeutscher Theologieprofessor, konnte es sich noch im Jahr 1984 erlauben, den neuzeitlichen Staat als »unvollkommene Gesellschaft« zu bezeichnen, die kirchlicher Hilfe bedürfe[67].

Wie sich Kleriker die »Partnerschaft« zwischen Staat und Kirche konkret denken, geht auch aus den folgenden Sätzen von Marré hervor, die jedes historische Gespür vermissen lassen: »Ebenso wie die Kirchen frei sind, die staatliche Offerte des Art. 140 GG i. V. m. Art. 137 Abs. 6 WeimRV zur Wahrnehmung des Kirchensteuerrechts anzunehmen, sind sie auch frei, das spezielle Angebot der staatlichen Kirchensteuereinziehung anzunehmen.«[68]

Die Kleriker sind also frei? Sie können staatliche Offerten akzeptieren oder es bleiben lassen? Warum haben sie dann, als die Weimarer Verfassung ausgearbeitet wurde, so entschieden für diese »Offerte« gekämpft? Warum verteidigen sie das Staatsinkasso der Kirchensteuer noch heute mit so großer Vehemenz? Wären sie wirklich frei, könnten sie sich leicht vom Status quo lösen. Aber genau dies vermögen sie nicht zu tun. Das staatskirchenrechtliche System der Bundesrepublik soll aufgrund eines langen historischen Ausgleichsprozesses »extreme Lösungen« vermeiden, meint Marré, und damit ein »in der Mitte liegendes Ergebnis historisch-praktischer Vernunft« darstellen. Es sei »in seinen wesentlichen Strukturen wirklichkeitsgerecht, in vielen Gestaltungen sogar ein modernes Beispiel für den Status von freien Kirchen in einem demokratischen Staat mit seiner pluralen Gesellschaft«[69].

Wirklichkeitsgerecht? Freie Kirche? Demokratischer Staat? Plurale Gesellschaft? Jede einzelne dieser Worthülsen läßt sich mit Beispielen füllen, die das genaue Gegenteil besagen. Ist der in der Bundesrepublik erreichte Zustand wirklichkeitsgerecht, der zwei Großkirchen ohne Rücksicht auf die Zahl der tatsächlich Glaubenden privilegiert – und diese Privilegien zu Lasten der unterprivilegierten Kleinkirchen und Konfessionslosen zementiert? Ist eine Kirche wirklich frei, die von staatlichen Garantien, Zusagen und Subventionen leben muß? Ist ein Staat völlig demokratisch, der gezwungen ist, ständig zwischen Klerikalprivilegien und allgemeinen Grundrechten zu wählen – und diese Wahl in den meisten Fällen zugunsten der Großkirchen zu treffen? Ist eine Gesellschaft plural, die bis in ihre feinsten Verästelungen hinein Relikte klerikalen – und damit wesentlich nicht-pluralen – Denkens und Handelns mitschleppen muß?

Einige Beispiele für den wirklichkeitsgerechten Zustand unseres Landes und seiner Kirchen, wenn es sich um die Grauzonen der Kirchensteuer-Erhebung handelt:

▷ Daß niemand gezwungen werden darf, seine religiöse oder weltanschauliche Überzeugung zu offenbaren, ist ein Grundbestand der Menschenrechte. In der Bundesrepublik sind Arbeitnehmer gezwungen, ihre Arbeitgeber auf dem Weg über die Lohnsteuerkarte über ihr religiöses Bekenntnis zu unterrichten: ein Erbe der Hitler-Diktatur.

▷ Daß niemandem zugemutet werden kann, für eine Sache zu arbeiten, die er schlecht findet, leuchtet ein. Bei uns sind Arbeitgeber mit atheistischer Weltanschauung gesetzlich gehalten, für eine von ihnen abgelehnte Religionsgemeinschaft kostenlose Dienste als Beitragskassierer zu leisten. Sie müssen ja für ihre Arbeitnehmer Kirchensteuer einbehalten und abrechnen, was nicht selten zusätzliche Arbeit und Kosten verursacht. Wer sich gegen diese Zumutung sträubt, und vor Gericht geht, muß – wie der süddeutsche Chemieunternehmer Joseph – damit rechnen, einer psychiatrischen Zwangsuntersuchung zugeführt zu werden (weil infolge des fast 30jährigen Rechtsstreits mit dem Finanzamt bei ihm möglicherweise ein geistiger Defekt eingetreten sei!)[70].

▷ Daß die Durchschnittseinkommen von bundesdeutschen Arbeitnehmern zwischen 1970 und 1990 um durchschnittlich 3,2 Prozent gestiegen sind, ist die eine Seite der Wirklichkeit. Daß die durchschnittliche Jahreswachstumsrate der Kirchensteuereinnahmen in diesem Zeitraum 6 Prozent betragen hat, die andere[71].

▷ Daß die Kirchen sich als besondere Fürsprecherinnen von Ehe und Familie profilieren und vor allem für die ungeborenen und geborenen

Kinder eintreten, hören wir allerorten. Daß der Landtag von Nordrhein-Westfalen Ende 1985 das Kirchensteuergesetz neugefaßt und dabei die Freibeträge für das zweite und jedes weitere Kind zu Lasten der Steuerpflichtigen gekürzt (d.h. zugunsten der Kirchensteuer bearbeitet) hat, bekamen wir nicht sehr laut zu hören[72].

▷ Daß Meinungsfreiheit auch für Pastoren gilt, kann als gesichertes Ergebnis der Menschenrechtsdiskussion gelten. Daß einer evangelischen Pastorin in Solingen 1988 der kirchliche Titel aberkannt worden ist, nachdem sich der Chemie-Gigant Bayer über ihre Umweltschutz-Aktivitäten beschwert und auf die 53 Millionen DM Kirchensteuer hingewiesen hat, die seine Mitarbeiter bezahlen, darf als reiner Zufall gelten[73].

Ob ein solches System exportiert werden darf? Wer in Europa will es ernsthaft haben? *Ich fordere die Kleriker der Bundesrepublik auf, uns einmal konkrete und flächendeckende Übernahmeangebote zu nennen.*

Die interessierten Kleriker schweigen – oder klagen. Der Kirchenjurist Marré hat beispielsweise darüber Klage geführt, daß die ehemalige DDR zwar die Kirchensteuer kannte, daß diese aber mit der bundesdeutschen Kirchensteuer »nur noch den Namen gemeinsam«[74] hatte. Denn »in Wirklichkeit gibt es für nicht bezahlte Kirchensteuern schon seit 1956 weder Verwaltungszwang noch zivilrechtlichen Rechtsschutz«. Das wurmt einen bundesdeutschen Verfechter des Modells Deutschland gewaltig: Säumige Steuerzahler konnten in der DDR nicht mehr belangt werden.

Im Jahr 1968 hat die DDR auch die bis dahin noch formell aufrechterhaltene Verfassungsgarantie für die Kirchensteuer abgeschafft. Das bedeutete, daß die Kirchen in der DDR auf eigene Steuerregister sowie auf freiwillige Zahlungen ihrer Mitglieder angewiesen waren. Im Durchschnitt zahlten Bürger und Bürgerinnen der DDR zwischen 30 und 35 Mark pro Jahr direkt an ihre Kirchen[75].

Ein deutscher Staat ohne verfassungsmäßig garantierte und staatlich eingetriebene Kirchensteuer? Manche Kleriker schüttelten sich bereits beim Gedanken an ein solches Monster. Die *Welt* berichtete am 9. März 1990 davon, daß »die Steuermänner der katholischen Kirche der Bundesrepublik Deutschland... längst auf einem Kurs [sind], der in einer deutschen Vereinigung auf der Grundlage des Artikels 23 die sichere Garantie für die Rettung eben dieses Staat-Kirchen-Verhältnisses mit seinen Vorzügen (Kirchensteuer beispielsweise) bietet«.

Wohin die Reise gehen sollte, war eindeutig: Die neuen Bundesländer mußten Anhängsel des bundesdeutschen Kirchensteuer-Modells werden, und nicht umgekehrt. Der Artikel war denn auch überschrieben: »Lehmann [Vorsitzender der Deutschen Bundeskonferenz] verwahrt sich gegen Importe aus der sozialistischen Diaspora.«

Aber einige Geistliche und Politiker aus der ehemaligen DDR sahen dies anders als ihre verwöhnten Kollegen aus dem Westen. Der Prozeß der Vereinigung beider deutscher Staaten machte ihnen kein Kopfzerbrechen. Sie gingen davon aus, daß sie das neuzeitlichere System der Kirchenfinanzierung hatten – und daß die Bundesrepublik gut daran täte, es eines Tages zu übernehmen, statt der DDR das eigene antiquierte zu oktroyieren.

Propst Dr. Heino Falcke (Erfurt)[76]: »Eine Kirche kann nur gesund sein, wenn sie aus freiwilligen Gaben der Gemeindemitglieder lebt. Wir sollten nicht auf das Kirchensteuersystem der Bundesrepublik zusteuern. Das ist sowieso eine Ausnahme in Europa.«

Dr. Hans-Jürgen Fischbeck, Sprecher von »Demokratie jetzt«: »Wir müssen an der konsequenten Trennung von Kirche und Staat festhalten. Die Kirche in der DDR sollte mit ihren freiwilligen Kirchensteuerzahlungen zum Vorbild für die Bundesrepublik werden.«

Hans-Wilhelm Ebeling, ehemals DSU-Chef und bis vor kurzem Pfarrer der Thomas-Kirche in Leipzig: »Zwei Forderungen müssen erfüllt werden: 1. Der Staat soll nicht als Geldeintreiber der Kirchen auftreten, denn Staat und Kirche müssen strikt getrennt sein. 2. Die Finanzierung der großen kirchlichen Aufgaben muß gewährleistet werden. Bei Verhandlungen werden wir beide Forderungen miteinander in Einklang bringen müssen.«

Gegenüber den klaren Worten wurde es den bundesdeutschen Klerikern schwer, das eigene Kirchensteuermodell als einen gesamtdeutschen Wechsel auf die Zukunft zu verkaufen. Was sie noch einmal rettete, war das Desinteresse der uniformierten Mehrheit an einem Wandel. Nach einer Umfrage, die der *Stern* im Frühjahr 1990 in Auftrag gegeben hat, optierten 47 Prozent der befragten Bundesdeutschen für eine Übernahme der Kirchensteuer durch die DDR[77]. Und mittlerweile ist es wirklich soweit. *Ob der »Anschluß« der neuen Bundesländer an das Kirchensteuermodell der alten Länder verfassungskonform ist oder nicht, interessiert niemanden.*

Nach einer Meldung der *Welt* vom 11.5. 1990 hatte die Post der DDR in ihr Briefmarkenprogramm für 1990 kurzfristig eine Ausgabe zum 70. Geburtstag von Papst Johannes Paul II. eingeschoben. Ursprünglich waren Sondermarken zum »XII. Parteitag der SED« und zum »XIII. Parlament der FDJ« geplant. Die Wertstufe der Papstmarke betrug 35 Pfennige, das Porto für Auslandsbriefe.

Woher diese plötzliche Frömmigkeit? Die *Berliner Zeitung* hatte noch 1989 berichtet, daß sich schätzungsweise nur 28 bis 30 Prozent der Bevölkerung der früheren DDR zu einer religiösen Glaubensrichtung bekennen. Die bisherigen Schätzungen (7 Millionen evangelische Christen, 1,1 Millionen katholische) gelten als überholt. Nur noch 2,7 Millionen (22,5 Prozent) sind in den neuen Bundesländern evangelisch, und 504 000 (4,2 Prozent) katholisch. Doch schon ist die katholische Lobby wieder da: In Mecklenburg-Vorpommern (etwa 2 Prozent Katholiken) ist das Katholische Büro, die Vertretung der Deutschen Bischofskonferenz bei der Landesregierung, bereits eröffnet.

Wieso ist ein früher Vermittlungsvorschlag als kirchenfeindlich abgetan worden?

Kardinal Martini, Präsident des Rates der Europäischen Bischofskonferenz, hat 1991 seine Hoffnung geäußert, das Modell Deutschland im Verhältnis von Staat und Kirche werde zum gesamteuropäischen Vorbild. Doch dürfte sich der Kirchenfürst täuschen. Die Diskussion über die Kirchensteuer reißt nicht ab. Sie hat ihre heißen Phasen und ihre weniger heißen. Das Problem, welches so viele Menschen in unserem Land berührt, ist offensichtlich noch immer nicht zur Zufriedenheit aller Betroffenen gelöst.

Immer wieder tauchen Vorschläge auf, die eine Änderung des Status quo anstreben. Im Jahr 1968 hat der Bonner Kirchenrechtler Hans Barion[78] statt der »Austritts-Alternative« eine »Weigerungs-Alternative« vorgeschlagen. Der Frankfurter Jesuit Oswald von Nell-Breuning[79] hat diesen Vorschlag aufgegriffen und 1969 angeregt, der Staat solle künftig den Einzug der Kirchensteuer davon abhängig machen, ob der Steuerpflichtige widerspricht oder nicht und damit formlos seine Einwilligung gibt oder verweigert. Dadurch erhalte der einzelne die Möglichkeit, sich dem staatlichen Inkasso zu entziehen, ohne deshalb schon durch eine rechtsförmliche Erklärung mit der Kirche brechen zu müssen (Kirchenaustritt). Und der damalige Ratsvorsitzende der Evangelischen Kirche in Deutschland, der 1990 verstorbene Bischof Scharf, hatte sich schon 1967 gegen das Staatsinkasso als solches ausgesprochen[80].

Keiner von den beiden Vorschlägen war erfolgreich. Das liegt nicht allein an dem unheilbar guten Gewissen der bundesdeutschen Kleriker. Er hat auch mit Angst zu tun. Jede Veränderung erzeugt nämlich bei den von ihr Betroffenen Angst. Die Kleriker, die zu wesentlichen Teilen von der Kirchensteuer leben, bekommen Angst um ihre Existenz, und die sogenannten einfachen Christen bekommen gezielt angst gemacht: Wird verändert, wird alles schlimmer. Jedes Experiment auf diesem heiklen Gebiet kann nur schiefgehen. Würden alle Betroffenen ehrlich informiert, würden ihnen endlich die vollständigen Informationen gegeben, sähe alles etwas anders aus.

Selbst wenn die Kirche sich immer wieder in der Öffentlichkeit bemüht, die Frage für endgültig beantwortet zu erklären, weiß sie doch, daß dies nicht der Wahrheit entspricht. Es handelt sich um eine offene Wunde der Kirche. Das ist am eindrücklichsten zu spüren, wenn jemand die Hand in diese Wunde legt und Schmerzensschreie auslöst, bevor er eins auf die Finger bekommt. Ich kann da gut mitreden, denn im Jahr 1972 habe ich es zum erstenmal probiert. Ich habe damals einen kurzen Beitrag geschrieben, der in der Jesuitenzeitschrift *Stimmen der Zeit* veröffentlicht wurde[81] – und seither in bundesdeutschen Debatten zum Thema nicht mehr vorkommt. Er wird nicht einmal in Fußnoten zitiert.

War er schlecht? Oder hat er tief ins Mark getroffen? Nach den Erfahrungen, die ich in der Zwischenzeit mit dem Berufsklerikalismus gemacht habe, nehme ich an, daß mein kleiner Artikel verdrängt werden mußte, weil er dem Status quo der Kirchenfinanzierung in der Bundesrepublik in höchstem Maße gefährlich hätte werden können. Gefährlich deshalb, weil er einen gangbaren Weg aufgezeigt hatte, zum einen durch Abschaffung der Kirchensteuer das Verfassungsprinzip der Trennung von Staat und Kirche strikt einzuhalten und zum anderen den Kirchen nicht von heute auf morgen alle Geldmittel zu streichen. Ich habe damals eine »Anfrage an Staat und Kirche« gerichtet und den Vorschlag gemacht, die bisherige Kirchensteuer künftig als »Mandat« zu führen. Die Einzelheiten führe ich gleich an. Hier nur so viel zur Erklärung: Statt eine Steuer zu erheben, so mein Vorschlag, sollte eine »Solidarabgabe« eingeführt werden. Den Text der damaligen Anfrage gebe ich ungekürzt wieder; ich halte ihn für ein Zeitdokument.

»Ein aktueller Anlaß (Einstellung der Wochenzeitung *Publik*) hat vielerorts die Diskussion um die Kirchensteuer wieder aufleben lassen. Zu diesem Gespräch soll im folgenden ein grundsätzlicher Beitrag geleistet werden. Vorab sei als Prämisse anerkannt und festgehalten, daß jede Begründung einer solchen Steuer theologisch, wenn nicht ideologisch, befrachtet ist und wohl auch bleibt. Daß selbst eine Argumentation, die sich in dieser zugegebenermaßen heiklen Frage über naheliegende emotional bedingte Beweisgänge hinaus zur Rationalität bekennen möchte, subjektiv eingefärbte und damit anfechtbare Gründe erbringen wird, sei hiermit zugestanden. Über eine solche Voraussetzung ernstlich zu diskutieren lohnt sich für keine Seite: Sie bleibt in alle Überlegungen einbezogen.

Eine prinzipielle Neuorientierung und langfristige Neuplanung des Komplexes ›Kirche, Staat und Geld des einzelnen‹ erscheint uns jedenfalls überfällig. Die gängigen Begründungen für die Pflicht von Kirchengliedern, ihre Kirche als solche auch materiell zu unterstützen und dies nun nicht, wie man es sich ja auch denken könnte, in Form einer freiwilligen Spende, sondern als Steuer, die zudem vom Staat für die Kirche einbehalten wird, brauchen hier nicht wiederholt zu werden: Sie sind einsichtig und sind es gleichermaßen nicht (oder nicht mehr). Sie appellieren an die Vernunft oder an den guten Willen ihrer Wertadressaten, ohne mit versteckten Drohungen der Unbotmäßigkeit oder gar des Unglaubens zu sparen. Und doch gelingt es ihnen kaum, das am historischen Gewissen der Menschen geschärfte allgemeine Unbehagen der Menschen auszuräumen. Das mag mit daran liegen, daß eine derartige Beweiskette heute nicht mehr nur binnenkirchlich erstellt werden dürfte, sondern sich auch als gesellschaftsbezogen und gesellschaftskritisch erweisen müßte.

Schwierigkeiten macht ja eine Steuer des Staates ohnehin. Nöte verursacht die Kirche ebenfalls genug. Gegenüber einer so engen Verbindung der beiden ›Negativwerte‹ aber muß sich der Unwille geradezu häufen. Eine praktikable Lösung deutet sich nur an, wenn man tiefergehend beide, Kirche wie Steuer, befragt.

An den Anfang dieses Fragens sei nun gleich – etwas ungewohnt zwar und wohl recht vorschnell – eine konkrete Antwort gestellt: mit ›Kirchensteuer‹ der Zukunft ist weder eine Steuer im bisherigen Sinn noch ihre ausschließliche Beziehung auf die Kirche und deren Aufgaben im herkömmlichen Verständnis gemeint. Das alte Modell weicht einem neuen Vorschlag: Der einzelne Steuerpflichtige (oder besser: der Gemeinschaftsverpflichtete) hat künftig eine rechtswirksame (wenngleich revidierbare) Erklärung darüber abzugeben, welche gemeinschaftsgebundene (!) Verwendung seines Geldes er wünscht. Er kann sich dabei zwischen drei gleichrangigen Möglichkeiten entscheiden, nämlich ob er sein Geld wie bislang der Kirche anvertrauen will (nicht mehr muß!) oder ob er es dem Staat für eigens zu fixierende Aufgaben gibt oder ob er es einem besonderen Fonds als ›tertium comparationis‹ (für die Aufgaben der Entwicklungshilfe, der Caritas u. ä.) zur Verfügung stellt.

Dieses Reformmodell hat für sich, daß eine neue Freiheit des einzelnen gegenüber dem Staat wie der Kirche sich vereinigt mit dem ›Zwang‹ zu sozialverantwortetem Verhalten (die Summe darf ja nicht mehr für eigene Zwecke einbehalten werden wie etwa nach einem bisherigen Kirchenaustritt). Durch seine Entscheidung ist aber der einzelne Mensch als Bürger wie als Christ den beiden Gesellschaftsmächten Staat und Kirche gegenüber in einem Teilbereich erst eigentlich frei: er zahlt keine ›Steuer‹ im herkömmlichen Sinn mehr, sondern er beauftragt von Fall zu Fall die von ihm unter dreien ausgesuchte Institution, unter einer derart individualisiert öffentlichen Kontrolle sein Geld in seinem Sinn einzusetzen.

Es handelt sich also um ein ›Mandat‹, um dessen Erteilung durchaus geworben werden soll und das unter bestimmten Rechtsförmlichkeiten wieder zurückgenommen werden kann. Die Kontrolle über die Verwendung der Einzelmittel erfolgt nicht wie bisher ganz anonym über das Parlament bzw. über die Offenlegung der kirchlichen Haushaltspläne, sondern (noch halbwegs) individuell und konkret, da die ›Mandatssteuer‹ eben bei Unzufriedenheit vom einzelnen ohne Beschlußfassung letztlich doch undurchschaubarer Gremien von heute auf morgen wieder anders verteilt werden kann.

Der mögliche Einwand, den wir vor allem von kirchlicher Seite erwarten, um dieses Mandat entstehe notwendigerweise eine Art

›Kulturkampf‹ zwischen Staat und Kirche als den wahrscheinlichen Hauptinteressenten, läßt eine noch tiefergehende Begründung des Modells zu. Ein wirklicher Interessenkonflikt kann doch wohl nur dann entstehen, wenn die Kirche auch weiterhin von der (oft uneingestandenen) Vorstellung ausgeht, der Staat verfolge mit seinen Arbeiten grundsätzlich ihr konträre Zwecke. Führte die Kirche jedoch durch Selbst- wie Fremdreflexion die längst fällige Klarstellung durch, was sie gerade als Kirche tun soll und was sie zu lassen hat, dann könnte sich herausstellen, daß so manche gesellschaftspolitisch sicher notwendigen Verwendungsgebiete der bisherigen Kirchensteuer ebensogut hätten vom Staat besetzt werden können, da sie nicht als spezifisch kirchlich gelten dürfen. Es handelt sich doch wohl um ein und denselben Menschen, dem alle Anstrengung zugute kommen soll, ohne daß man ihn und seine Bedürfnisse nach Seele und Leib und entsprechender Sorge auseinanderdividieren dürfte.

Hätte man sich früher auf die mutige Einsicht eingestellt, gewisse Gebiete der Sorge von vornherein dem Staat überlassen zu müssen, so wären manche Entwicklungen aufgehalten worden, die heute vor aller Augen ablaufen. Wo viel Geld ist (wie in der Kirche der Bundesrepublik), wird es auch leichter ausgegeben als da, wo es durch Appelle an den einzelnen und die entsprechende Rechenschaftsablegung dauernd neu ›erobert‹ sein will.

Unser Vorschlag kann nur dann realisiert werden – die gewiß schwierigen, aber gleichwohl nicht unüberwindlichen technischen Details hier einmal ausgeklammert –, wenn sich in der Kirche die Einsicht durchsetzt, daß jede der drei möglichen Entscheidungen (für Kirche, Staat oder Fonds) von genuiner ›Kirchlichkeit‹ zeugen kann, wenn diese sich auch (nach gegenwärtiger Meinung wenigstens) in den beiden letzten Fällen höchstens indirekt zu äußern weiß.

Jede der verschiedenen Möglichkeiten, für die sich der einzelne zu entscheiden vermag, muß kirchlicher- wie staatlicherseits als (im juristischen wie theologischen Sinn) gleichberechtigt anerkannt sein.

Dieses neue Grundrecht des einzelnen sollte in Kirche und Staat gegen allen Wandel (bei wechselnder politischer und kirchlicher Konstellation) gesichert werden. Eine etwaige partielle Identifikation mit der Kirche müßte dann in ihren materiellen Konsequenzen (um die es ja in vielen Fällen geht) nicht zum heißumkämpften ›Kirchenaustritt mit allein bürgerlich-rechtlicher Wirkung‹ führen und sich sogar mit der Exkommunikation (als einer doch wohl recht unangemessenen Sanktion) bedrohen lassen.

Andererseits wäre es künftig nicht mehr möglich, aus Gewissensgründen Geld zu sparen, da die ›Steuer‹ des aus der Kirche Ausgetretenen nicht ihm zugute käme, sondern etwa dem Staat zur Durchführung dringend notwendiger kostenintensiver Reformpolitik. Der Vorschlag stellt unseres Erachtens jedenfalls – auf seine theologische wie kirchenrechtliche Bedeutsamkeit hin richtig bedacht – keine Provokation der Kirche dar – und doch eine: der eventuelle augenblickliche Verlust an Geld führt ebenso augenblicklich zu einem Gewinn an Freiheit für den einzelnen wie für die kirchliche Gemeinschaft und darüber hinaus zu einer Humanisierung der Gesamtgesellschaft in einem Teilbereich.

Wenn die Kirche den Mut und den guten Willen aufbringt, gesellschaftliche Belange auch als die ihren zu akzeptieren, dürften sich auch die Mittel dafür finden lassen, der ›Realutopie‹ einer Mandatssteuer einen theologisch wie juristisch gangbaren Weg zu ebnen.«

Soweit der Beitrag aus dem Jahr 1972. Ich sage an dieser Stelle nichts mehr dazu, sondern überlasse es den Lesern zu entscheiden, ob es sich um einen »extrem kirchenfeindlichen« und damit als indiskutabel zu vernachlässigenden Vorschlag gehandelt hat oder nicht. Wir werden allerdings dem »Herrmann-Modell«, über das in der Bundesrepublik längst Gras gewachsen ist, noch zweimal begegnen.

Im übrigen wurde dem Großindustriellen Krupp schon vor Jahrzehnten eine Sonderregelung der Kirchensteuer zugestanden, und andere Prominente wie die Spitzen der Familie Hoesch und der Textilfabrikant Schoeller (Düren) haben einen sogenannten kirchlichen

Wirtschaftsbeirat gebildet, der mitbestimmen wollte, wie die Steuergelder seiner Mitglieder verwendet werden[82]. Waren diese Lösungen zugunsten weniger Reicher theologisch einwandfreier oder demokratischer als die von mir vorgeschlagene »Solidarabgabe«, über deren Verwendung alle mitbestimmen dürfen?

4. Kapitel
Da ist ganz schön was zusammengekommen: Die reichste Kirche der Welt

Mindestens 25 Milliarden DM pro Jahr für die Kirchen, direkt aufgebracht von den Kirchensteuerzahlern und indirekt auch von den Konfessionslosen und Nichtchristen, das ist nicht wenig. Aber wo sind die Milliarden geblieben? Die geistlichen Herren sagen es nicht ganz offen. Auch stellen sich die Kirchen in der Öffentlichkeit gern arm dar. Da tun sie gut daran. Schließlich zieht der Steuerpflichtige, wenn er zum Finanzamt muß, nicht seinen besten Mantel an. Nein, protzen wollen die Kirchen nicht. Manchen Klerikern ist es schon peinlich, daß sie so prunkvolle Kirchen betreuen. Ordensleute haben Schwierigkeiten, den staunenden Gläubigen zu erklären, weshalb das neue Kloster so groß ausgefallen und so gepflegt eingerichtet ist wie eine mittlere Bankfiliale. Sonntags steht der Pfarrer auf der Kanzel und versucht sich als Bettler. Die Kirchgängerinnen und Kirchgänger werden aufgerufen, für eine neue Orgel zu spenden. Oder für die Erneuerung der hundertjährigen Kirchenbänke. Oder für eine neue Heizungsanlage.

Kirchensteuer in Milliardenhöhe, und noch nicht genug? An allen Ecken und Enden Grundbesitz, und um jede Mark betteln? Die Kirche hat einen beinahe märchenhaften Ruf als eine der reichsten Institutionen der Bundesrepublik. Sie gilt als Synonym für Wirtschaftsmacht. Sie wird als erfolgreiche Lobbyistin und aktive Geschäftspartnerin bewundert oder gefürchtet. Manche Leute schauen fasziniert auf diesen Reichtum und zwinkern mit den Augen, wenn sie erfahren, daß den Klerikern wieder mal ein Deal geglückt ist.

Was stimmt an diesem Bild? Gibt es die arme Kirchenmaus überhaupt noch? Oder pflegt die schon längst ihre Fettsucht?

Das Fernsehen macht vieles möglich. Es bringt hin und wieder Bilder von dem legendären Reichtum der Kirche ins Zimmer. Schalten wir das Fernsehen ein, um den Ostersegen des Papstes anzuschauen, staunen wir über die Prachtbauten des Vatikans. Wer die wohl erbaut hat? Wer die bezahlt hat? Wer annimmt, daß die Deutschen den größten Teil des Petersdomes finanziert haben, liegt nicht falsch. Aber viel davon gehabt haben sie nicht. Deutsche Päpste? Seit langem Fehlanzeige. Seit Jahrhunderten nur Italiener und jetzt einmal ein Pole. Zu Luthers Zeiten hat ein Papst gesagt[1]: »Nachdem der liebe Gott mir das Papsttum verliehen hat, will ich es auch genießen.« Solche Worte vergessen die Menschen nicht.

Schalten wir zu Weihnachten die Christmette ein oder die Mitternachtsmesse, kommen wir ins Grübeln: Schon wieder lauter vergoldete Engel und Heilige, der Marmor scheint das Normalste von der Welt in so einer Kirche zu sein. Dann kann richtiges Mitleid mit dem armen Jesuskind in seiner Strohkrippe aufkommen. Das muß sich doch komisch vorkommen in all dem Prunk. Armut herrscht da jedenfalls nicht. Auch die Geistlichen sehen nicht bedürftig aus. Zumindest die Gewänder, die sie zum Fest angelegt haben, strotzen nur so von Goldgewirktem. Das Weihrauchfaß scheint aus purem Silber zu sein, die Kelche aus Gold. Hier und da blinkt ein Edelstein. Ob alle Kirchen ähnliche Schätze horten, wissen die meisten Fernsehzuschauer nicht. Ob es eine Art Finanzausgleich zwischen den reichen und den armen Vettern unter den Klerikern gibt, auch nicht.

Manch ein Zuschauer beschließt vielleicht, seinen Pfarrer beim nächstenmal nicht einmal mit zwanzig Pfennig wie sonst zu bedienen, wenn der Klingelbeutel herumgeht.

Alle werben um unser Geld. Alle sind bemüht, an anderer Leute Geld heranzukommen. Wir werden auch hier fragen dürfen, weshalb die deutsche Kirche die reichste Kirche der Welt ist – und nicht, wenn schon in Superlativen geredet werden soll, die beste.

Haben Sie viel zu verbergen, meine Herren von der Kirche?

Einem Land wie der Bundesrepublik, das Monat für Monat einen riesigen Außenhandelsüberschuß produzierte und dessen Währung zu den stärksten der Welt gehört, steht – wie selbstverständlich – auch eine wohlhabende Kirche gut zu Gesicht. Daß es auch anders sein kann, ja daß es vielleicht ganz anders sein müßte, ist für viele Bürgerinnen und Bürger nicht einmal die Frage wert. Wir werden uns doch noch eine wohlhabende Kirche leisten können, das ist eine Frage des Nationalstolzes, sagen sie.

Ganz so vaterländisch denke ich nicht. Aber stellen wir die Frage einmal zurück und sehen wir uns die Fakten, den tatsächlichen Reichtum der Kirchen in der Bundesrepublik an. Das ist leichter gesagt als getan. Wieder stoße ich auf Mauern des Schweigens. Ich wundere mich, denn ein katholischer Prälat aus Bayern[2] hat vor Jahren gesagt, die Reichtümer der Kirche gehörten jedem und nützten jedem. Wäre das wahr, müßte jeder auch erfahren dürfen, was ihm gehört und nützt. Ich schlage vor, daß die Interessierten ihre Pfarrer oder Bischöfe nach den interessantesten Details des kirchlichen Reichtums fragen. Unter Partnern wird das doch möglich sein. Ich glaube, das Resultat bereits zu kennen: befangene Gesichter, betretenes Schweigen, Abwimmeln, Vertrösten. Auch in den vielen überbordenden Buchhandlungen der Bundesrepublik gibt es keine Literatur zum Thema. Wer will, kann die Probe aufs Exempel machen. Er braucht nur eine Buchhandlung zu betreten, die eine umfangreiche Abteilung mit religiöser Literatur aufweist. Unter Dutzenden von religionspädagogischen Schriften, die Eltern und Kinder katholischen Glaubens aufrichten wollen, findet sich ebensowenig ein Büchlein, das sich ernsthaft mit den kirchlichen Finanzen beschäftigt, wie unter den Werken der sogenannten führenden Theologen.

Daher hat der Journalist Klaus Martens im Jahr 1969 seinem Buch

»Wie reich ist die Kirche?« auch den vorsichtig formulierten Untertitel gegeben: »Versuch einer Bestandsaufnahme in Deutschland.«

Wie steht es um die »begrenzten Mittel« des Vatikans?

Über Versuche kommen wir immer noch nicht hinaus. Es geht uns dabei so, wie es die erlebt haben, die die »Finanzen des Vatikans« untersuchen wollten. Sie mußten klein beigeben und ihre Leserinnen und Leser in dem Glauben lassen, daß Papst Paul VI., der 1966 von seinen »begrenzten finanziellen Mitteln«[3] gesprochen hatte, die Wahrheit gesagt hat.

Doch ist es nützlich, hier kurz auf die im wahrsten Sinne des Wortes reiche Vergangenheit des Papsttums einzugehen. Schon bald nach dem Tod des Jesus aus Nazareth war die christliche Botschaft nicht mehr durch apostolische Wanderprediger verkündet worden, sondern durch seßhafte Gemeindevorsteher. Diese strebten – vor allem am Hauptsitz Rom – nach materieller Sicherheit. Gegen Ende des 4. Jahrhunderts sagt der Historiker Ammianus Marcellinus[4], wer Bischof von Rom werde, werde schnell reich und könne sich ein feudales Leben leisten. Das sei der Grund für die hartnäckigen Kämpfe der Kandidaten um diesen Platz.

Seit dem Jahr 475 gab die römische Christengemeinde ein Viertel der Gesamteinkünfte an den Bischof, ein Viertel an den Klerus, ein Viertel für die Kirchbauten – und das letzte Viertel an die Armen[5]. Dieses Prinzip hat sich in der Kirchengeschichte bewährt wie kein anderes: 75 Prozent für sich, 25 Prozent für andere. *Während die römische Kirche und ihr Klerus immer wohlhabender wurden, blieben die Armen der Welt so bedürftig, wie sie immer gewesen waren.*

Seit dem 5. Jahrhundert ist der Bischof von Rom der größte Grundbesitzer im römischen Reich[6]. Die neue Herrenklasse, der Klerus, profitierte von allen Rechts- und Wirtschaftsordnungen des untergehenden Imperiums zuletzt fast als einzige. Und so ging es weiter. Papst

Gregor VII. hat gegen Ende des 11. Jahrhunderts dekretiert, allein er und seine Nachfolger könnten Kaiserreiche und Königtümer sowie überhaupt die Besitztümer aller Menschen bestätigen oder bestreiten, geben und nehmen. »Nach den Verdiensten eines jeden.«[7]

Ich erinnere an die Jahrhunderte der Ausbeutung weltlicher Güter durch geistliche Vertröstungen, an Einnahmen der Kurie durch Verkauf von Dispensen, Gnaden und Reliquien, an Einnahmen durch Zinsen, Mieten und Verkäufe, an Einnahmen durch Börsenspekulationen, durch Bestechungsgelder und Sondersteuern, durch eigene Kriegskassen.

Ich nenne einige Beispiele aus den Jahrhunderten, als sich das Problem »Kirche« aufbaute, an dessen schlimmem Erbe wir noch immer zu tragen haben. Ich kann mich dabei auf einen relativ kurzen Zeitraum beschränkten, auf bloße vierzig Jahre »Heilsgeschichte«. Wer will, kann hochrechnen. Er wird sich kaum verrechnen.

Kaiser Justinian I. (527–565)[8] garantierte das stetig wachsende Vermögen der Reichsbischöfe. Er gab ferner seiner Kirche das Recht auf Legate, die vom Erblasser nur unbestimmt religiösen Zwecken zugedacht worden waren. Schenkungen an die Kirche blieben von der Erwerbssteuer befreit. Ganz steuerfrei waren die mehr als tausend Wirtschaftsbetriebe der »Großen Kirche« zu Konstantinopel. Dagegen durfte keinerlei Kirchengut für weltliche Zwecke verwendet werden, mit Ausnahme des Loskaufs von Gefangenen. Der Klerus bedankte sich bei seinem Wohltäter: Er unterstützte, direkt oder indirekt, die gewaltigen Kriege des Kaisers ebenso wie die gewaltige Ausbeutung der (nichtgeistlichen) Untertanen, der »Laien«. Ziel dieser Symbiose zwischen Thron und Altar waren eindeutig das eine Reich, die eine Kirche. Außerhalb dieser sollte es kein Heil und keine Hoffnung mehr auf Erden geben. Denn der eine Kaiser sorgte mit Gewalt und Geld dafür, daß alles, was ihm und seinen Bischöfen als falsch und irrig galt, ausgerottet wurde. Das Vermögen der Ermordeten wurde der kaiserlichen Kasse zugeführt – und von da aus floß es an die Vertreter der wahren Lehre.

Justinian erbaute die Hagia Sophia in Konstantinopel und bezahlte dafür 320 000 Pfund Gold[9]. Unter seiner Regierung schossen in allen Provinzen des Reichs neue Kirchen und Klöster aus dem Boden, allesamt gut dotiert vom Alleinherrscher. Dieser führte zwei Eroberungskriege gegen zwei germanische, christliche Völker, die allerdings als »Ketzer« galten und »in aller Uncultur und viehischen Roheit steckten«[10]. Er vernichtete die Wandalen und die Ostgoten völlig. Das rechtgläubig katholische Rom konnte sich freuen. Justinian schrieb an Papst Johannes II. (532–535): »Immer ist es unser Bestreben gewesen, die Einheit mit Eurem Apostolischen Stuhl und den Stand der Kirchen zu wahren. Denn in allen Dingen lassen wir es uns angelegen sein, daß die Ehre und die Autorität Eures Stuhles wachsen.«[11]

Kaum waren die Wandalen im Jahr 534 unterworfen, bekam die römische Kirche ihre Liegenschaften und auch ihren Rang vor allen anderen Religionen zurück. Der Papst beglückwünschte den Kaiser »zu solchem Eifer für die Ausbreitung des Gottesreichs«[12].

Im Krieg gegen die Ostgoten feierte der Kaiser, der seine Siege dem Gebet zuschrieb, wahre Orgien. Seine Kriegsgewinne sicherten ihm »einen riesigen Reichtum an Gold, Silber und sonstigen Kostbarkeiten«[13]. Und die Kirche? Während der fast zwanzigjährige Krieg Italien schlimmere Wunden geschlagen hatte als der Dreißigjährige Krieg Deutschland[14], wurden die früheren Privilegien des Papsttums wiederhergestellt und neue gewährt. Die römische Kirche wurde »zu einer wirtschaftlichen Macht ersten Ranges und zu der einzigen Institution des öffentlichen Lebens, welche in dem allgemeinen Niedergange Italiens im Aufstieg begriffen war«[15]. Sie wurde »beinahe die einzige Geldmacht Italiens«[16] und »der Papst zum reichsten Mann im Lande«[17].

Wie sich die Bilder gleichen! Nach dem Ersten Weltkrieg sagte der englische Kurienkardinal Gasquet in Liverpool[18]: »Man ist zu der Überzeugung gelangt, daß der am besten aus dem Krieg herausgekommene Mann der Papst war!«

Jahrhundert um Jahrhundert hat sich das Kirchenvermögen gemehrt.

Irgendwo muß das viele Geld doch geblieben sein. Oder haben die Päpste es verpraßt? Hat die römische Kurie Mißwirtschaft betrieben? Hat sie es gar an die Armen der Welt verteilt?

Papst Paul VI. (1963–1978) hat selten versäumt, den Glauben der Welt in diese letzte Richtung zu weisen. Klagte er über den chronischen Geldmangel im Vatikan, so erinnerte er an den »mißlichen Umstand..., daß die Kirche der materiellen Mittel ermangelt, die sie für ihre Werke der unbegrenzten Wohltätigkeit und Barmherzigkeit braucht...«[19] Vielleicht war er wirklich in Not. Zumal die Welt aufgehorcht hatte, als eine Schlagzeile erschienen war, die den armen Souverän des Vatikans zutiefst hatte erschrecken lassen: »Erzbischof betrog Papst Paul um 752 Millionen«[20]. Es ging damals um die jüngste der vielen vatikanischen Bank-Affären. Es war nicht die erste, und die letzte wird es auch nicht gewesen sein.

Paul VI. hat gerne von »Unserer heiligen Armut« geredet und vom »Mangel Unserer Geldquellen«. Aber in Rom, wo es genug Arme gibt, die in Slums hausen, hat er keineswegs in einer Notunterkunft gewohnt. Seine Suite im Vatikan hat 13 Zimmer umfaßt und fünf Domestiken hat er auch beschäftigt[21].

Doch das ist keine römische Spezialität. Es gibt in der Bundesrepublik Städte mit Slums, mit Obdachlosen, mit kinderreichen Familien, die am Rand des Existenzminimums leben. Solche Städte nennen sich hin und wieder, wenn sie für sich Werbung machen, »Bischofsstädte«. Sie wissen, warum. Jedenfalls kenne ich keinen einzigen Bischof, der nicht in einem ganz ansehnlichen – und in keiner Hinsicht mit den Armenquartieren der eigenen Bischofsstadt vergleichbaren – Haus wohnt. Eine »Exzellenz« mit einem Kreuz aus Gold und Edelsteinen auf der Brust kann sich nicht unters Volk mischen, es sei denn, Kamera und Mikrofon sind auf sie gerichtet.

Ich erinnere schon jetzt an den Grundbesitz der Kirche, an die Beteiligung an Banken und Industrieunternehmen, an den weitgestreuten Wertpapierbesitz in Ländern mit liberalem Kapitaltransfer – und an die Tatsache, daß Papst Pius XII. bei seinem Tod im Jahr 1958 ein

Privatvermögen von 80 Millionen in Valuten und Gold hinterlassen hat[22].

Zu Beginn des 20. Jahrhunderts wurde das päpstliche Vermögen auf 2,12 Milliarden Lire geschätzt. Damit war es ungefähr sechsmal größer als dasjenige des damals reichsten Deutschen, das von Krupp[23].

Nach einer Angabe aus dem Jahr 1974 verfügte der Vatikan allein im Stadtgebiet von Rom über 15 Millionen Quadratmeter Land. Die Stadt Rom selbst besaß dagegen nur rund 4 Millionen Quadratmeter unbebauter Fläche[24].

Die Lateranverträge, die der Hl. Stuhl im Jahr 1929 mit Mussolini geschlossen hat, haben viel Geld eingebracht. Zwar hatte die Kirche damals davon gesprochen, die »ungeheuren Schäden«[25], die ihr durch den Verlust des früheren Kirchenstaates (des auf gefälschten Dokumenten beruhenden »Patrimonium des hl. Petrus«) entstanden seien, könnten mit italienischem Geld allein gar nicht behoben werden. Doch hatte sie sich abfinden lassen. Die Entschädigungssumme betrug zum 19. Februar 1929 nicht weniger als 91 656 250 Dollar[26] – und die für damalige Verhältnisse riesige Summe mußte gewinnbringend angelegt werden.

Der Vatikan wuchert seither mit diesen Pfunden. Mit Zinsen, Zinseszinsen, Spekulationsgewinnen und -verlusten. »Für Werke der Religion und der christlichen Barmherzigkeit in aller Welt.« Genaueres ist nicht zu erfahren. Der römische Korrespondent der *FAZ* hat im Jahr 1982[27] mit einem Bestand von mehreren hundert Millionen Dollar aus diesem Bereich gerechnet, »was wohl einige Dutzend Millionen Dollar Rendite einbringt«.

Nach Auskunft des Vatikan-Kenners Corrado Pallenberg[28] besitzt der Hl. Stuhl riesige Aktienberge, oft sogar die Aktienmehrheit von italienischen Banken und Versorgungsunternehmen (Gas, Licht, Transport, Telefon), von Hotelketten, Immobiliengesellschaften und Versicherungen. Die Aufsichtsratsmandate in diesen Gesellschaften werden von katholischen »Laien« wahrgenommen, die freilich den Direktiven von hohen vatikanischen Klerikern unterliegen.

Die auswärtigen Finanzreserven des Vatikans sind vornehmlich an der Wall Street konzentriert. Insgesamt dürfte sich der Gesamtbesitz der Kirchenzentrale an Aktien und anderen Kapitalbeteiligungen schon im Jahr 1958 auf etwa 50 Milliarden DM belaufen haben[29]. Trotz verschiedener Bankkräche und -skandale wird sich diese Summe bis heute nicht verringert haben.

Die sonstigen Einnahmen sind vergleichsweise bescheiden. Mit dem Verkauf von Briefmarken, Medaillen und Münzen, mit den Konzessionen für Andenken und Devotionalien, mit dem Handel des Vatikans mit zollfreien Waren (darunter Benzin) und mit den Eintrittsgeldern aus den Museen können die gewaltig angestiegenen Personalkosten nicht abgedeckt werden, auch wenn berücksichtigt wird, daß selbst ein Kardinal der römischen Kirche nicht mehr als umgerechnet 3000 DM – und damit weniger als ein bundesdeutscher Studienrat – verdient.

Papst Johannes Paul II. hatte nach einem Bericht der italienischen Wochenschrift *L'Espresso* aus dem Jahr 1979 eine völlig »revolutionäre Änderung« angeregt, die sich nur »ein ausländischer Papst« erlauben durfte[30]. Er wollte eine Bilanz der vatikanischen Finanzen vorlegen, eine Art konsolidierter Bilanz. Unter dem Strich kam ein Defizit des vatikanischen Staatshaushalts heraus, über dessen Millionenhöhe sich die Experten noch immer streiten. Noch heftiger ist der Streit, wenn es darum geht, herauszufinden, wie das alljährliche Loch im Haushalt gestopft werden soll. Die bundesdeutschen Oberhirten wissen in dieser Hinsicht manches – weil sie viel zahlen. Die eine oder die andere DM reist mit über die Alpen, wenn ein Bischof aus der Bundesrepublik seinen Chef in Rom besucht.

Papst Pius XII. hatte zwar gesagt[31]: »Die Kirche Christi geht den Weg, den ihr der göttliche Erlöser vorgezeichnet hat … Sie mischt sich nicht in rein … wirtschaftliche Fragen ein.« Doch da gab es beispielsweise den langwierigen Streit zwischen dem Vatikan und der Republik Italien um die Besteuerung des kirchlichen Aktienbesitzes[32]. Daß kein Papst sich bereit finden will, für seine Wertpapiere und deren Dividenden Kapitalertragssteuer zu zahlen, ist verständlich. Wer mit Geld zu tun hat, sucht sich vor Abgaben zu drücken. Wer viel Geld besitzt, macht aus der Drückebergerei ein Geschäft. Wer gar geistliches Geld einnimmt, läßt sich erst recht nicht besteuern. Schließlich handelt es sich um Summen, die für die Belange des Himmels eingenommen und ausgegeben werden. Kein Finanzamt dieser Welt hat dabei mitzusprechen, meinen die Kleriker. Ein Beispiel für viele aus dem Bereich der Catholica, diesmal aus dem schweizerischen Nachbarland: Das Kloster Einsiedeln hat »unwidersprochen 100 Millionen Franken Jahresumsatz« – und bei der Einkommensteuer die »Traumquote Null«[33].

Beinahe beiläufig fällt mir die Episode aus dem Jahr 1973[34] ein, da der Leiter der Abteilung für Organisiertes Verbrechen und Korruption beim US-Justizministerium, Lynch, im Vatikan auftauchte. Er hatte ein Schreiben dabei. Das Originaldokument, in dem der Vatikan bei der New Yorker Mafia »gefälschte Wertpapiere im fiktiven Gegenwert von nahezu einer Milliarde Dollar« bestellt hatte. Wer jetzt das Argument auf der Zunge trägt, es handle sich nur um zeitbedingte Mißverständnisse, den halte ich für einen schlechten Historiker und Theologen. Was sich – dem Prinzip nach – durch die Kuriengeschichte zieht, wird durch kosmetische Detail-Operationen nicht besser. Auch wenn es der Millionär Papst Pius XII. anders sehen wollte: Seine Kirche mischt sich durchaus in rein wirtschaftliche Fragen und Händel ein. Anders könnte sie nicht überleben.

Wie denkt und handelt der real existierende Katholizismus?

Wer »progressiv« argumentiert und von einer »Kirche der Zukunft« plaudert, hat nichts dazugelernt. Er handhabt eine unhistorische Methode. Er ist verdächtig schnell bereit, zweitausend Jahre Kirchengeschichte seiner Utopie zu opfern. Er gibt offen oder unter der Hand zu, daß bisher so gut wie alles falsch gemacht worden ist. Er blickt, radikal und voller Weltveränderungswillen, in die große Zukunft seiner an Haupt und Gliedern reformierten Kirche, als stünde die Revolution unmittelbar bevor.

Daß der real existierende Katholizismus nicht einem ideellen weichen kann, hat der Kirchenreformer noch nicht begriffen: Zweitausend Jahre Kriminalgeschichte des Christentums reichen offenbar nicht aus, den Optimismus eines »Reformers« zu dämpfen. Ich nehme an, daß er in den Kirchenschulen, was seine Kirche betrifft, nicht viel mehr gelernt hat, als optimistisch zu reden.

Es ist peinlich, wie die sich für fortschrittlich haltenden Theologen atemlos hinter der Zeit herlaufen, damit ihnen nur niemand und nichts entgehe. »Wir auch, wir auch!« ist ihre einzige Predigt. Gestern Sozialismus? Wir auch. Heute Niederlage des Sozialismus? Wir auch. Engagement für die Dritte Welt? Wir auch. Umweltschutz? Wir auch. Das Wörtchen »auch« charakterisiert sie aufs genaueste. Ich habe sie noch in keinem einzigen Fall vorangehen sehen, wohl aber in einem Dutzend Fälle sich anschließen. Immer halten sie sich bedeckt, bis sie die Richtung abschätzen können, in die der Zeitgeist bläst. Dann sind sie »auch« dabei, und nicht selten in vorderster Reihe. Ihr »Auch-Engagement« richtet sie bei den Engagierten.

Kurt Tucholsky[35]: »Diese Kirchen schaffen nichts, sie wandeln das von andern Geschaffene, das bei andern Entwickelte in Elemente um, die ihnen nutzbar sein können.«

Wer die angeführten Beispiele für vatikanische Besonderheiten hält, die nichts mit der bundesdeutschen Kirche zu tun haben, den halte ich nicht nur für schlecht informiert. Zum einen lebt die römische Zentrale noch heute wesentlich vom deutschen Geld, so daß die Frage für Bundesdeutsche nicht uninteressant ist, was mit ihrem Geld passiert ist, wo und wofür es gerade »arbeitet«. Zum anderen kann keiner erklären, weshalb der beschworene Grundsatz von der »Catholica« ausgerechnet dann versagen soll, wenn es um die finanziellen Verflechtungen zwischen dem Vatikan und der katholischen Kirche in der Bundesrepublik geht.

Also bitte keine falsche Scham. Von denen, die sich mit Emphase römisch-katholisch nennen, darf erwartet werden, daß sie sich auch dann vor ihre Päpste stellen, wenn es um so peinliche Angelegenheiten wie deren (Privat-)Vermögen oder Geschäfte in Höhe von einer Milliarde Dollar geht. Auch darf angenommen werden, daß sich ein treuer Katholik vor den gegenwärtigen Papst stellt, selbst wenn er politische oder moralische Bedenken gegen dessen Verhalten anmeldet: Johannes Paul II. ist 1985 nach einer Generalaudienz, auf der er dazu aufgerufen hatte, »Europa vor dem moralischen Verfall zu retten«, auf die Führer der neofaschistischen Parteien Frankreichs und Italiens, Le Pen und Almirante, zugegangen, hat ihnen die Hände geschüttelt und sich mit ihnen unterhalten. Ohne auf päpstlichen Widerspruch zu treffen, sagte Almirante anschließend: »Mit dem Papst befinden wir uns auf dem richtigen Weg gegen Marxismus und Kapitalismus.«[36] Das kommt uns sehr bekannt vor. Ob ein neues Konkordat in Sicht ist?

Daß der Vatikan sich von der bundesdeutschen Kirche mitfinanzieren läßt, steht fest. Nicht nur in Form des sogenannten »Peterspfennigs«, für den Jahr für Jahr zum Fest Peter und Paul (29. Juni), dem Nationalfeiertag des Vatikans, gesammelt wird, fließen Gelder nach Rom. Wiedereingeführt hat diesen Peterspfennig Papst Pius IX., von dem – in Sachen »Laizismus« – die Rede war. Dieser Papst hatte den Kirchenstaat verloren und war 1871 darauf verfallen, sich auf diese Weise schadlos halten zu lassen. Freilich ist die Höhe dieser Direktspende an das Papsttum von der Popularität des jeweiligen Amtsinhabers abhängig. Bei Pius XII. wie bei Johannes XXIII. soll, wie die *Zeit* vom 5. Oktober 1979 berichtet, das Geld reichlich geflossen sein. Unter dem wenig geliebten Paul VI. sei die Spendenfreudigkeit sehr zurückgegangen; Papst Wojtyla galt – vor allem in seiner Frühphase – wieder als Kassenmagnet.

Peterspfennig – ein harmloser Name für eine nicht gerade harmlose Sache. Der Name stimmt ebensowenig wie derjenige der »Rose von Jericho«, die weder eine Rose ist noch aus Jericho kommt. Der Peterspfennig geht ebensowenig an den hl. Petrus wie es sich bei dieser

Spende um bloße Pfennige handelt. Daher heißt er heute »Papstspende«.

Wie viele Millionen an Spenden gehen im Vatikan ein? Nach einem Bericht der *Welt* vom 14. März 1990 hält der Peterspfennig gegenwärtig den Papst von Geldnot frei. Das vatikanische Defizit von rund 145 Millionen DM für 1989 wird vollständig durch Spenden gedeckt. Unter den Spendern der Gläubigen aus aller Welt rangieren die US-Katholiken, die etwa ein Viertel der Gesamtsumme aufbringen, an erster Stelle; den zweiten Rang der Spendernationen haben soeben die Bundesdeutschen den Italienern abgenommen.

Als sich deutsche Bischöfe kurz nach dem Zusammenbruch des Kirchenstaats (1870) nach der Verwendung des Peterspfennigs erkundigten, hatte der Vatikan geantwortet, darüber führe er keine Bücher[37]. Und wenn beträchtliche Summen verschwänden, sei eben, um einen öffentlichen Skandal zu vermeiden, Nachsicht zu üben.

Auch außerhalb der eigentlichen »Papstspende« stehen Gelder bereit. Über deren Höhe sind keine Angaben möglich. Sicher ist nur, daß Millionen mit einzelnen Bischöfen und Prälaten den Weg über die Alpen nehmen. Diese Millionen sind unter anderem den »zweckgebundenen Sonderleistungen« zuzurechnen. Ich nenne zwei Posten: Gebühren für Ordensverleihungen sowie Beträge zur Finanzierung von Seligsprechungsprozessen. Schließlich läßt es sich eine Familie oder eine Diözese auch etwas kosten, wenn einer der Ihren zum päpstlichen Ritter geschlagen oder – im Fall des Kardinals von Galen, der die verbrecherischen Kriege des Dritten Reichs »mit Genugtuung« verfolgt hat[38] – als Widerstandskämpfer gegen Hitler zur Ehre der Altäre erhoben werden soll.

Ob derjenige, der zahlt, auch das Sagen hat, ist in kirchlichen Kreisen eine andere Frage. Noch immer sitzt der an der Quelle, der Orden verleihen kann wie Bistümer und seligsprechen wie verdammen. Das mystische Dunkel lichtet sich nicht. Es ist nach wie vor wesentlich leichter, sich von einem Theologen das Mysterium der Unbefleckten Empfängnis deuten zu lassen, als das Geheimnis der kirchlichen

Finanzen zu lüften. Eine aussagekräftige gesamtkirchliche Finanzstatistik fehlt, aus der wir die einzelnen Arten von Einnahmen und Ausgaben entnehmen könnten. Andere Körperschaften des öffentlichen Rechtes wären froh, wenn sie es auch nur annäherungsweise so leicht hätten wie die kirchlichen Finanzmanager auf ihrem Terrain.

Während jeder Aktiengesellschaft die jährliche Hauptversammlung droht und jeder öffentlich-rechtlichen Rundfunkanstalt der Rechnungshof im Nacken sitzt, dürfen die klerikalen Finanziers mit dem Geld (das das unsere ist) schalten und walten, wie sie wollen. Offenbar ist es ungeheuer leicht, geistlich motivierte Projekte in Mark und Pfennig umzusetzen, aber ungeheuer schwierig, sie in Mark und Pfennig vor aller Öffentlichkeit auszubreiten.

Diese Schwierigkeit resultiert aus der Angst vor dem uns bereits bekannten »Laizismus«, der typisch klerikal bestimmte Aktivitäten auf Heller und Pfennig nachrechnen und abblocken, zumindest andere Akzente setzen würde. Auch bestünde die Gefahr, daß noch mehr Kirchenmitglieder ihre Kirche verlassen und ihre Zahlungen einstellen würden, wenn ihnen offen gesagt würde, was genau sie mitfinanzieren sollen. Dazu wird von klerikaler Seite die Angst formuliert, durch Offenlegung von Finanzen verstärke sich der Eindruck, »das Heil«, die Gewissenssphäre, der Glaubensbereich würden (finanz-)amtlich verwaltet[39].

Daß Kirchen seit eh und je etwas, und nicht wenig, mit »Amtlichkeit« und »Behörden« zu tun haben, hat diese Argumentation noch nie gestört. Wer seine Pfarrer nach der Besoldungsordnung für Beamte bezahlt, wer förmliche »Amtsblätter« veröffentlicht, wer sich am Begriff »Kirchen-Steuer« nicht aufhält, wer Kirchenjuristen und -notare beschäftigt, wer Banken gründet und Geschäfte machen läßt, der könnte auch seine Finanzen – und die mit diesen notwendig verbundene Bürokratie – aus dem mystischen Dämmer befreien, ohne einen Verlust an »Glaubensgeheimnis« befürchten zu müssen.

Die 1974 in der Bundesrepublik veröffentlichten Angaben[40] sind noch immer nicht glaubhaft dementiert worden: Beteiligung der Kirche unter anderem an deutschen Aktiengesellschaften wie BASF, BMW, BBC, Bayer Leverkusen, HEW, Siemens, Mannesmann. Gewiß sind inzwischen börsentechnisch bedingte Umschichtungen erfolgt. Die Gesamtsumme der Beteiligungen wird darunter nicht gelitten haben. Aber das Schweigen bleibt.

Was nur fangen Bischof, Pfarrer, Mönch mit Geld an?

Wir können uns unter diesen Umständen nur umsehen, mit welchen Formen des kirchlichen Soll und Habens wir es Tag für Tag zu tun bekommen. Oder nur Sonntag für Sonntag? Viele von uns stehen der Kirche nicht nur als einer Heilsanstalt, sondern auch als einer Unternehmerin gegenüber. Wohnungen werden im Auftrag einer kirchlichen Siedlungsgesellschaft errichtet. Wohnungsmieten werden auf das Konto überwiesen, das eine der Kirche gehörende Bank führt. Die Tageszeitung zum Frühstück stammt aus einem Verlag, der mehrheitlich der Kirche gehört. Die Redakteure, die uns bei einer solchen Zeitung bedienen, tun erwiesenermaßen gut daran, nicht allzu kritisch mit kirchlichen Themen umzugehen. Der Gerstensaft, der uns an einem Sommerabend in einem bayerischen Biergarten kredenzt wird, ist in einer Klosterbrauerei gebraut worden. Der Likör, den wir schätzen, kommt aus einem Kloster, der Wein zum Essen aus einem Weingut an der Mosel, das Domherren gehört. Unser Sonntagsspaziergang führt durch einen Wald, den eine Kirchengemeinde meistbietend verpachtet hat.

Auch das, und nicht nur Kanzel und Küster, ist Kirche konkret.

Weshalb rechnet es sich überhaupt, Bischof zu sein?

Ich fange bei den Details dieser Finanzwirtschaft ganz oben an. Das ist keine Willkür. Das hat seinen innerkirchlichen Grund. Über alles halten nämlich die einzelnen Diözesanbischöfe ihre Hand. Sie sind, eine römisch-katholische Besonderheit, nicht nur die obersten geistlichen Herren in ihrem Sprengel. Sie feiern nicht nur Pontifikalämter in ihren Domen. Sie beschränken sich nicht auf die Liturgie. Sie sind auf ihrem Territorium auch die innerkirchlichen Gesetzgeber, da es keine gesetzgeberischen Vollmachten von Synoden gibt, die an den Bischöfen vorbei etwas regeln könnten.

Das kommt nicht von ungefähr. Bereits in den Anfängen der Kirchengeschichte war es einigen Gemeindegliedern gelungen, die unvermeidlichen administrativ-geschäftlichen, ökonomisch-sozialen Aufgaben an sich zu bringen[41]. Auch die jenseitigste Gemeinde brauchte, nachdem der Herr partout nicht zurückkommen wollte, Mitglieder, die sich mit der Einrichtung des Glaubens auf dieser Erde beschäftigten: Aufseher über die organisatorischen, karitativen und wirtschaftlichen Belange des Gemeindelebens. Diese Gemeindebeamten, die bald Bischöfe, Presbyter und Diakone genannt wurden, standen im Ansehen weit hinter den »Aposteln, Propheten und Lehrern« zurück. Ihre Kompetenz erstreckte sich auf die mehr materiellen Bedürfnisse der Gläubigen.

Doch die Zeit arbeitete für sie. Der Herr kam und kam nicht, die frühe Erregung verlangsamte sich, wurde regelhaft und strukturiert, der ursprüngliche Enthusiasmus schwand dahin, aus den Geistgemeinden wurden Besitzgemeinden, die Verwalter, Organisatoren und »Kassenmenschen« gewannen an Ansehen. Als es den Funktionären mit gesichertem Einkommen schließlich gelang, selbst die charismatischen Lehrer auszustechen, und als sie deren Lehrkompetenz an sich ziehen konnten, waren die »Bischöfe« innerkirchlich gemachte Leute. Es war ihr historischer Sieg, das frühe Charisma in den amtlich verwalteten Alltag ihrer Kirche eingebunden zu haben.

Noch heute, gut 1500 Jahre später, in der Bundesrepublik, wird hin und wieder eine ferne Erinnerung an die damaligen Kämpfe um das Lehramt wach, wenn sich Theologen mit Papst und Bischöfen ums wahre und telegene Wort streiten.

Nicht wenige der bundesdeutschen Bischöfe sind früher Professoren gewesen. Eingeweihte wissen stets, wer unter den Universitäts-Theologen auf der Liste der Bischofskandidaten steht. Wessen Chancen gerade steigen, wessen Aktien schon deswegen fallen, weil sein neuestes Buch aus Versehen eine für den Nuntius anstößige Zeile enthalten hat. Dann wird aus der Godesberger Nuntiatur eine Denuntiatur. Doch aus schriftstellerisch unbelasteten Theologen macht der Papst Bischöfe. Das Kirchenvolk wird, wen wundert es, an keiner Stelle gefragt. Bei der Reproduktion von Bischöfen bleiben Papst, Betroffene und Hl. Geist ganz unter sich.

Die preußischen Zeiten liegen, alles in allem, hinter uns. Friedrich II., der Große, hatte am 17. Dezember 1743 noch seine eigene Ansicht über Bischofswahlen äußern können: »Der Heilige Geist und ich, wir sind zusammen übereingekommen, daß der Prälat Schaffgotsch zum Koadjutor von Breslau gewählt wird, und die von Euren Domherren, die dagegen sind, werden als dem Hof von Wien und dem Teufel ergebene Seelen betrachtet, und die dem Heiligen Geist Widerstand leisten, verdienen die höchste Strafe.«[42]

Wie gesagt, gegenwärtig hat in der Regel nur der Papst Bischöfe zu erwählen. Eine Ausnahme von dieser Kirchennorm gibt es in der Bundesrepublik, und da riecht es wieder ein wenig nach Preußen: Hier müssen die Wunschkandidaten der jeweiligen Landesregierung angezeigt werden: Hier müssen die – vom Staat nicht unwesentlich mitdotierten – neuen Bischöfe einen eigenen Eid auf die Verfassung ablegen. An beiden Ausnahmen ist einmal mehr Hitlers Konkordat von 1933 mitschuldig, das die Bundesrepublik vollständig übernommen hat.

Das ist der Platz, einige Einzelheiten aus diesem Vertragswerk mitzuteilen[43]. Der Vatikan hatte sich seinerzeit, als Hitler seine Maske schon abgelegt hatte, bereit gefunden, seine Bischöfe künftig schwören zu lassen, »die verfassungsmäßig gebildete Regierung zu achten und von meinem Klerus achten zu lassen« (Artikel 16). Die deutschen Bischöfe waren vertragstreu. Sie haben geschworen, geachtet und achten lassen. Auch war ein eigenes »Gebet für das Wohlergehen des Deutschen Reiches und Volkes« zugesagt worden (Artikel 30), das an allen Sonntagen in allen Kirchen »eingelegt« werden mußte. Ob sich dieses Konkordats-Gebet ausgezahlt hat, überlasse ich dem Urteil anderer. Die deutschen Bischöfe waren vertragstreu. Sie haben gebetet und beten lassen.

Im Gegenzug hatte Hitler beispielsweise zugesagt, den Gebrauch geistlicher Kleidung durch Laien »mit den gleichen Strafen wie den Mißbrauch der militärischen Uniform« zu belegen (Artikel 10). Das ist geltendes deutsches Recht – keineswegs Satire. Bischofs- und Generalsmütze, Meßgewand und Ausgehuniform, Birett und Käppi sind bei uns strafrechtlich gleichermaßen geschützt. Jede Elite hat sich ihre Rechte gesichert: Während das Militär seine Uniform gegen die Nicht-Soldaten abschirmt, schützt der Klerus seinen Talar gegen jene Laien, die ihn bezahlen. Die deutschen Bischöfe waren vertragstreu. Sie haben ihre »Uniform« geschützt und schützen lassen. Was hatte Napoleon gesagt? Priester und Soldaten...

Das Reichskonkordat hatte auch das Amt des Nuntius garantiert, »um die guten Beziehungen zwischen dem Hl. Stuhl und dem Deutschen Reich zu pflegen« (Artikel 3). Pacelli wußte, wovon er sprach, und Hitler auch. Die deutschen Bischöfe waren vertragstreu. Sie haben die guten Beziehungen zwischen dem Dritten Reich und dem Hl. Stuhl gepflegt und pflegen lassen.

Soweit dieser kleine Exkurs über die Abmachungen, die Vatikan und Diktatur getroffen haben, um die guten Beziehungen untereinander zu pflegen. Jeder Bischof der Bundesrepublik ist auf diese Normen verpflichtet. Kein einziger von ihnen hat sich je daran gemacht, über diese Abmachungen mit Hitler nicht nur nicht zu schweigen, sondern Abhilfe zu schaffen. Jedem Bischof erscheint es noch heute wichtiger, die im Hitler-Konkordat festgelegten Privilegien zu wahren. Privilegien freilich nicht der Schafe, sondern der Hirten: die Befreiung der geistlichen Amtseinkommen von der Zwangsvollstreckung (Artikel 8) beispielsweise. Oder der Schutz der Kleriker vor Beleidigung ihrer Person oder ihres Amtes (Artikel 5). Oder die Zusage des Artikel 13, die allem klerikalen Besitz und Vermögen besonderen Rechtsschutz garantiert. Oder die Garantie des Artikels 17, daß »aus keinem irgendwie gearteten Grunde« ein »Abbruch von gottesdienstlichen Gebäuden« erfolgen dürfe. Oder die Zusage an den Nuntius des Papstes, grundsätzlich der »Doyen« (Sprecher) des Diplomatischen Corps sein zu dürfen (Schlußprotokoll). Oder, und dies vor allem, *Hitlers Garantie der Kirchensteuer* (Schlußprotokoll).

Die deutschen Bischöfe sind vertragstreu. Sie rühren sich keinen Millimeter, um ihre Privilegien aufzugeben. Die früheren Professoren haben dies schnell gelernt. Mit der Annahme des Amtes sind die ehemaligen Theologen nicht nur auf die andere Seite übergewechselt. Als Bischöfe müssen sie sich auch um wichtigere Dinge kümmern als die Theologieprofessoren, und was sie zu sagen haben, druckt jeder katholische Verlag gerne und ausgiebig nach.

Die Herkunft des Bischofs-Amtes aus dem materiellen – und nicht aus dem geistlichen – Sektor des Gemeindelebens sollte nicht vergessen werden. Kein Wunder, daß die Bischöfe noch immer die obersten »Währungshüter« für die Ihren sind. Wird eine weitere kirchliche Bank gegründet, so kommt der zuständige Bischof nicht nur zur feierlichen Einweihung, um das Gemäuer zu segnen. Er kommt auch als oberster Finanzchef. Auch wenn Bischöfe Befugnisse an eigene Manager und Subalterne abgegeben haben, die inneren Strukturen einer Kirche, die keinerlei Gewaltenteilung kennt und kein wirkliches Mitspracherecht von »Laien«, führen dazu, daß der Bischof sich auch in finanziellen Angelegenheiten stets gegen seine Untergebenen durchsetzen kann – und wird. An seinem Willen führt kein innerkirchlicher Weg vorbei.

Gewiß haben selbst die katholischen Diözesen inzwischen dazugelernt und ihre Finanzkommissionen und Kirchensteuerbeiräte auch

Nicht-Kleriker berufen. Doch bleiben diese »Laien« Sachverständige; mehr als beraten können sie nicht. Eine Entscheidungskompetenz, die sich gegen den erklärten Willen ihres Bischofs richtet, haben sie nicht. Daß sie im übrigen kirchentreue Christen sind, braucht nicht eigens gesagt zu werden.

Warum auch sollten Kirchenfremde über die Verwendung kircheneigener Finanzen mitberaten? Keine Partei wird ihren Schatzmeister ausgerechnet von einer gegnerischen Partei ausleihen. Keine Aktiengesellschaft läßt sich von der Konkurrenz in die Karten schauen. Genau das ist es wieder: Kirche, Partei, Gewerkschaft sind sich auf dieser Welt in Sachen Geld zum Verwechseln ähnlich. Nur einen kleinen Unterschied gibt es: Die Kirche nimmt nicht nur das Geld von Mitgliedern ein. Sie hat Milliarden zur Verfügung, die aus den von allen Bürgerinnen und Bürgern aufgebrachten öffentlichen Mitteln stammen. Über deren Verwendung bestimmen jedoch nicht die Vertretungen der Zahlenden, sondern die Bischöfe, beraten von ausgesuchten Ratgebern – allesamt handverlesene »Berufslaien«.

Von Demokratie ist das alles meilenweit entfernt. Ich sage das zunächst ohne Vorwurf. Wenn die katholische Kirche glaubt, sie sei von ihrem Stifter unabänderlich als eine undemokratische Institution gewollt, kann ich nichts einwenden. Erst wenn sie gleich intensiv glaubt, ihr Stifter habe – wenigstens für das Gebiet der Bundesrepublik – auch an ein besonders effizientes Finanzierungssystem gedacht, melde ich Bedenken an.

Daß die bundesdeutschen Bischöfe inzwischen wesentliche Vollmachten verloren haben, die vor Jahrhunderten ihren Vorgängern manche Freuden verschafft haben, wissen wir. Kein Bischof kann heute eigene Jagden unterhalten (obgleich er die Wälder noch immer besitzt), keiner kann sich in voller Rüstung auf Kriegszüge begeben wie früher, keiner kann mehr barocke Prachtbauten erstellen. Aber die innerkirchlichen Vollmachten, die er mit seinem quasi-fürstlichen Amt ererbt hat, sind fast dieselben wie vor Jahrhunderten. Nur noch an den – unaufgebbar erscheinenden – Resten früherer Herrlichkeit kann abgelesen werden, was das bedeutet: Bischöfe, obwohl fast durchweg aus bürgerlichen Familien stammend, führen noch immer ein pompöses Wappen – und offiziell werden sie, zumindest im Briefverkehr mit staatlichen Behörden, noch immer mit »Exzellenz« angeredet. Das hat sie früher den Kommandierenden Generälen gleichgestellt. Heute stellt es sie protokollarisch Botschaftern gleich.

Daß ein solcher Herr in der Bundesrepublik besoldet wird wie ein Ministerialdirigent (Besoldungsgruppe B 6) oder wie ein Staatssekretär (Besoldungsgruppe B 9), leuchtet von daher ein. Das bedeutet ein Jahressalär von 150 000 bis 180 000 DM vor Steuern. Domherren in Bayern erhalten Dienstbezüge nach der Besoldungsgruppe B 3, also etwa 9000 DM monatlich. Das liegt noch über den Gehältern von Oberstudiendirektoren oder Leitenden Regierungsdirektoren. Ein vergleichbar hohes Gehalt bezieht nur etwa ½ Prozent der jeweiligen Landesbeamten. Die weitaus überwiegende Mehrzahl der Beamten (von Arbeitern und Angestellten nicht zu reden) liegt erheblich darunter: Postbeamte, Polizeibeamte, Finanzbeamte erreichen in der Regel nicht die Hälfte der Bezüge dieser Geistlichen. Kirchenbeamter müßte man sein: So werden beispielsweise die »Seelsorger im Justizvollzugsdienst« des Landes Baden-Württemberg bezahlt wie Studiendirektoren (A 15) oder Oberstudienräte (A 14) oder Studienräte (A 13). Vom Land.

Nun wirkt zwar die Steuerklasse wegen des Zölibats der geistlichen Herren etwas nachteilig, doch werden solche Nachteile durch die freie Dienstwohnung (einschließlich Energiekosten, Telefongebühren u. ä.) leicht ausgeglichen. Hinzu kommt, daß Bischöfe und Domherren auf den häufigen Dienstreisen regelmäßig in Pfarrhäusern, Klöstern, Akademien und sonstigen geistlichen Anstalten verköstigt werden. Der eigene Monatsetat leidet daher nicht übermäßig.

Ich meine, auf diese Weise ist garantiert, daß die eine oder andere überzählige Mark dem Privatvermögen zugeführt werden kann. Daß Domherren und Bischöfe hin und wieder auch karitativ tätig sind, läßt sich angesichts dieser Privatgehälter ebenso unschwer nachvollziehen.

Gott in Frankreich oder Pfarrer in der Bundesrepublik

Über die Sparguthaben von Klerikern in der Bundesrepublik liegen ebensowenig Unterlagen vor wie über den privaten Besitz an Wertpapieren, Grundstücken u. ä. Doch kann gemutmaßt werden, daß sich bei der katholischen Geistlichkeit einiges angehäuft hat. Aus naheliegenden Gründen ist – in der Regel – keine Schmälerung dieses Besitzes durch Frauen oder Kinder zu befürchten. Gerüchteweise verlautet zwar immer wieder, daß bundesdeutsche Diözesen eigene Fonds oder gar Anstalten für uneheliche Kinder ihrer Pfarrer unterhalten müssen. Doch lassen sich darüber keine verläßlichen Angaben machen, solange die Betroffenen über dieses Zölibatsproblem und die Folgehaftung schweigen.

Daß ein katholischer Geistlicher in der Bundesrepublik jemals öffentlich über seine Bezüge geklagt hätte, ist nicht bekannt. Erst seitdem nicht mehr die leibliche Schwester oder sonst eine arme Verwandte um Gotteslohn den geistlichen Haushalt zu führen bereit ist, wird es knapper. Eine Haushälterin bezahlen zu müssen, ohne sie – wie eine Ehefrau – wenigstens steuerlich berücksichtigen zu können, zwingt manchen Kleriker ungewollt in die Nähe eines Opferlebens. Verglichen mit vielen seiner Schäfchen steht aber auch ein solcher Hirte noch immer auf der Sonnenseite.

Wie viele Frauen, die den Haushalt eines Pfarrers geführt hatten, nach dessen Tod in bitterer Armut leben mußten, ist statistisch nicht erfaßt. Meines Wissens hat es in der Bundesrepublik nicht wenige Fälle solcher Frauen gegeben, die ein Leben lang um ein Vergelt's Gott gearbeitet haben – und eines Tages feststellen mußten, daß ihr Opfer demjenigen, der sich ihrer Hilfe bedient hatte, nicht einmal sozialversicherungspflichtig erschienen war.

Für Ordensgeistliche und -schwestern gelten andere Maßstäbe als für die sogenannten »Weltgeistlichen«. Sie haben, wenigstens der Ordensregel nach, keinerlei Privateigentum zu beanspruchen. Daß das Armutsgelübde jedoch nicht die geistliche Gemeinschaft als solche betrifft, steht auf einem anderen Blatt. Schon 1940 ist das Rohvermögen der Klöster in Deutschland auf über 608 Millionen Reichsmark beziffert worden[44], und der Gemeinschaftsbesitz von Klöstern in der Bundesrepublik wird inzwischen vorsichtig auf drei Milliarden geschätzt. Offensichtlich ist es gelungen, Verluste aus früheren Säkularisationen aufzufangen.

Über die Einnahmen des bekannten Klosters Walberberg (bei Köln) – eine von mehr als achttausend Ordensniederlassungen in der Bundesrepublik – sagte der Dominikanerpater Leopold Jäger[45]: »Unsere Arbeit wird aus verschiedenen Quellen finanziert. Einmal durch unsere Verlegerarbeit, aber auch durch Sammlungen. So haben wir zum Beispiel einige Patres in den USA, die dort Geld für uns sammeln. Aber ganz besonders ist die uns umgebende Industrie an unserer Tätigkeit interessiert. Sie hat nach 1945 schnell die günstige Lage Walberbergs erkannt. Wir konnten uns gegenseitig gut helfen...«

Wie es heute um die Klöster steht? Jeder kann in dieser Hinsicht selbst Detektiv in seinem näheren Umkreis spielen. Überall gibt es Niederlassungen von Orden, überall stehen Klöster und Kirchen, überall finden sich weitere Liegenschaften im Ordensbesitz. In bestimmten Gegenden der Bundesrepublik muß der Detektiv nicht weiter als fünfzig Kilometer ausschweifen, um fündig zu werden: Da steht ein neues »Mutterhaus«, dort eine eben erst erbaute (Wallfahrts-)Kapelle. Fragt er nach, wird er – wenn überhaupt – viel vom Glauben an Gottes sorgende Vaterhand hören und wenig über die realen Kredite, die eine Sparkasse den baufreudigen Ordensleuten eingeräumt hat.

Das Problem kirchlicher Kreditwürdigkeit gehört zu den Fragen, die noch nicht einmal ansatzweise untersucht worden sind. Ich gehe jedoch kaum fehl in der Annahme, daß es eine Kirchengemeinde und ein Pfarrer leichter als jede andere Gruppe oder Einzelperson haben, von bundesdeutschen Geldinstituten Kredite zu bekommen.

Die Kirchen der Republik lassen sich nicht lumpen. Ich stelle einige Zahlen zusammen, die einen Schluß auf kirchliche Beteiligungen und Aktivitäten sowie auf das Gesamtvermögen an Immobilien zulassen.

Wo ist unser gutes Geld geblieben?

»Ich möchte wohl darauf hinweisen«, hatte Franz Josef Strauß bereits im Jahr 1963 renommiert[46], »daß durch unsere Wirtschaftspolitik den Kirchen die materiellen Mittel zur Erfüllung ihrer großen Aufgaben zufließen konnten.« Er hatte nicht unrecht. Und es sollte noch gewaltiger kommen. Das Wohlstandsmilieu der Bundesrepublik hat sich als Treibhausklima erwiesen, in dem den Kirchen eine ungeahnte wirtschaftliche Prosperität erwuchs.

Größter und wichtigster Aktivposten der Kirchen ist der Grundbesitz. Wie sie in früheren Jahrhunderten zu diesen Besitztümern gekommen sein dürften, habe ich gesagt. Doch auch die politischen Konstellationen der jungen Bundesrepublik waren für eine weitere Steigerung dieses Besitzes nicht ungünstig. Nach der Befreiung von der Hitler-Diktatur *präsentierte sich* die katholische Kirche, vertreten durch die Bischöfe, als jene Institution, die fast als einzige moralisch integer und ohne größere Schuld aus dem Zusammenbruch des Dritten Reiches hervorgegangen war. Westdeutschland fing wieder an zu beten.

Mitten im materiellen und idellen Chaos dieser frühen Jahre gelang es der Kirche, sich – ohne jede Anerkenntnis eigener Schuld – einer aufgewühlten bis verwirrten Öffentlichkeit als Wahrerin ewiger – und damit unzerstörbarer – Werte anzudienen. Während ringsum alles in Trümmern lag, während die vielen vorletzten Ideale entlarvt waren, zeigte sich eine Institution ohne jeden Makel. Eine Zeit, die für die »Lobbyisten des Himmels« ausgesprochen günstig war. Und das nicht nur in ideeller Hinsicht, sondern auch, was die materielle Seite des Unternehmens betraf. Einer Kirche, die sich gerade eben als siegreich Gerettete präsentierte und den ausgehungerten Hirnen und Herzen ihre zeitlose Wahrheit predigte, krümmte keiner von den neuen Betern ein Haar.

Kriegsschuld hatten andere zu tragen, auch in materieller Hinsicht. Aktiengesellschaften und Wirtschaftsunternehmen mußten ihre Schuld an Hitlers Aufstieg und Krieg zu Recht bekennen und bezahlen. Die

Kirche und ihre Hirten hatten nichts zu bekennen. Die Frage nach Reparationsleistungen stellte sich ihnen nicht. An eine Institution wie die deutsche Kirche, die sich eben erst als schuldfrei definiert hatte, mit einem derartigen Ansinnen heranzutreten, wäre als Skandal empfunden worden. Eine Retterin erntet Dank. Sie als einzige wird nicht zur Ader gelassen.

Was heute gerne vergessen wird: Die Kirche hatte bereits in den ersten Jahren nach dem Zweiten Weltkrieg wieder einen respektablen Kredit (Glaubwürdigkeit) – und erhebliche geldwerte Vorsprünge. Der sogenannte Neuanfang und der Neuaufbau nach 1945 sind Leistungen des Wiederaufbaus gewesen: Die ererbten Strukturen und Besitzverhältnisse wurden im vollen Wortsinn restituiert, wiederaufgebaut. Die Kirchen konnten mit der Garantie des Status quo gut bis sehr gut leben. Ihr Vorsprung hat es ihnen nicht erschwert, ihre Monopole auszubauen und die Prozesse der Konzentration wirtschaftlicher Macht zu nutzen. Das garantierte ideelle und materielle Vermögen war eine Quelle von zusätzlichem Einkommen, und dieses wiederum eine Quelle zur Bildung neuen Vermögens.

Kein Wunder, daß sich in der Hand der Kirche inzwischen eine immer größer werdende ökonomische Macht konzentriert hat, die außerhalb demokratischer Kontrollen steht. Nein, kein Wunder, keine hilfreiche Hand Gottes, sondern einzig und allein das Resultat wirtschaftlicher Prozesse, wie sie – unter dem Schutz eines weltanschaulich neutralen Staates – zugunsten der besitzenden Kirchen abgelaufen sind und ablaufen.

»Wer hat, dem wird noch dazugegeben werden.« (Mt 13,12) Eines der seltenen Worte aus der Hl. Schrift, die sich auf klerikale Praktiken anwenden lassen.

Wie lebt es sich mit dem kirchlichen Grundbesitz?

Es war den Kirchen nach dem Krieg nicht nur geglückt, ihre früheren Liegenschaften und Ländereien aus dem Chaos zu retten. Sie konnten auch für den im Zuge des Wiederaufbaus abgetretenen Grund und Boden meist größere Ersatzländer erwerben. Verringert hat sich ihr Besitz an landwirtschaftlich genutzten (und verpachteten) Böden, an Wald und an bebauten Grundstücken nicht, auch wenn – aus Gründen der Wirtschaftlichkeit – immer wieder umgeschichtet worden ist.

Der gesamte Besitz der katholischen Kirche in der Bundesrepublik an landwirtschaftlicher Nutzfläche wurde schon 1967 auf 3,5 Milliarden Quadratmeter geschätzt[47]. Das ist eine Fläche, die etwa elfmal so groß ist wie die der Stadt München. Von diesen 3,5 Milliarden Quadratmetern waren etwa 77,5 Prozent verpachtet – und brachten damals mindestens 45 bis 50 Millionen DM an jährlicher Pacht ein[48].

Der entsprechende Grundbesitz der evangelischen Landeskirchen ist verhältnismäßig gering, doch auch nicht unerheblich. Für 1967 ist er auf 700 Millionen Quadratmeter landwirtschaftlicher Nutzfläche geschätzt worden[49], also auf ein Fünftel des römisch-katholischen Besitzes. Nach einer Mitteilung aus dem Jahr 1977 besaßen die Evangelischen Kirchen in der DDR, die einzigen nichtstaatlichen Großgrundbesitzer im Land, damals etwa 1,5 Milliarden Quadratmeter Ackerland[50]. Das kirchliche Eigentum an Grund und Boden ist in der DDR niemals angetastet worden, auch nicht durch die Bodenreformen. Der katholischen Kirche gehören 350 Millionen Quadratmeter Agrar- und Waldfläche. Insgesamt sind etwa zweieinhalb Prozent der Fläche der neuen Bundesländer in kirchlichem Besitz, das entspricht gut der Größe des Saarlandes.

Der Grundbesitz der in der EKD (Evangelische Kirche in Deutschland) zusammengefaßten Landeskirchen vermehrte sich zwischen 1975 und 1986 um 1,3 Prozent auf 1,444 Milliarden Quadratmeter[51]. Die evangelische Kirche ist – nach der katholischen (wie immer) – die zweitgrößte nichtstaatliche Grundeigentümerin der Republik. Zum

Vergleich: Die drei Stadtstaaten Hamburg, Bremen und West-Berlin kommen mit 1,634 Milliarden Quadratmetern zusammen auf eine nur geringfügig größere Gesamtfläche.

Ein Großteil des kirchlichen Vermögens besteht aus Gebäuden, die dem Kult und dessen Dienern dienen. Kathedralen, Kirchen, Kapellen und Pfarrhäuser sollen freilich, wie immer wieder zu hören ist, »kaum einen Marktwert«[52] haben. Ich bezweifle, daß die Annahme berechtigt ist, solche Gebäude fänden, stünden sie je zum Verkauf[53], keine Interessenten. Diese Werte stehen nicht einfach auf dem Papier. Ob sich ein Käufer für den Kölner Dom finden würde oder nicht, müßte sich erst noch zeigen. Sicher ist, daß die vielen tausend Pfarrhäuser und Gemeindehäuser, die es fast in jedem Ort gibt, jederzeit verkäuflich wären.

Die 1967 von Martens[54] genannten Schätzungen des kirchlichen Besitzes in Höhe von sechs bis zehn Milliarden DM sind realistisch. In der Zwischenzeit hat der Kirchenbesitz selbstverständlich noch einen Wertzuwachs erfahren, so daß er gegenwärtig auf fast 20 Milliarden DM geschätzt werden kann. Solche Schätzungen enthalten noch nicht die zunächst unschätzbar erscheinenden Werte, die den Kirchen auch zuzurechnen sind: Kunstschätze in Milliardenhöhe[55]. Hinzu kommen die – auf weitere 6 bis 8 Milliarden DM geschätzten – Vermögen der »karitativen« Einrichtungen der Kirche: Caritas, Diakonie, Mission, Diaspora. Auch diese Werte werden gerne als unrentabel eingestuft. Gewiß erbringen Kindergärten und Altersheime keinen sonderlich großen wirtschaftlichen Nutzen. Doch sind sie deswegen noch keine Nullen in der Berechnung eines Gesamtvermögens.

Im übrigen sind die Kirchen mit den Renditen ihrer Ländereien ebensowenig unzufrieden wie mit den Erfolgen ihrer unternehmerischen Aktivitäten. In aller Stille wird einiges eingefahren. Öffentlich spricht die Kirche davon, daß die – zu wesentlichen Teilen aus dem Mittelalter stammenden und recht zweifelhaften – Besitztümer an Wald, Weinberg und Wiese keine hohen Erträge abwerfen[56].

Warum geben die Kirchen solche als unrentabel ausgegebenen

Grundstücke nicht einfach auf? Sie werden als »Tauschpfänder« benötigt, wenn die Kirche an »geeigneter Stelle Bauplätze für Heime und Kindergärten sucht«, heißt eine offiziöse Auskunft[57]. Gegen ein solches Argument haben es jene Bauern schwer, die sich über das kirchliche Gebaren beschweren, welches die notwendigen Flurbereinigungen unmöglich macht[58]. Wer möchte schon daran mitschuldig werden, daß keine Kindergärten mehr gebaut werden können, weil er gerade der Pfarrei ein Grundstück abgekauft hat? Die katholische Kirche, in Bayern trotz der Säkularisation noch immer größte nichtstaatliche Grundbesitzerin, kauft über verschiedene Stiftungen den Besitz verschuldeter Bauern auf. Sogar von der Katholischen Landjugendbewegung wurde diese »ungute Entwicklung« kritisiert[59].

Am Rande: In Lindau wollte ein CSU-Landrat[60] ein Grundstücksgeschäft zugunsten der Diözese Augsburg makeln. Er untersagte einer Erbengemeinschaft den Verkauf einer 4,4 Hektar großen Alpwiese an einen Bauern und legte den Verkauf zu gleichen Konditionen an die Kirche nahe, die in der Nachbarschaft bereits 33 Hektar Grund besitzt. Das christliche Geschäft konnte nur mit Hilfe eines Gerichts gestoppt werden.

Wie selbstverständlich liegt auch in Sachen Grundbesitz keine verläßliche Statistik vor. Von Detailangaben kann erst recht keine Rede sein. Die Einsicht in Grundbücher ist Unbeteiligten verwehrt. Ich kann nur einen Tip weitergeben: Die interessantesten Gespräche lassen sich in dieser Hinsicht mit ortsansässigen Notaren und Rechtsanwälten führen. Diese sind zwar an ihre Schweigepflicht gebunden, doch sind sie fast immer bereit, grundsätzlich die großen Geschäfte zu bestätigen, die die jeweiligen Kirchengemeinden mit Grundstücksankäufen und Erbpachtverträgen gemacht haben – und machen. Auch kann hin und wieder bei Mietern und Pächtern nachgefragt werden, an wen genau sie ihre Miet- und Pachtzinsen abführen. Nicht selten versteckt sich hinter einem unverfänglich klingenden Namen einer gemeinnützigen Gesellschaft die Kirche.

Die klerikale Argumentation steht felsenfest: »Würde die Kirche ihren Besitz veräußern, würden die Armen ärmer und die Besitzenden nur reicher.«[61] Ist das wirklich realistisch? Gehört die Kirche selbst nicht zu den Besitzenden, die seit Bestehen der Bundesrepublik »nur reicher« geworden sind? Auf welcher Seite sie steht, ist doch keine Frage mehr wert.

Zahlen aus den alten Bundesländern[62]: Über 87 Prozent des gesamten Vermögens in unserem Land (vererbbares Eigentum, Produktionsgüter, Aktien, Haus- und Grundbesitz) befanden sich 1979 im Besitz von nur 1,7 Prozent aller Haushalte. 37,8 Prozent aller Haushalte verfügten über weniger als 1400 DM monatlich. Millionen Arbeitnehmer verfügten nur über ein Einkommen, das unter dem Sozialhilfesatz lag, 26 Prozent der Bevölkerung galten als arm.

Wenn es um die kirchliche Armut geht, kann ich es kurz machen. Ein öffentlicher Diskurs über das Eigentum und über dessen Umverteilung scheitert immer wieder. Ihn mit Klerikern zu führen, die ihren Reichtum gegen die Armen verteidigen, indem sie ihn »für die Armen« einzusetzen vorgeben, ist offensichtlich unmöglich. Wer öffentlich erklärt, sein Eigentum sei sozialgebunden und sein Besitz diene den Ärmsten, unterbindet jede Nachfrage von seiten eben dieser Ärmsten. *Caritas als Zensurmittel, das ist ein erprobtes Instrument im Kampf für den privilegierten Status quo.*

Ich hoffe nur, daß diese »Verbreitung einer wahren nachteiligen Tatsache« nicht den Tatbestand der »Kreditgefährdung« (§ 824 BGB) erfüllt oder als »rechtswidriger Eingriff in den Gewerbebetrieb« gilt[63]. Denn »wer einen eingerichteten Gewerbebetrieb hat, wird von deutschen Gerichten aufgrund der Tradition der Rechtsprechung mit Glacéhandschuhen behandelt. Die Opfer sind die, die keinen eingerichteten Gewerbebetrieb haben. Das sind diejenigen, die die Waren kaufen, die in eingerichteten Gewerbebetrieben produziert werden. Wenn der eingerichtete Gewerbebetrieb geschützt ist, ist alles tabu, was in dem eingerichteten Gewerbebetrieb passiert.«[64]

Die Kirche ein eingerichteter Gewerbebetrieb? Ich werde mich hüten, das zu behaupten. Doch springen bestimmte Ähnlichkeiten ins

Auge. Die Kirche als Wirtschaftsunternehmen, dessen Ware die gepredigte Wahrheit ist? Gewisse Ähnlichkeiten fallen auf. Nicht zuletzt die Tatsache, die dieses Buch begleitet: Tabuzone eins sind und bleiben die Wirtschafts- und Eigentumsverhältnisse, die verschwiegen oder allenfalls verschlüsselt und punktuell dargestellt werden.

Die Kirchenvermögen haben eine Größenordnung erreicht, die sie gesellschaftlich so gut wie nicht mehr kontrollierbar machen[65]. Vor allem die katholische Kirche kann gegenwärtig wie ein weltweiter multinationaler Konzern agieren, der sich eigene Banken und Finanzorganisationen leistet. Ihre Gelder sind »fast stets ohne Rücksicht auf den sittlichen Charakter der Betriebe«[66] investiert in französischen Erdölgesellschaften, argentinischen Gas- und Kraftwerken, bolivianischen Zinngruben, brasilianischen Gummifabriken. Auch das gesamte Kapital der »Immobiliare«, des größten italienischen Grundstücks- und Bauunternehmens, ist in ihrer Hand. Diese Gesellschaft arbeitet nicht nur in Italien, wo sie allein im Jahr 1967 rund 30 Milliarden Lire umgesetzt hat[67], sondern auch in Frankreich, in den USA, in Mexiko und in Kanada.

Kommt die Kirche mit der sozialen Marktwirtschaft zurecht?

Die Liebe bundesdeutscher Oberhirten zur Marktwirtschaft hat nicht nur geistliche Gründe. Der Kölner Erzbischof ist selbst Großaktionär. Nach der Haushaltsrechnung für 1982 hatte sein Sprengel Einnahmen in Höhe von 730 Millionen DM. Darin versteckt waren Vermögensgewinne von 79 Millionen DM, davon 67 Millionen aus Kapitalbeteiligungen und 2,2 Millionen aus Grundbesitz[68].

Wenn der Kapitalertrag eines einzigen Jahres fast 70 Millionen DM ausmacht, kann auf die Höhe des zugrundeliegenden Kapitals geschlossen werden. Es muß im Jahr 1982 mindestens 498 Millionen DM betragen haben. Der Grundbesitz, aus dem Einnahmen erzielt worden sind, kann auf einen Wert von mindestens 26,5 Millionen DM veranschlagt werden[69]. Allein in einem einzigen Jahr, in einer einzigen deutschen Diözese.

Das Kölner Klerus-Kapital ruht nicht. Es arbeitet, wie sich das gehört, wenn Gewinne gemacht werden sollen. Von 1979 bis 1982 sind die Einnahmen jährlich um nicht weniger als 20 Prozent gestiegen. Ich kenne keine Arbeitnehmer, deren Einkommen auch nur annähernd diesen Steigerungssatz erreicht.

Hin und wieder ist den Armen allerdings der Blick durchs Schlüsselloch gestattet. Was sie da sehen könnten? Der Wiederaufbau nach dem Krieg hatte einen immensen kirchlichen Bauboom ausgelöst. In Stadt und Land gehörten neue Kirchen zum gewohnten Bild. Manch ein Pfarrer hatte seinerzeit wahre Rekorde aufgestellt, einige galten als besonders befähigte Bauherren, die es auf mehrere Neubauten in ihrem Seelsorgerleben gebracht hatten.

Wieder fehlt eine praktikable Aufstellung über das Gesamtvolumen dieser kirchlichen Bautätigkeit. Aber wir gehen kaum fehl in der Annahme, daß allein im 20. Jahrhundert mehr Kirchen gebaut worden sind als in den vierhundert Jahren vorher. Auf einer Tagung für evangelischen Kirchenbau ist im Juni 1966 in Hannover bekanntgegeben worden[70], daß es 1939 auf dem Terrain, das die heutige Bundesrepublik ausmacht, 9800 evangelische Kirchen gegeben hat. Gut ein Viertel davon wurde im Krieg zerstört. Ein Großteil davon ist wieder aufgebaut worden; 4350 nicht zerstörte Kirchen wurden renoviert – und etwa 2400 Kirchen sind neu gebaut worden. Seither sind einige hundert hinzugekommen, und während 1969 eine durchschnittliche Kirche etwa eine Million DM gekostet hat [71], dürfte sich diese Summe mittlerweile verdreifacht haben. Es gab Geistliche, denen nur das Beste gut genug war. Einige haben das Prestige ihres lieben Gottes mit dem eigenen verwechselt – und entsprechend drauflosgebaut. Herrschen und bauen sind eins.

Allein in der Erzdiözese Paderborn[72] sind zwischen 1950 und 1967 nicht weniger als 518 Kirchen, 8 Notkirchen und 393 Dienstwohnungen errichtet worden. Das Bistum Rottenburg hat 1968 22 Kirchen gebaut, zwölf weniger als im Jahr zuvor. Die Diözese Speyer hat im Jahr 1968 fast die Hälfte ihres Etats, nämlich 16,5 Millionen DM, für Bauten verwendet. Das Bistum Trier hat im selben Jahr für den Bauhaushalt etwa 17 Millionen DM, für den sozialen Sektor nur etwa 6 Millionen DM eingeplant.

Dem »Kirchlichen Amtsblatt Rottenburg-Stuttgart« vom 10. April 1990 entnehme ich, daß dieses Bistum fröhlich weiterbaut – und gewiß auf Zuschüsse aus öffentlichen Mitteln wartet. Unter der Rubrik »Sammelpredigten für Kirchenbauten 1990« werden 20 Gemeinden aufgelistet, die noch dieses Jahr eine »Bettelpredigt« zu erwarten haben. Der zuständige Bischof schreibt dazu (und ich denke an Ablaßpredigten von früher): »Die Dekanate und Gemeinden werden gebeten, die Bettelprediger gerne aufzunehmen. Von der Aufnahme eines Bettelpredigers sind Pfarreien dispensiert, die selbst Bettelpredigten halten oder im laufenden Jahr ein Bauvorhaben abwickeln. Eine eigenmächtige Zurückweisung eines Bettelpredigers ist nicht erlaubt. Dem Bettelprediger muß das ganze Ergebnis der Sammlung, auch des Klingelbeutels, ausgehändigt werden.«[73]

Anderswo sieht es anders aus. In der niederländischen Diözese Haarlem muß bis zum Jahr 2000 wegen des stark rückläufigen Kirchenbesuchs die Hälfte aller katholischen Kirchen geschlossen werden[74]. Daß eine abnehmende Kirchenbindung noch nicht den Verfall aller Moral bedeutet, wie Kleriker suggerieren, wird an einem anderen niederländischen Beispiel ersichtlich: Die Niederlande haben – entgegen klerikaler Meinungsmache – die niedrigste Rate der Welt an Schwangerschaftsabbrüchen, während das streng katholische Polen, in dessen Statistik auf eine Geburt drei Abtreibungen kommen, den europäischen Rekord hält[75].

Während die Niederlande alte Kirchen meistbietend versteigern, während in Schweden Kirchbauten in Fertigbauweise entstehen, dürfen sich in der wohlhabenden Bundesrepublik Landpfarrer und Architekten von lokaler Bedeutung gegenseitig ihren Kunstsinn bestätigen. Unklar bleibt, wozu eigentlich noch Kirchtürme gebaut werden? Um ein »sichtbares Zeichen« zu setzen? Um auf »Gottes Finger« hinzuweisen? Um Glocken unterzubringen? Um einer Masse von Armbanduhrträgern öffentliche Uhren zu demonstrieren? Selten wird kirchliche Dysfunktionalität so anschaulich.

Die Zeiten, als mit einem Kirchenneubau noch Seelen gewonnen werden konnten, sind vorbei. Es gab einmal Pfarreien in der Bundesrepublik, die stolz vermelden konnten[76], daß sich die Zahl der kirchlichen Eheschließungen und der Taufen verdreifacht hatte, nachdem eine neue Kirche errichtet worden war. Inzwischen ist alles anders. Die Kirchenaustritte reißen nicht ab. Der Mitgliederschwund der Kirchen ist zwar noch nicht beängstigend genug, aber ganz unerheblich ist er auch nicht. Um so größer ist die Diskrepanz zwischen Kirchenbauten und Kirchenbesuchern.

Jeder, der sich die Mühe machen will, kann überall im Lande die Resultate des klerikalen Repräsentationsbaus sehen. Ob das Geld (zu wesentlichen Teilen aus öffentlichen Mitteln) gut angelegt ist, bleibt offen. Nicht wenige kommen ins Grübeln, wenn sie sehen, daß neue und teure Kirchen allein dafür erstellt worden sind, um sonntags ein paar Dutzend Gläubige zu bedienen. Von daher gesehen, sind die Kirchen in der Bundesrepublik völlig unrentabel. Sie halten keinen Vergleich mit denen anderer europäischer Länder, die DDR nicht ausgenommen, aus.

Offensichtlich ist oft und gerne am Bedarf vorbeigeplant worden. Der Nachholbedarf der Nachkriegszeit wurde weit überschätzt. Kirchen in einer Zeit zu planen und zu bauen, die aus Not beten gelernt hatte, stellt sich in einer Zeit zunehmend als Fehlinvestition heraus, die das Beten längst wieder (und für immer?) verlernt hat. Da ist viel zuviel Geld in Steine statt in Menschen investiert worden, und das rächt sich.

Die von der katholischen Kirche häufig beklagte »Priesternot« tut ein übriges. Bischöfe, die zunehmend über den selbstgestrickten Mangel an klerikalem Nachwuchs lamentieren, werden bald einsehen müssen, daß Kirchen ohne Bedienung noch nicht einmal den wenigen

Leuten nutzen, die sich in ihnen verlieren. *Steine statt Menschen, Geld statt Geist?*

Was von dem beliebten Argument zu halten ist, die Kirchen müßten auf die Menschen zugehen, erhellt der Satz eines Prälaten, ein Anmarschweg von 15 Minuten sei dem Kirchgänger schon zuviel[77]. Versteht sich die Kirche als Service-Unternehmen, das seine Filialen möglichst breitgestreut anbietet, muß sie sich nicht wundern, wenn bald die Serviceleistungen anderer Unternehmen der Bewußtseinsindustrie attraktiver als die ihren sein werden. Die anderen sind preiswerter und so hohe staatliche Subventionen wie die Kirchen brauchen sie auch nicht.

Von den Folgelasten des Kirchenbaus schweigen die Betroffenen. Eine Kirche zu bauen bedeutet nicht nur eine einmalige Investition, sondern auch neue Dauerausgaben. Für wen und für was eigentlich?

Kleriker bauen nicht nur Kirchen. Sie betätigen sich auch im Wohnungsbau mit eigenen Siedlungsgesellschaften. Auch andere Gebiete des Service-Unternehmens kosten Geld – und schaffen Investitionsvermögen. Bildungseinrichtungen wie die vielen Evangelischen und Katholischen Akademien[78], in denen sich die kirchliche Intelligenz dem Dialog mit der weltlichen (politischen, künstlerischen) unterziehen möchte, verschlingen enorme Summen. Wer die komfortablen Bauten und Einrichtungen dieser Häuser betrachtet, mag sich fragen, ob die Ergebnisse des Dialogs das Geld wert sind, das sie die Steuerzahler gekostet haben. Das Argument »Wir auch!« zieht nicht mehr in jedem Fall.

Dieselbe Aussage gilt für die Versuche der Kirchen, sich eigene Zugänge zu den Massenmedien zu erschließen. Die Rede ist von den Presseagenturen der Kirchen, von den konfessionellen Zeitschriften (in denen sich Katholiken an Katholiken wenden), von den Verlagsbeteiligungen. Sie alle stellen zwar Ergebnisse erheblicher Investitionen dar, doch gelingt es kaum einem dieser kostspieligen Medien, sich auf dem kulturellen Sektor der bundesrepublikanischen Gesellschaft irgendwo anders als am Rande zu bewegen. Nicht nur »Gott findet keine Leser«[79]

mehr, sondern es glückt auch keinem einzigen kirchlichen Medium in der Bundesrepublik, sich schrittmachend statt begleitend oder nachhinkend zu betätigen.

Die zwölf Kirchenzeitungen im Bereich der EKD hatten zwischen 1970 und 1986 einen Auflagenschwund von 910000 auf 625000 Exemplare. Danach setzte sich der Abwärtstrend fort, obgleich die Kirche einen Werbeaufwand in Rekordhöhe (1986 allein 3,3 Millionen DM) betrieb. Für einen einzigen neugewonnenen Abonnenten sind durchschnittlich 65 DM investiert worden[80].

Daß Katholiken weniger lesen als andere Bundesbürger, haben verschiedene Umfragen erbracht[81]. Diese Tatsache hält jedoch die betroffene Kirche nicht davon ab, eine Überproduktion geistlicher Schriften zu fördern. Klaus Martens hat ein Urteil über den christlichen Buchhandel gefällt: »Nicht selten machen diese Buchhandlungen den Eindruck von Verkaufsbüros der Amtskirche.«[82] Bistumszeitungen und religiöse Verlage teilen dasselbe Schicksal. Sie stellen zwar Vermögenswerte der Kirche dar, aber über das Niveau oberhirtlicher Verlautbarungen und lammfrommer Kommentare reichen sie nicht hinaus. Wären sie nicht direkt oder indirekt von der Amtskirche subventioniert, lägen sie am unteren Ende der Einkommensskala.

Wirkliches Geld kommt von anderer Seite. Ich nenne die Millionen-Gewinne der Kirchen aus Siedlungsgesellschaften, aus Mieteinnahmen, aus Bank- und Versicherungsbeteiligungen, aus eigenen Unternehmungen wie Brauereien – und aus Spenden wie aus Schenkungen. Das Geschäft lohnt sich: Mittlerweile ist an die Gründung kircheneigener Banken in den neuen Bundesländern gedacht, wie die KNA am 16. 2. 1991 mitteilt.

Dürfen sich Kleriker um wirtschaftliche Belange kümmern?

Daß sich Kleriker auf weltlichem Terrain betätigen, ist so neu nicht. Als im 11. Jahrhundert im Zuge der aufkommenden Geldwirtschaft kaufmännische Tugenden gefragt waren, waren Kleriker von Anfang an dabei[83]. Rechnungsführung und Wirtschaftskorrespondenz verlangten Leute, die rechnen und schreiben konnten. Wer bot sich dafür besser an als die geistlichen »litterati« (Schreibkundigen)? Wer auf einer Dom- oder Klosterschule ausgebildet worden war, wem auch einige Lateinkenntnisse nicht fehlten, hatte Chancen auf einen auskömmlichen Arbeitsplatz. Kam noch etwas Geschäftsgeschick und -praxis hinzu, konnte aus dem Kleriker ein brauchbarer Gehilfe für weltliche Geschäfte werden. Als aber die Geschäftspraktiken dieser Gehilfen über ein gewisses Maß hinausgingen und die Gewinnsucht der Herren überhandnahm, mußten die kirchlichen Vorschriften verschärft werden. Im Jahr 1079 exkommunizierte eine Synode bereits die Kleriker, die sich unerlaubten Geldgeschäften widmeten. Erlaubte Geschäfte, d. h. Tätigkeiten, die sich für die Institution und nicht für den einzelnen auszahlten, waren vom Verdikt freilich immer ausgenommen.

Gummiparagraphen machten alles möglich. *In die eigene Tasche zu wirtschaften, unter dem Vorwand, für das große Ganze tätig zu sein, ist eine sehr alte und sehr erfolgversprechende Übung.*

Die »Laien« sahen zu, wie sich der elitäre Stand an ihren eigenen Geschäften bediente. Wie er vorgab, aufgrund besonderer Erwählung auch in ökonomischen Fragen das bessere Wissen und die höhere Wahrheit zu kennen. Wie er sich bemühte, staatliche Privilegien (Steuerbefreiungen u. ä.) für sich und seinesgleichen zu gewinnen. Wie er überall erfolgreicher war, als es der Konkurrenzneid zuließ.

Daß sich in allen Jahrhunderten kirchenrechtliche Regelungen für das leidig-erfreuliche Geschäft des Klerus mit der Welt finden, beweist zweierlei. Zum einen hat es stets solche Geschäfte gegeben, zum anderen haben die oberhirtlichen Mahnungen nichts genutzt. Immer wieder ist der geläufige Grund, es doch zu tun, angeführt worden: Wir arbeiten nicht für uns, sondern für das Reich Gottes. Das päpstliche Ministerium für die Heidenmission zum Beispiel konnte ein Lied von seinen Versuchen singen, einerseits die notwendigen Mittel für die Mission beschaffen zu lassen und andererseits den sich entfaltenden Unternehmergeist der Missionare einzuschränken. Im Jahr 1893 erlaubte es schließlich das, was schon fromme Übung war, den Handel mit Aktien[84].

Alles ist nicht nur eine Frage des Geschmacks, sondern ein Problem der Theologen, die richtige Antwort auf eine drängende Frage zu finden. Alle wissen sie, daß das Reich ihres Herrn »nicht von dieser Welt« (Jo 18, 36) ist. Alle wissen sie um die eindeutigen Worte des armen Jesus, nicht zwei Herren zu dienen, »Gott und dem Mammon« (Mt 6, 24). Sie kennen sogar das harte Wort vom Reichen, der es schwieriger hat, in den Himmel zu kommen, als ein Kamel durch ein Nadelöhr (Mt 19, 24). Aber sie haben auch das Wort im Ohr, daß der Jünger sich Freunde machen soll »mit dem ungerechten Mammon« (Lk 16, 9). Und sie haben es auch geschafft, den Reichtum ihrer Kirche nicht zum Selbstzweck zu erklären, sondern ihn ausschließlich altruistisch zu interpretieren. Reich sind wir, sagen sie, weil es Arme gibt, die von unserem Geld zehren. »Die Kinder dieser Welt sind in ihrer Art klüger als die Kinder des Lichtes (Lk 16, 8).«

Die kirchlichen Kreditinstitute, die Spareinlagen des kleinen Mannes einnehmen wie jede andere Sparkasse oder Bank auch, sind nicht nur Bilanz-Millionäre, sondern Bilanz-Milliardäre.

Banken wie andere auch? Die »Darlehnskasse der Kirchengemeinden und kirchlichen Einrichtungen im Bistum Münster« teilt freilich mit, daß sie zwar Giro- und Gehaltskonten führe, auch Spareinlagen verwalte, Festgelder annehme sowie mit Wertpapieren und Devisen handle. Doch gebe sie – das steht im Großdruck – »Kredite und Darlehen nur an kirchliche Einrichtungen«, das heißt nicht an Privatpersonen[85].

Offenbar läuft das ganz gut. Im klerikalen Bankwesen sind allerdings einzelne Störfälle zu beklagen. Der Lutherische Weltbund hat beispielsweise seine gesamten Auslandsgeschäfte seit vielen Jahren mit einer Frankfurter Bank abgewickelt, deren persönlich haftender Gesellschafter, Ferdinand Graf von Galen, wegen Untreue in besonders schwerem Fall verurteilt worden ist[86].

Doch das sind für die Verantwortlichen bloße Ausnahmen, die sie nicht sonderlich aufregen. Kirchenbanken dienen als Kapitalsammelstellen und Kreditgeber für die sie tragenden Kirchen. Ähnliche Chancen nehmen die Gewerkschaften mit gewerkschaftseigenen Kreditinstituten wahr. Die Mehrheit der Bank für Gemeinwirtschaft ist zwar verkauft, aber ganz ohne Bank tun es auch die Gewerkschaften nicht.

Während gewerkschaftseigene Unternehmen leicht geortet werden können, ist dies bei kirchlichen, vor allem bei römisch-katholischen, schwieriger. Es ist darauf verwiesen worden, daß keine der katholischen Kirche in der Bundesrepublik nahestehende Lebensversicherungs-Gesellschaft dies bereits in ihrem Namen erkennen läßt, von den vielen stillen Beteiligungen des Vatikans einmal ganz zu schweigen. Die professionelle Schweigsamkeit soll es den Unternehmen »erleichtern, auch mit nicht-katholischen Kreisen Geschäfte zu machen«[87].

Geschäfte mit der Sicherheit? Kirchliche Versicherungen sind längst von einem früher geäußerten Grundsatz abgegangen. Als im 19. Jahrhundert Feuerschutzversicherungen gegründet werden sollten, hatten sich Pfarrer[88] dagegen gewandt, weil man damit »Gott eines Mittels beraubt, die Menschen zu strafen«. Inzwischen kann, wer will, sich auch kirchlicherseits gegen Feuer und andere Unbilden versichern lassen, ebenso sind Lebensversicherungen gang und gäbe. Mag die Vorsehung das Ihre tun, das Bodenpersonal leistet das Seine. In der Arbeit einer solchen Versicherung haben offiziöse Kirchen-Kreise »einen besonders begrüßenswerten Ausdruck evangelischer Regsamkeit«[89] gesehen. Das charakterisiert hinlänglich.

Nach dem »Allianz«-Kapital soll die katholische Kirche – direkt oder über ihre Laienorganisationen – den zweitstärksten Einfluß auf dem bundesdeutschen Versicherungsmarkt haben. Zwar liegt wie gewohnt sehr vieles im dunkeln, aber Beteiligungen an Versicherungsgesellschaften wie der Kölnischen Lebensversicherung a. G., der Kölnischen Sachversicherung, der Aachener und Münchener Lebensversicherung AG, der Colonia Versicherung AG, der Nordstern Versicherung AG, der Kölnischen Rück und der Aachener Bausparkasse können angenommen werden[90].

In dem vom Bischöflichen Generalvikariat Münster herausgegebenen »Personal-Schematismus des Bistums Münster 1972«, der Daten aller im Kirchendienst Beschäftigen aufführt, finden sich auch Werbe-Einlagen. Geworben wird für eine Glockengießerei, für die Bistumszeitung, für eine Kerzenfabrik, für Chromnickel-Edelstahl-Erzeugnisse, für Krankenhauseinrichtungen, für einen »Vereidigten Meßweinlieferanten« – und für die erwähnte »Darlehnskasse« sowie für die »Kölnische«.

Derselbe Personal-Schematismus führt im offiziellen Teil unter der gekonnt formulierten Überschrift »Katholische Zentralen in der Bundesrepublik« nicht nur das Sekretariat der Deutschen Bischofskonferenz oder den Zentralverband der Hist. Deutschen Schützenbruderschaften oder die Katholische Zirkus- und Schaustellerseelsorge und ähnlich zentrale Stellen auf, sondern zum Beispiel auch eine »Bischöfliche Finanzkammer der Kölner Kirchenprovinz«, eine »Pax-Bank eGmbH« und eine »Pax-Krankenkasse katholischer Priester Deutschlands«[91].

Als geistliches Zentrum der Bundesrepublik fungiert bei solchen Stellen immer wieder das heilige Köln. Hier nehmen vergleichsweise viele Katholikenverbände ihren Hauptsitz. Ich nenne anhand der erwähnten offiziellen Quelle nur die »Katholischen Zentralen«, die in Köln residierten[92]: Amtliche Zentralstelle für kirchliche Statistik des kath. Deutschlands, Arbeitsgemeinschaft der kath. deutschen Frauen, Kath. Deutscher Frauenbund, Zentralverband der Hist. Deutschen Schützenbruderschaften, Kath. Zentralinstitut für Ehe- und Familienfragen e. V., Einigung kath. Studenten an Fachhochschulen, Bund Neudeutschland – Schülergemeinschaft, Heliandbund, Kath. Arbeitnehmerbewegung – Frauen – Westdeutschlands, Deutsche Kolpingfamilie, Bund kath. Unternehmer, Gesellschaft kath. Publizisten Deutschlands e. V., Pax-Vereinigung kath. Kleriker e. V., Pax-Krankenkasse kath. Priester Deutschlands, Pax-Bank eGmbH., Zentralverband kath. Kirchenangestellter Deutschlands e. V., St. Ansgarius-Werk (Mission Nordischer Länder), Deutscher Verein vom Hl. Land, Ritterorden vom Hl. Grab zu Jerusalem, Görresgesellschaft, Arbeitsgemeinschaft kirchliche Presse e. V., Kirchliche Hauptstelle für Bild- und Filmarbeit e. V., Kath. Fernseharbeit in Deutschland, Kath. Film- und Fernsehliga in Deutschland, Kath. Filmkommission für Deutschland, Kath. Institut für Medieninformation e. V., Volkswartbund e. V., Bischöfl. Hauptstelle für Schule und Erziehung, Verband kath. Schulen e. V., Verband kath. Lehrerschaft Deutschlands, Bund kath. Religionslehrer, Verband der kath. Religionslehrer an berufsbildenden Schulen, Katholische Elternschaft Deutschlands, Selbsthilfe (Zusatzrentenkasse der Deutschen Caritas), Zentralverband der kath. Kindergärten und Kinderhorte Deutschlands e. V., Gemeinschaft der Vinzenzkonferenzen Deutschland, Hildegardisverein, Familienferienwerke e. V., Kath. Arbeitsstelle (Nord) für Heimatvertriebene, Kath. Siedlungsdienst e. V. (Bischöfl. Hauptarbeitsstelle).

Wer die innerkatholischen Verhältnisse kennt, weiß, daß eine solche Ballung nicht nur finanzielle Macht mit sich bringt, sondern auch eine Chance für den Kölner Erzbischof, erheblichen Einfluß auf Gruppierungen auszuüben, die in der Domstadt ihre Zentralen haben.

Über seine Versicherungsbeteiligungen hinaus noch eine eigene Krankenkasse zu gründen war ein Lieblingsplan des Kölner Kardinals Höffner. Der Oberhirte warb für sein Projekt mit dem Hinweis, diese Kasse arbeite wahrscheinlich noch etwas billiger, »weil sie keine Gelder für Abtreibungen zur Verfügung stellen müßte«[93].

Die Anteile der Kirchen an sonstigen Wirtschaftsunternehmen der Bundesrepublik werden von Klaus Martens als »unbedeutend« eingestuft[94]. Die Harmlosigkeit vortäuschende Bezeichnung wird gestützt durch Hinweise auf die eine oder die andere Brauerei von regionaler

Bedeutung, die der Kirche gehört. Doch solche Hinweise sagen mehr. Daß es in Passau eine diözesane Brauerei, in Bayern ein Dutzend Klosterbrauereien, an Rhein und Mosel Weingüter gibt, daß Klosterliköre ebenso gern produziert wie getrunken werden, daß Wallfahrer-Tropfen ihre Gewinne abwerfen, daß es ein paar kircheneigene Hotels und Restaurants gibt, malt ein idyllisches Bild von der Gesamtlage[95]. Kaum jemand wird es dem Klerus verdenken, wenn er sich auf diese Weise ein Zubrot verdient – oder sich für seinen Dienst an den Armen der Republik rüstet. Doch kann nicht übersehen werden, daß diese Brosamen vom Tisch einer sehr reichen Institution fallen, die anderweitig unverhältnismäßig mehr Geld gemacht hat und macht. Die Rede ist von Industriebeteiligungen und von Wertpapierbesitz in Milliardenhöhe. Über diese stillen Teilhaberschaften sprechen geistliche Herren nicht. Auch sind Kleriker als Mitglieder oder Vorsitzende von Aufsichtsräten so gut wie nie im Gespräch.

Ich verweise auf die Vermögen, die aus frommen Stiftungen und Spenden einkommen. Ein einziges bundesdeutsches Bistum rechnet pro Jahr allein mit einem Spendenaufkommen von 33 Millionen DM. Ein evangelischer Präses stellt fest, daß noch immer testamentarische Millionen fließen, daß die rheinischen Schwerindustriellen jedoch nicht mehr wie früher hohe Stiftungen aussetzen[96]. Wer weiß.

Kirche sein und Beschenktwerden sind die beiden Seiten der einen Medaille. Auch wenn die öffentliche Frömmigkeit stetig abnimmt, auch wenn viele Ehemalige lieber alles andere als den Klerus mit ihrem Geld bedenken: Es reicht noch immer ganz gut und ganz weit hin. Der Satz, daß man Trinkern, Spielern und Pfarrern kein Geld schenken solle, weil dies das Problem nur verlängere, ist noch nicht allgemein anerkannt. Im übrigen gehört Klappern zum Handwerk, und Lamentieren hat der Kirche noch nie geschadet. Unter dem Strich bleibt selbst bei »rückläufigen Einnahmen«, die alle Jahre wieder durch die vom Klerus kontrollierten Medien geistern, noch eine erkleckliche Summe in Milliardenhöhe. Was versprach schon der Prophet des Alten Testaments? »Den Reichtum der Heiden werdet ihr genießen.« (Jes 61,6)

Daß die Junge Union 1990 die Kirchen aufforderte, durch Abgabe von bereits als Bauland ausgewiesenem Grundbesitz in Erbpacht an Wohnungssuchende zum Abbau der Wohnungsnot in Deutschland beizutragen[97], blieb ohne Konsequenzen.

Nochmals: Die Großkirchen bleiben stur und bedienen sich weiter. Indessen laufen ihnen die Gläubigen weg. Der *Spiegel* vom 15. 6. 1992 nennt neueste Zahlen: Seit 1967 sind in den alten Bundesländern 4,7 Millionen (so viele Menschen wie im Saarland und in Rheinland-Pfalz wohnen) ausgetreten oder ungetauft aufgewachsen. Im gleichen Zeitraum sank die Zahl der regelmäßigen Kirchgänger von 25 auf 10 Prozent; 9,9 Millionen Westdeutsche gingen damit auf Distanz zur Kirche. Es gibt bereits mehr Konfessionslose als allsonntägliche Kirchgänger in Deutschland. Nur die demokratischen Folgerungen lassen noch auf sich warten.

5. Kapitel
Das fromme Märchen von der Caritas

Wie die Kirche zu ihrem immensen Reichtum gekommen ist und was sie damit treibt, dürfte sich erhellen lassen, wenn mehr und mehr Menschen die (Kriminal-)Geschichte der Institution aufarbeiten. Ich habe von den vielen Möglichkeiten nur einige wesentliche genannt: Schenkungen, Stiftungen, Raubzüge, Eroberungen, Verfolgungen, Konfiskation der Güter der Verfolgten und Ermordeten. Und heute ungestörter Besitz und ungestörte Nutzung des auf unrechtmäßige Weise Erworbenen. Unrecht Gut gedeiht sehr wohl.

Ich halte zwei Gründe dafür fest, daß die Kirche so erfolgreich dabei war, an Geld und Gut zu kommen: Gewalt und Glaube. Ob diese beiden Gründe nicht in einen zusammenfallen, bleibt zu klären.

Nun kann die Kirche sich – und uns – einreden, die kriegerisch-gewalttätige Seite des Land- und Geldgewinns sei historisch bedingt, denn damals seien alle Herren – und nicht nur die Bischöfe unter ihnen – so und nicht anders vorgegangen, um ihren Besitz zu mehren. Ich will das einmal so hinnehmen, trotz der vielen Bedenken gegen diese Argumentation. Wenn die Kirche meint, die Ihren hätten sich seinerzeit in nichts von den anderen Räubern unterschieden, ist das ihr Identitätsproblem. Freilich wird sie dann auch die Frage der Entschädigung genau klären müssen. Ich rege fürs erste einen Fonds an, der aus Kirchengeldern und -gütern finanziert wird und für jene sorgt, die noch heute klerikale Ungerechtigkeit erfahren. Die früheren Opfer können leider nicht mehr entschädigt werden.

Ungerechtes Handeln von seiten der Kleriker? Nur ein Beispiel: Priester, die geheiratet haben, werden gekündigt und auf die Straße gesetzt, Angestellte im Kirchendienst, die nicht mehr so wollen, wie ihre Kirche will, verlieren ihren Arbeitsplatz. Ich weiß aus vielen Briefen und Gesprächen, wie schwierig die finanzielle Lage der Betroffenen von einem Tag zum anderen geworden ist – und wie beschämend gering die Hilfe der früheren Arbeitgeberin ausfällt.

Ob von den demokratisch geschulten Bürgerinnen und Bürgern unseres Landes eine Art »Aktion Sühnezeichen« als ausreichend erachtet werden wird, ist fraglich. Immerhin wäre schon sie ein erstes Exempel für den Willen der klerikalen Erben, sich von der schlimmen Vergangenheit derer abzusetzen, auf deren unrechtmäßig erworbenem Gut und Geld sie noch immer sitzen. Aber ich zweifle bereits an diesem Minimum an gutem Willen. Vorerst zeigt sich noch immer nichts. Nicht einmal die Einsicht in die eigene schuldbeladene Tradition. Während es sich Kleriker ihrem Berufsinteresse zurechnen, anderen »Schuld« einzureden, erscheinen sie selbst – und die Institution, der sie sich verpflichtet fühlen – in aller Öffentlichkeit als völlig schuldunfähig. Wenige Gründe sprechen so stark gegen den moralischen Anspruch einer Religion wie dieser.

Aber die andere Seite, die der Schenkung? Hier wird von der Lobby Freiwilligkeit suggeriert. Gerade dies bestreite ich. Denn auch die »freiwillige« Seite hat ihre Tücken. Wenn dem potentiellen Schenkenden mit allen möglichen und unmöglichen Mitteln eingepredigt wird, er könne durch Schenkungen Gutes tun, ist das nicht korrekt. Denn wo liegt dieses Gute? Bleibt es irdisch oder reicht es ins Überirdische, ins Geglaubte hinein? Oder lassen sich in solchen Fällen Himmel und Erde gar nicht trennen?

Klerikale Empfehlungen haben ihre Methode und ihre Tradition. Der Theologe Salvian[1] hatte im 5. Jahrhundert empfohlen, »Vermögen lieber der Kirche als ›Opfergabe‹ zu hinterlassen als den eigenen Nachkommen, weil es besser sei, die Kinder litten in dieser Welt, als daß die Eltern in der nächsten verdammt würden«.

Wer ein Stück Land an die Kirche verschenkt, damit diese ein Altersheim darauf errichtet, kann glauben, er habe auf Erden Gutes getan. Aber wem hat er es getan? Den anderen, den Beschenkten oder sich selbst? Gerade im »Glauben« liegt dann viel Gewalt beschlossen, wenn auch nur der geringste materielle oder ideelle Nutzen mit im Spiel ist. Oder läßt sich bei solchen Schenkungen ganz ausschließen, daß der Schenkende sich »da drüben« besser versorgt glaubt, als wenn er nicht geschenkt hätte? Ist es jeder Erfahrung fremd, daß sich diejenigen, die eine Schenkung anregen, des Mediums »Glauben« bedienen, um an Geld und Gut zu kommen?

Ganz uneigennützig sind weder die Schenkenden noch die Beschenkten. Die einen glauben, für den Himmel Schätze erworben zu haben. Die anderen wissen, daß sie schon hier auf Erden Schätze erlangt haben. Von denjenigen, welchen die Schenkung dienen soll, ist bei solchen Geschäften meist nur am Rande die Rede. Das ist konsequent: Sie, die Armen, sind austauschbar. Der Schenkende ist verstorben, die Kirche hat das Grundstück, und die Armen sind darauf angewiesen, daß sie es wenigstens nutzen dürfen. Gehören wird es ihnen in keinem Fall. Immer sind sie in der Rolle derer, die das Almosen aus dem Eigentum (der Kirche) empfangen.

Es ist nicht unwichtig, sich solche Grundregeln einzuprägen. Sie sind gültig, wo es um Schenkungen an die Kirche geht. Wenn ich schon dabei bin, bestimmte Normen im Verhältnis zwischen Mensch und Kirche darzustellen, dann auch die folgende: Aus historisch faßbarem »Glauben« ist »Geld« an die Kirche als Sachwalterin des Glaubens geflossen. Inzwischen ist dieser »Glaube« mehr oder weniger tot. Lebendig ist nur noch das Geld.

Eine Münchener Zeitung[2] berichtet, ein oberbayrischer Pfarrer habe versucht, das Ablaßwesen nicht ganz in Vergessenheit geraten zu lassen. Unter dem Titel »Was kann ich tun, damit nach meinem Tod noch heilige Messen zelebriert werden und ich nicht vergessen werde?« schlägt der geistliche Herr vor, für eine Spende zwischen 500 und 2000 DM Abhilfe zu schaffen. Für den Mindestbetrag ist einmal jährlich eine »heilige Messe für die Seelenruhe des Stifters« zu haben, eine Betsingmesse kostet bereits 800 DM und so fort. Die Spenden sollen »pfarramtlich« angelegt und die Seelenmessen vom »Zinsertrag« bezahlt werden. Nach 25 Jahren geht das Geld schließlich in den Besitz der Kirche über. Dem Stifter verbleibt eine Urkunde.

»Geist ging verloren. Geld ist geblieben«, könnte die Grundformel der gegenwärtigen Kirchlichkeit in der Bundesrepublik heißen. Aber dies hören die Kirchenleute nicht gern. Ihre Lobbyisten bemühen sich, das öffentliche Paradigma zu wechseln – und die entsprechende Argumentation. Das heißt konkret: Mit der Angst vor dem Jenseits, also mit spezifischen Glaubensgründen, können heute immer weniger Menschen dazu bewogen werden, ihr Geld an die Kirche zu geben. Dieses Paradigma hat ausgedient (obgleich es Ausnahmen gibt wie die erwähnte bayrische). Um so aktueller ist das neue: Die Kirche braucht unser Geld, weil sie karitative Aufgaben zu erfüllen hat. Nicht von ungefähr kommen Theologen immer häufiger zu dem Schluß, Christentum habe eine »soziale Seite« und »Nächstenliebe« sei eine zentrale Aussage des Neuen Testaments.

Mit dogmatischen Aussagen, wie sie die frühen Jahrhunderte der Kirchengeschichte beherrscht haben, ist zur Zeit wenig Staat zu machen. Die meisten Bundesdeutschen interessiert es nicht, ob die Kirchenoffiziellen endlich die Wahrheit über das Geheimnis der göttlichen Personen geklärt zu haben glauben. Mit gelehrten Diskussionen über die »Vorgänge in der Dreifaltigkeit« können sie ebensowenig anfangen wie ihr Gemeindepfarrer. Sie wären auch nicht bereit, für so was einen Pfennig auszugeben. Aber wenn der Pfarrer ihnen sagt, er sammle, um einen neuen Kindergarten zu bauen, werden sie hellhörig – und weich. Dann lassen sie fünfe gerade sein – und zahlen. Kein Wunder, daß viele Pfarrer vergleichsweise selten über die Dogmen ihrer Kirche predigen. Sie haben längst gemerkt, daß es für die Kirche gewinnbringender ist, wenn sie statt dessen von der »Caritas« sprechen und von deren Leistungen im Sozialbereich.

Daß sie auch in diesem Fall nicht ganz bei der Wahrheit bleiben, ist eine andere Sache. Ich nehme zu ihren Gunsten an, daß sie selbst nicht im Bild sind. Auch die klerikale »Caritas« ist ein Buch mit sieben Siegeln.

Es ist beklagt worden, daß die Caritas »kein System der öffentlichen Abrechnung sowohl für die Gesamtbilanz als auch für Einzelaktionen gefunden hat«[3]. Gegen die Folgerungen, daß aus diesem Grund Spenden an die Caritas »nicht empfohlen« werden können, ist die Caritas vor den Kadi gezogen. Viel Erfolg hatte sie nicht; sie muß den überwiegenden Teil der Prozeßkosten aus allen Instanzen tragen[4]. Aus welchem Topf sie das Geld wohl nimmt?

Daß ein Caritasverband vor Gericht geht, wenn ihm die Grundlage seiner Spendeneinnahmen, die der Glaubwürdigkeit seiner karitativen Tätigkeit, bestritten wird, wundert mich nicht. Wird den Kirchen der »Blankoscheck des generellen Vertrauens«[5] entzogen, den sie uns gegenüber einfordern, sind sie am Ende mit ihrem Latein.

Daß in den letzten Jahren kirchliche Wohlfahrtsverbände ins (finanzielle) Zwielicht[6] geraten sind, daß ihnen Filz, Korruption und Inkompetenz vorgeworfen worden sind, wiegt nicht leicht. Ungleich schwerer als diese bekanntgewordenen Einzelfälle lastet jedoch der generelle Vorwurf auf den Kirchen, ihre karitativen Unternehmungen seien prinzipiell erratische Blöcke im demokratischen Rechtsstaat. Und mit »Caritas« hätten sie wenig zu tun. Vielmehr machten sie unlautere Werbung für die eigenen Sozialleistungen, die gar nicht die ihren seien (da zu 90 Prozent vom Staat bezahlt). Ob die Kirche dem Vergleich mit einem weltanschaulich neutralen Verband wie beispielsweise dem Deutschen Roten Kreuz überhaupt noch standhalten kann?

Wenn nach dem »Glauben« auch die »Caritas« der Kirche schrumpft, zeichnet sich das Ende der Institution ab. Dann hat sie, von folkloristischen Einlagen abgesehen, den Menschen künftig nichts mehr zu bieten.

Wie gut sind die Pfarrer über diese Probleme informiert? Allerdings könnte auch ein einfacher Pfarrer sich wenigstens um das Problem bemühen und sich kundig machen. Daß er das so gut wie niemals tut, macht ihn mitschuldig. Damit ich richtig verstanden werde: Es ist mir nicht verborgen geblieben, daß es viele brave Pfarrer gibt, die Tag für Tag ihren Dienst tun und sich um die ihnen anvertrauten Menschen sorgen. Auch ist es ein Gebot der Fairneß, die Ordensschwestern zu nennen, die als Gemeindeschwestern, Krankenschwestern, Altenpflegerinnen tätig sind. Daß Nonnen oft genug nur für ihr Ordensideal, d.h. für ein Vergelt's Gott arbeiten, daß ihre Arbeitskraft ein Leben lang ausgenutzt wird, bis sie in ein Altersheim kommen und sehr einsam aufs Sterben warten, diese Art von Ausbeutung ist allerdings dem System Kirche immanent, für das sie sich opfern. Es ist zu hoffen, daß die Menschen im Kirchendienst künftig nicht allzu brav bleiben. Das kirchlich-karitative Arbeitsrecht, über das noch zu sprechen sein wird, bleibt ein Skandal.

Weshalb werden kirchliche Kindergärten nicht von der Kirche bezahlt, sondern vom Staat?

Manche Bundesbürgerinnen und Bundesbürger haben Pech. Sie gehen einer geregelten Arbeit nach, sie zahlen brav ihre Steuern, aber sie wohnen in der falschen Region. Ihre Kinder werden nämlich schwer benachteiligt. Wer zum Beispiel seine Kinder nicht hat taufen lassen, sollte am besten in Berlin oder in Hamburg wohnen, aber nicht in Oberbayern. Denn Eltern, die ungetaufte Kinder haben, gehen im katholischen Milieu ein gewisses Wagnis ein. Früher mag es noch schlimmer gewesen sein, als es zum guten Ton gehörte, katholisch zu sein wie alle anderen auch. Aber auch jetzt gibt es noch manche Probleme mit der »Ungläubigkeit«.

In jenem Fall, den ich beschreibe, ist es den Eltern dennoch gelungen, ihre Heidenkinder in einem konfessionellen Kindergarten unterzubringen. Bevor das soweit war, hatten sie sich immer wieder überlegt, ob sie nicht doch ihre Kinder taufen lassen sollten. Eigentlich wollten sie, daß diese sich eines Tages selbst für oder gegen die Kirche entschieden. Als junge Erwachsene und bewußt, nicht ungefragt als Säuglinge. Andere Gründe für eine Taufe: Getaufte Kinder fühlen sich nicht isoliert, wenn die anderen zur Kinderkommunion geführt werden und dicke Geschenke bekommen.

Das ganze Problem hat mit der Geographie zu tun. Es ist ein Unterschied im Glauben, ob ein Mensch in Frankfurt wohnt oder im Münsterland.

Die Verantwortlichen haben in dem vorliegenden Fall die Kleinen in ihren Kindergarten aufgenommen. Die Eltern haben ein umfangreiches Formular ausgefüllt – und ihre Kontonummer angegeben. Jetzt bucht eine »Kirchenrendantur« Monat für Monat den Elternbeitrag ab. Das sind 200 DM, denn die konfessionslosen Eltern waren klug. Sie haben, als es um die finanzielle »Selbsteinschätzung« ging, die höchste Klasse gewählt. Sie haben sich gesagt, wenn wir, statt nur 50 DM anzugeben, gleich das Mehrfache zahlen, nehmen diese Leute unsere Kinder um so lieber. Dann fragen sie auch nicht sehr intensiv nach der Taufe.

Allerdings ärgern sich die Eltern sehr, daß ihre Kinder im Kindergarten Dinge lernen, die sie lieber ausgespart gesehen hätten. Die Kinder kommen mit neuen Gebeten nach Hause, singen immer mal wieder ein Kirchenlied, erzählen von »dem Gott, der uns alle liebhat« und so fort.

Ein Vater hat einmal eine Erzieherin aus dem Kindergarten beiseite genommen und sie gefragt, ob sie selbst an all das glaube, was sie den Kindern erzähle. Die Erzieherin flüsterte, sie werde sich hüten, etwas anderes zu sagen, als was der Ortspfarrer hören wolle. Sonst sei ihr Arbeitsplatz in Gefahr. Eigentlich hat das alles nichts mit dem Kindergarten zu tun, denkt sich der Vater. Wenn ich mein Kind betreut haben möchte, brauche ich doch nicht zuzulassen, daß diese Betreuung den Charakter einer religiösen Zwangsmaßnahme trägt. Aber: Im Dorf gibt es nur den einen Kindergarten, und der ist »katholisch«. Andere Träger wie die Arbeiterwohlfahrt hätten gegenüber der Ratsmehrheit im Dorf nicht die geringste Chance. Sie wären »wertneutral« oder »atheistisch«, raunt es an den Stammtischen. Also schweigt der Vater und hofft auf bessere Zeiten. Auch sagt er sich, wer zahlt, schafft an. Und wenn die katholische Kirche ihren Kindergarten bezahlt, darf sie auch mein Kind beten lassen, sooft sie will.

Wo liegt denn das Problem, liebe Eltern?

Die Kinder sollen beten lernen, die Kirchen sollen dafür zahlen? Genau da liegt das Problem, das mit der Kirche und unserem Geld zu tun hat. Denn, was viele Eltern nicht wissen, ist so unglaublich, daß sie es gar nicht erst erfahren: Nicht die katholische Kirche unterhält den Kindergarten finanziell, der nach ihr benannt und auf ihre klerikalen Prinzipien ausgerichtet ist, sondern der weltanschaulich neutrale Staat.

Wieder stoßen wir auf eine ungeheuerliche, aber wahre bundesdeutsche Spezialität: Das Verhältnis zwischen staatlicher und kirchlicher Finanzierung der Kindergärten beträgt, alles in allem, etwa 75 zu 15 (die fehlenden 10 Prozent sind Elternbeiträge). Das bedeutet, daß zwar alle Steuerzahler – unabhängig von ihrem Glaubensbekenntnis – mit dazu beitragen, daß Kindergärten in kirchlicher Trägerschaft betrieben werden können, daß aber nur die klerikale Kleingruppe (die nur relativ wenig beteiligt ist) in diesen Kindergärten das Sagen hat. Katholische Kindergärten gehören zu den klerikal bestimmten und damit demokratiefernen Einrichtungen der Bundesrepublik.

Die Kirche, das heißt zumeist der – fast ausschließlich seinem Bischof verantwortliche – Ortspfarrer, bestimmt über die Einstellung und Kündigung von Mitarbeiterinnen und Mitarbeitern und über die Art der Erziehung, die sie über diese handverlesenen MitarbeiterInnen den Kindern »angedeihen« läßt – oder zumutet. Das nenne ich ein Privileg. Oder ein Monopol, über dessen Einhaltung nicht nur der jeweilige Kleriker wacht, sondern auch dessen Außenposten, die christlichen Kommunalpolitiker.

Vom sogenannten Elternwillen rede ich in diesem Zusammenhang nicht. Was die von mir genannten Eltern erleben, die viele ähnlich Denkende kennen, spricht für sich. Daß sie monatlich 200 DM an die Kirche, die nicht ihre ist, überweisen müssen, ohne irgend etwas Wesentliches im mitfinanzierten Kindergarten mitbestimmen zu können, sagt genug. Und sie haben inzwischen schweigen gelernt. Sie mucken nicht mehr auf, wenn ihr Kind heimkommt und um eine Mark bittet, »weil morgen der Herr Pastor Geburtstag hat und wir ihm etwas schenken müssen«. Die konkrete Kirche und unser Geld.

Wie soll ich dieses Mißverhältnis zwischen Staat und Kirche jemandem erklären, der kein Bundesdeutscher ist? Der beispielsweise aus den neuen Bundesländern kommt und sich auch für einen Christen hält? Ich habe es einmal in Leipzig ohne jeden Erfolg versucht.

Kindergärten und Kindertagesstätten sind beliebte Felder kirchlichen Engagements. Es leuchtet ein, daß Weltanschauungsgemeinschaften daran interessiert sind, die Menschen möglichst früh auf ihre Leitbilder einzuschwören. Kinder und Jugendliche durch Kindergarten und Schule auf die eigene Linie zu bringen, muß jedem ähnlich ausgerichteten System am Herzen liegen. »Schon früh«, sagt es ein Faltblatt der evangelischen Landeskirche Württembergs, sollen die Kinder »die prägende Kraft des Evangeliums«[7] erfahren. Also Hand drauf auf die Kinder – und auf die Kindergärten. Der Kindergarten als Ort des Glaubens- und Kulturkampfes. Hier sind die Objekte der Mission am schwächsten. Hier sind die Bastionen der Missionswilligen am stärksten.

Die Lobby des Himmels ist unentwegt tätig. Immer wieder findet sie Möglichkeiten, ihren Bestand zu mehren. Immer wieder wittert sie Chancen, vom Staat noch mehr zu erhalten. Sozialleistungen sind zwar im Prinzip von öffentlichen Trägern zu erbringen. Doch widerspricht die Monopolbildung der Kirchen im Kindergarten-, Krankenhaus- und Behindertenbetreuungsbereich dem Sinn dieses Prinzips. Die Klerikergruppen sind hierzulande schon lange nicht mehr nur »subsidiär«[8] am karitativen Werk. Sie haben alle wichtigen Plätze im Sozialsektor eingenommen. Der Staat bezahlt sie dafür.

Übrigens: Baden-Württemberg finanzierte »Schwangerschaftsberatung« in katholischer Trägerschaft zwischen 1985 und 1988 mit 11,78 Millionen DM und in evangelischer Trägerschaft mit 9,67 Millionen DM. Kirchenfreie Träger bekamen nur 7,5 Millionen DM.

Warum fürchtet die Kirche die geistige Konkurrenz?

Auch bundesdeutsche Schulen sind betroffen. Selbst wenn der öffentliche Streit um die sogenannte »Konfessionsschule« abgeflaut ist, hat die Klerikergruppe ihren ideologischen Anspruch keineswegs aufgegeben, sondern nur auf Eis gelegt. Sie scheint auf bessere Zeiten zu warten, um wieder in die Mottenkiste greifen zu können. Inzwischen vertraut sie nicht nur auf den Religionsunterricht, der – als einziges aller Unterrichtsfächer! – von der Verfassung der Bundesrepublik als ordentliches Lehrfach garantiert ist. Sie setzt auch auf private Bekenntnisschulen. Und fährt sehr gut damit.

Ich wundere mich nicht, daß sich die Großkirchen über die Zunahme von Waldorfschulen alarmiert zeigen[9]. Hier entsteht ihnen – vor allem finanziell – eine Konkurrenz. Der Diözeseanrat im Erzbistum Freiburg hat vor der Errichtung einer anthroposophischen Hochschule gewarnt[10]. Wegen ihrer weltanschaulichen Ausrichtung.

Die Kirche unterhält nicht nur im Bundesgebiet rund 2200 Schulen, davon allein in Bayern fast 900[11]. Sie läßt sich ihre »Schlacht um den Schüler«[12] (O-Ton Evangelischer Schulbund) auch noch bezahlen. Kirchliche Privatschulen werden, wie könnte es anders sein, hauptsächlich vom Staat finanziert, in Bayern faktisch bis zu 90 Prozent. Rheinland-Pfalz finanziert die 50 Ordensschulen des Landes jährlich mit etwa 165 Millionen DM[13]. Von einem wesentlichen Eigenanteil der Kirche kann also keine Rede sein. Was der Kirche ganz und gar eigen ist, ist die hundertprozentige Ausrichtung solcher Schulen und ihres Personals auf die Weltanschauung der siegreichen Klerikergruppe.

Erst eine Klage[14] gegen das Hamburger Privatschulgesetz von 1977 vor dem Bundesverfassungsgericht hat es ans Licht gebracht: Der Stadtstaat hat kirchliche und Waldorfschulen mit 77 und 82 Prozent subventioniert (1985 waren das 51 Millionen DM), während die übrigen privaten Schulträger nur 25 Prozent Förderung erhielten. Bis 1977 sind überhaupt nur private Bekenntnisschulen gefördert worden, bis sich die Hamburger Bürgerschaft aufgrund von Gerichtsurteilen dazu gezwungen sah, auch andere Projekte zu unterstützen. Die Kirchen haben demnach ein Schulprivileg, das sie – auch und gerade finanziell – dazu ermutigt, für ihre Erziehungsziele mit staatlicher Förderung zu werben.

Das Bundesverfassungsgericht hat 1987 in der Sache entschieden: Nichtkonfessionelle Privatschulen dürfen vom Staat finanziell nicht »willkürlich« schlechter gestellt werden als kirchliche. Daß ein solches Urteil nötig war, spricht für sich – und für das intime Verhältnis zwischen Staat und Kirche hierzulande, das bis zu diesem Urteil offensichtliche Willkür zuließ.

Die entgegen dem Verfassungsangebot noch immer detailliert privilegierten Kirchen hüten sich, freiwillig auch nur den geringsten geldwerten Vorteil preiszugeben. Die Gerichte in der Bundesrepublik, vom Amtsgericht bis zum Bundesverfassungsgericht, können ein Lied davon singen, wie vieler Prozesse es bedurft hat und noch immer bedarf, um demokratische Grundrechte gegen die Kirchen zu erstreiten.

In Berlin wurden 1985 die Zuschüsse für konfessionelle Schulen auf 85 Prozent angehoben, die für Religionsunterricht von 80 auf 90 Prozent. Das bedeutet: Allein der Religionsunterricht kostete die Stadt 47,6 Millionen DM. Zum Vergleich: Der Freidenker-Verband erhielt im selben Jahr in dieser Stadt, deren Einwohner zu mehr als einem Drittel konfessionslos sind, 42 000 DM Zuschuß[15].

Der Religionsunterricht, auch er ein Stück klerikaler Menschensorge und damit im weitesten Sinne eine karitative Einrichtung, verliert allerdings zunehmend an Zustimmung. In den Gymnasien Nordrhein-

Westfalens[16] bleiben ihm über 10 Prozent der Schüler fern, in den Gesamtschulen 11 Prozent. Der als Surrogat geplante oder bereits angeordnete »Ethik-Unterricht«, in dem kirchenfreie Schüler ihr Quantum an Moral nachgereicht bekommen sollen, hilft dem direkten Religionsunterricht auch nicht mehr auf die Sprünge.

In Hamburg sollen sich nach einer Untersuchung[17] weniger als die Hälfte der evangelischen Religionslehrer noch mit der Kirche und nur geringfügig mehr mit den zentralen Aussagen des Christentums verbunden fühlen. 9 Prozent sind sogar aus der Kirche ausgetreten. Die katholische Seite wird frohlocken: So etwas könnte ihr nicht passieren. Wer nicht mehr an sie glaubt und so dumm ist, dies auch noch zu äußern, fliegt. Eine Studie der Evangelischen Kirche in Deutschland (EKD)[18] kommt 1985 zu dem Ergebnis, daß etwa 4,5 Millionen jugendlicher Kirchenmitglieder »sozusagen den Fuß bereits aus der Kirche herausgesetzt« haben. Das entspräche dem Dreifachen jener Zahl von Kirchenaustritten, die die EKD seit 1975 schon zu registrieren hatte. Der Anteil an wirklich kirchentreuen Christen in der Bundesrepublik wird wohlwollend auf etwa 10 Prozent geschätzt. Mir erscheint es bedenkenswert, was die übrigen 90 Prozent »Taufscheinchristen« für die Interessen dieser verschwindend kleinen Minderheit leisten. Von den Kirchenfreien, die auch mitbezahlen, gar nicht zu reden.

Noch immer – wie lange noch? – läßt es sich auch ohne Volk klerikal leben. Aus dem Hochschulbereich eine weitere Vergleichszahl: Während das Land Niedersachsen in Hannover und Osnabrück je einen Lehrstuhl für Philosophie streichen mußte, sollte es für ein »Katholisches Institut für Philosophie«, das der Hildesheimer Oberhirte plante, jährlich künftig 700 000 DM zahlen[19]. Daß die Katholische Universität in Eichstätt, die bisher einzige in der Bundesrepublik, zu 90 Prozent vom Staat bezahlt wird, fällt schon gar nicht mehr auf. Von den Studierenden wird sie eh nicht wie erwartet angenommen.

Die *Süddeutsche Zeitung* berichtete am 27. 7. 1985 über ein klerikal bayerisches Schmankerl: Der geplante Hochschulbau des Erzbischöflichen Ordinariats München soll nur zu einem Viertel der eigentlichen Hochschulseelsorge dienen. Zu drei Vierteln wird er an Privatfirmen und Ladenbesitzer vermietet. Da der Neubau aber, es kann gar nicht anders sein in der Bundesrepublik, zu erheblichen Teilen aus Steuermitteln gefördert wird, behauptet die Kirche, sie werde die Mieteinnahmen für ein neues Altersheim ausgeben. Auf diese Weise behält sie die Subventionen, und das Altenheim wird ohnedies überwiegend von der öffentlichen Hand finanziert werden.

Die Kosten der Bundesländer für die Priester- und Theologenausbildung an den hiesigen Universitäten und Kirchenhochschulen werden gegenwärtig auf eine ganze Milliarde DM pro Jahr geschätzt[20]. Das ist an sich schon eine horrende Aussage. Noch makabrer wird die Zahl, wenn wir uns überlegen, daß sie in etwa derjenigen entspricht, die die Kirchen aus eigenen Mitteln für das öffentliche Sozialwesen ausgeben. Also: Hier eine Milliarde vom Staat für den Klerikernachwuchs, da dieselbe Summe von der Kirche für die Caritas.

Wer noch immer nicht ins Grübeln kommt, darf weitere Möglichkeiten bedenken, die der Klerus nutzt, um – aus seelsorglichen und karitativen Gründen, versteht sich – an Geld zu kommen oder selbst Geld zu sparen. Glaube und Nächstenliebe sind nun einmal nicht um Gotteslohn zu haben.

Der frühere Vorsitzende der »Publizistischen Kommission der Deutschen Katholischen Bischofskonferenz«, Bischof Moser (Rottenburg-Stuttgart), hat 1987 den zur Ratifizierung anstehenden Medienstaatsvertrag kritisiert, »weil private Rundfunkveranstalter den Kirchen die Selbstkosten für Sendezeit in Rechnung stellen könnten«[21]. Bei den öffentlich-rechtlichen Anstalten geht das, und die Kirchen wissen es gut, vergleichsweise billig ab. Es ist nicht bekanntgeworden, ob die Kirchen für ihr »Wort zum Sonntag« bezahlen oder ob sie diese Sendeplätze für ihre Werbung kostenfrei besetzen dürfen. Doch wissen wir, daß die dort auftretenden Redner und Rednerinnen ein Honorar bekommen. Und wir wissen, daß schon der Gedanke an ein ähnliches »Wort« in den öffentlich-rechtlichen Sendeanstalten, das von Kirchenfreien gefordert werden könnte (die doch auch Gebühren zahlen), von den Besitzkirchen sofort empört zurückgewiesen würde...

Ein Bericht aus Bayern[22]: Die Bischöfe registrieren mit Besorgnis die Abkehr auch der ländlichen Bevölkerung von der angestammten Kirche. Nicht nur gehen immer weniger Getaufte zu den sonntäglichen Gottesdiensten (vor allem die Jugend hält sich zurück), sondern es breitet sich auch die Meinung aus, die Kirche sei ein Verein neben anderen.

Ob der Klerus nicht selbst an diesem Meinungswandel schuld ist? Wie dem auch sei, ein »Landvolk«-Pfarrer[23] versuchte, mit Dorfgastwirten ins Gespräch zu kommen. Als »gemeinsame Grundtugenden« stellte er heraus, daß Priester und Wirte nicht nur eine Beichtvater-Funktion wahrnähmen, sondern auch in Finanzangelegenheiten am selben Strang zögen: »Sie ziehen den Leuten das Geld aus der Tasche, und wir versuchen das auch.« Freilich hatten die Wirte auch Klagen auf Lager. Sie beschwerten sich über die klerikale Schwarzgastronomie auf den in Mode gekommenen »Pfarrfesten«.

Aus den USA wird gemeldet, daß nach Feststellungen des US-Versicherungsverbands allein in den letzten fünf Jahren religiöse Propheten leichtgläubige Amerikaner um etwa eine Milliarde DM geprellt haben. Vergleichszahlen aus der Bundesrepublik stehen noch aus[24].

Die Kirchen genießen nach wie vor Narrenfreiheit. Ihre missionarische Zielrichtung kann im weltanschaulich neutralen Staat ohne Bedenken propagiert werden. Die Zuteilung der – auch von Bürgerinnen und Bürgern anderer, ja gegenteiliger Weltanschauungen aufgebrachten – Finanzmittel wird durch die entsprechenden Äußerungen der Klerikergruppe nicht gefährdet. Ein katholischer Kleriker konnte daher »seinen« Kindergarten bei der Einweihung »eine Oase der religiösen Erziehung« nennen, ein anderer meinte, »das religiöse Training« könne »nicht früh genug beginnen«[25].

Und ein Leben lang anhalten. Von den 31,2 Millionen DM, die Bayern im Jahr 1987 für Erwachsenenbildung bereithielt[26], flossen allein 6,2 Millionen DM der Katholischen Landesarbeitsgemeinschaft für Erwachsenenbildung zu. Das ist eine ganze Menge, die nichts mit Kirchensteuermitteln zu tun hat, sondern mit Staatsleistungen für Kirchenzwecke.

Damit kann die Lobby schon etwas anfangen. Der Erzbischof von Köln, Kardinal Meisner, hat denn auch die wegweisende Parole ausgegeben, die bundesdeutsche Gesellschaft sei »christlich zu unterwandern«[27].

Weshalb funktioniert die kirchliche Betreuungsindustrie überhaupt noch?

Die Gesellschaft christlich unterwandern? Wer soll sich da nicht ärgern? Ärger allein ist freilich zuwenig. Das jahrhundertealte Problem: Bloßer »Antiklerikalismus« im üblichen Sinn bleibt vordergründig. Nicht der unter den Deutschen wie unter allen anderen Völkern seit langem und mit guten Gründen vorhandene Affront gegen den Besitz von Gut und Geld ist die Triebfeder für den Kampf gegen klerikale Umtriebe. Auch wer sich am lautesten über den Reichtum oder die Privilegien der Kirche beklagt, weiß, daß die eigentliche Macht des Klerus in der Kunst der Menschenführung liegt.

Das ist – und bleibt fürs erste – die Arena der Auseinandersetzung mit der Kirche. Früher hatte die Kirche dieses Spielfeld ganz besetzt. Sie gab selbst die Regeln aus und war Mitspielerin und Schiedsrichterin in einem[28]. Die Menschen waren für den Klerus nicht, wie eine schnelle und üble Nachrede es will, nur finanziell auszubeutende Lebewesen. Wäre das so gewesen, hätte die Kirche längst ausgespielt. Die Kleriker waren ungleich gerissener. Ihr Machtinstinkt ging andere Wege. Die Menschen brauchten immer wieder und in nächster Nähe andere Menschen, die sich ihre Sorgen und Kümmernisse anhörten, die auch die kleinen Laster und heimlichen Liederlichkeiten nicht allzu krumm nahmen, ja, die versprachen, schon hier und erst recht drüben für

Hoffnung zu sorgen. Daß eine solche Menschenführung auch finanzielle Vorteile hat, leuchtet ein: Wer nicht nur zuhören, sondern auch Absolution erteilen kann, hat seinen Lohn verdient.

Mit Antiklerikalismus der gewohnt undifferenzierten Art lassen sich schnelle Lacherfolge erzielen. Doch er bewirkt bei den Menschen nichts. In den »Seelen« sitzt etwas ganz anderes: Die – von der Kirche über Jahrtausende ihrer Menschenführung vermittelte – Angst, irgendwo und irgendwann könnten die Pfarrer recht behalten. Und was in langen Jahren, Jahrzehnten und Jahrhunderten anerzogen worden ist, verliert sich nicht in der kurzen Zeitspanne der aufklärerischen Moderne.

Buhrufe gegen Talarträger liegen gewiß ebenso abrufbereit wie der Widerwillen gegen Kirchensteuerzahlungen, doch verlangen sie dem Volk viel zuwenig ab. Die Polemik der billigen Art hat noch keine wirklichen Veränderungen erbracht.

Die geschichtliche Erfahrung der »betreuten« und damit unselbständig gehaltenen Menschen sitzt tief. Das in langer Tradition entstandene Geflecht von Beziehungen und Bedingungen lockert sich zunehmend, gelöst ist es noch lange nicht. Kein Wunder, daß die Kirchen noch heute an erster Stelle genannt werden, wenn es um Gemeinnützigkeit geht – oder um Caritas. Nach einer Umfrage, die die *Katholische Nachrichtenagentur* im April 1988 wiedergegeben hat[29], sind sich fast alle Kirchensteuerzahler darin einig, daß die Einnahmen aus der Kirchensteuer vor allem für soziale Zwecke ausgegeben werden sollten. Was sie nicht gewußt haben dürften, ist die Tatsache, daß von den Kircheneinnahmen gegenwärtig nur etwa 9 Prozent (katholisch) und 7 Prozent (evangelisch) auf öffentliche soziale Zwecke entfallen.

Darüber wird nicht geredet. Vorerst wird weitergewurstelt wie gewohnt. Konfessionelle Kindergärten sind fast schon Monopolbetriebe. Das bringt nicht nur Kinder in die Kirchen, sondern auch Geld in die Kirchenkassen. Im Saarland[30] beträgt das Verhältnis von kirchlich betriebenen und nichtkonfessionell betriebenen Kindergärten etwa 16:1. München zahlt an kirchliche Kindergärten mehr als das Dreifache von dem, was es pro Jahr an Kindergärten zahlt, die von freien Wohlfahrtsverbänden und gemeinnützigen Trägern unterhalten werden. Das heißt, daß rund 77 Prozent der gesamten öffentlichen Zuschüsse in kirchliche Einrichtungen wandern. Ein gewaltiges Stück »Caritas«, das von den Steuerzahlern finanziert – und von der Kirche propagandistisch ausgeschlachtet wird. Denn den Ruhm der nackten Zahlen hat allein die Kirche. Sie kann verbreiten, sie unterhalte in der Bundesrepublik Hunderttausende von Sozialeinrichtungen, sie sorge für die Menschen, ob klein oder groß, ob arm oder schwach. Im Fall anderer karitativer Einrichtungen wiederholt sich das Gesagte: Einrichtungen, welche kranke, behinderte oder alte Menschen in deren Wohnung betreuen, werden in vielen Gebieten der Bundesrepublik ebenfalls zum überwiegenden Teil von den Kirchen unterhalten. Aber finanziell beteiligt sind die Kirchen nur etwa zu 13 Prozent an den anfallenden Kosten. Den Hauptteil von 87 Prozent übernehmen die Länder, Kommunen sowie Krankenkassen und Privatpersonen.

Wieder zeigt sich das gleiche Bild von der »Caritas«: Fast neunzig Prozent zahlen andere, doch als »Wohltäterinnen« (und einflußreiche Arbeitgeberinnen) treten ausschließlich die Kirchen in der Öffentlichkeit auf. Für Hunderttausende von (konfessionslosen, steuerzahlenden) Eltern heißt daher die »demokratische« Alternative: entweder religiöses Frühtraining oder Verzicht auf die Sozialeinrichtung Kindergarten.

Und was die Frage der Arbeitsplätze betrifft: Erzieherinnen und Erzieher, die keiner christlichen Kirche angehören (was das Grundgesetz immerhin nicht verbietet), haben in allen konfessionell stark geprägten Gebieten unseres Landes nicht die geringste Chance, ihren Beruf auszuüben. Sie unterliegen dort praktisch einem Berufsverbot.

Während die Kirche ihre Sozialeinrichtungen nur zu etwa 10 bis 20 Prozent selbst finanziert, hat sie in ihnen zu 100 Prozent das Sagen. Wenn das kein durchschlagender Erfolg einer Lobby ist, dann weiß ich nicht, was unter einer »Interessenvertretung« zu verstehen sein könnte. Unter diesen Umständen kommt es in der Bundesrepublik immer wieder zu makabren Vorgängen. So hat der Stadtrat einer baden-württembergischen Kreisstadt[31] es einmal gewagt, die Frage zu diskutieren, ob – nach 18 großkirchlich bestimmten Kindergartengruppen im Stadtgebiet – auch ein einziger Kindergarten in kommunaler Trägerschaft angebracht sein könnte. Auf die Anfrage eines Stadtrates der SPD, ob die zum überwältigenden Teil aus öffentlichen Mitteln finanzierten konfessionellen Kindergärten ausnahmsweise auch einmal eine konfessionslose Erzieherin beschäftigen könnten, antwortete der Chefredakteur der dortigen Lokalausgabe der Südwestpresse, dies käme einem Ansinnen an die SPD gleich, einen Faschisten zu ihrem Vorsitzenden zu machen...

Kindergärten sind und bleiben »Tendenzbetriebe«. Obwohl sie überwiegend aus Steuermitteln unterhalten werden, sind sie ihrer Tendenz nach konfessionelle und damit klerikal geführte Einrichtungen.

Die evangelische Landeskirche Württembergs nennt im Jahr 1986[32] die Zahl von 1817 Kindergärten. Für insgesamt 78 000 Kinder, darunter etwa 12 000 ausländische. Von den Gesamtkosten eines einzelnen Kindergartens (Personalkosten, Gebäudeerhaltung, Betriebskosten) übernehmen dabei die Eltern ungefähr 10 bis 13 Prozent, das Bundesland ca. 21 bis 23 Prozent, die Gemeinde oder Stadt etwa 50 Prozent. Der Eigenanteil der Kirche kommt nicht über 14 bis 17 Prozent hinaus. Damit zahlt die Kirche nicht viel mehr als die Eltern.

Was wäre, wenn mehr und mehr Eltern bereit wären, auch den Kirchenanteil an dieser Mischfinanzierung zu übernehmen? Für konfessionslose Eltern stellt dies, da sie keine Kirchensteuern zahlen, schon heute keine Schwierigkeiten dar. Sie hätten sich auf diese Weise die Freiheit erkauft, ihre Kinder vor konfessioneller Indoktrination zu bewahren. Diejenigen Eltern aber, die sich nach wie vor kirchlich binden lassen wollen, bleiben auch in Zukunft frei, dies für sich und ihre Kinder zu tun. Nur wäre es gewiß auch in ihren Augen fair, für solche Sonderwünsche einzelner nicht alle mitbezahlen zu lassen. Wer konfessionelle Einrichtungen für sich wünscht, der möge sie sich etwas kosten lassen.

Aber soweit sind wir noch nicht. Noch gelten auf dem Gebiet der »Caritas« wesentliche Denkverbote. Daher ist es ein Tabu in unserem Land, die karitativen Hilfeleistungen der Kirche zu hinterfragen. Es ist den Kirchen gelungen, in einer Zeit abnehmenden Glaubens die karitative Seite des Christentums stärker denn je zu betonen. Kirche und Caritas sind fast schon zu einem öffentlichen Synonym geworden.

Damit läßt es sich finanziell gut leben. Offensichtlich gehen die Ausgaben, die die Kirche für ihre Caritas tätigt, noch lange nicht an die Substanz von Geld und Gut. Denn die Kirche trägt – ich will einmal vorsichtig sein – auch höchstens 20 Prozent ihres eigenen Anteils an der Caritas selbst. Die restlichen 80 Prozent nimmt sie von anderer Seite, überwiegend vom weltanschaulich neutralen Staat, dankend entgegen. Die kirchlichen Sozialträger finanzieren ihren relativ geringen Kostenanteil übrigens auch aus Straßensammlungen und ähnlichen Bettelaktionen. Sogar Lotterieeinnahmen fließen in diese Richtung: Zwischen 1967 und 1983 hat allein die Fernsehlotterie »Ein Platz an der Sonne« den Kirchen 50 Millionen DM überwiesen[33].

Die Bundesrepublik Deutschland hat im Jahr 1984 mit insgesamt über 202 Millionen DM, in 1985 mit 211 Millionen DM die kirchliche Entwicklungshilfe bezuschußt; das Bundesland Baden-Württemberg zahlte 1990 allein 3,7 Millionen DM Zuschüsse an die »christlichen Kirchen« für deren Entwicklungshilfe[34]. Diese Leistungen gehen zu nicht geringen Teilen an – meist unkontrollierbare – Projekte, welche – im Fall der katholischen Kirche – ungeniert als »Weltmission« firmieren. Die Katholiken selbst haben an Spenden für ihre Weltmission nur gut die Hälfte der staatlichen Subvention, nämlich 117 Millionen DM, aufgebracht.

Kirchliche Caritas ist wesentlich fremdfinanzierte Caritas – oder keine.

Wenn ich ein paar Sätze zur grundsätzlichen Frage nach der »Armut der Kirche« anfüge, dann kenne ich schon die Einwände von klerikaler Seite. Ich habe sie immer wieder gehört. Wie kommt ein wohldotierter deutscher Professor dazu, anderen Vorträge über »Armut« zu halten und gar eine arme statt einer reichen Kirche zu fordern? Früher habe ich mir solche Vorwürfe zu Herzen genommen. Da habe ich noch geglaubt, daß sich die Kirche ändert, daß sie selbst arm wird, wenn auch der Kritiker sich in dieser Richtung anstrengt. Inzwischen weiß ich: Sie ändert ihr Verhalten nicht. Da könnten selbst Engel predigen. Sie gäbe sich selbst auf, wenn sie die Wahrheit annähme.

Die Kirche geht nach folgendem Prinzip vor: Nicht die kritisierten Zustände sind schuld, sondern diejenigen, die sie kritisieren.

Hat die lernunwillige Institution eigentlich je auf ihre eigenen Armen gehört? Hat sie sich von ihren Heiligen und Propheten etwas sagen lassen, bevor sie sie heiliggesprochen – oder ermordet hat? Haben Franz von Assisi oder Thomas Müntzer Erfolg gehabt? Oder sind die Ohren der Reichen taub geblieben? Ob sich auch nur ein Kleriker zur Verhaltensänderung bewegen läßt, wenn ihm nicht ein Professor, sondern ein Obdachloser die Wahrheit sagt?

Die Wahrheit ist einfach: Während es eine unbestrittene Forderung des Evangeliums nach Armut gibt, haben diejenigen, die sich in die vorderste Reihe stellen, wenn es um die öffentliche Nachfolge Christi geht, an dieser biblischen Forderung keinen Anteil. Der Beweis für diese These liegt in der Bundesrepublik vor aller Augen. Die Berufung auf eventuelle karitative Leistungen geht in unserem Land ebenfalls ins Leere. Geistliches Geld und Gut wird auch hierfür kaum berührt. Die »Caritas« geht in der Bundesrepublik zuallerletzt auf Kosten des Klerus.

Warum tut sich der Klerus so schwer mit denen da unten

Was ist gegen das Finanzgebaren unseres Staates einzuwenden? Dic Bundesrepublik und ihre Länder können froh sein, wenn ihnen eine schwere Last abgenommen wird. Die Kirchen helfen unbestritten in vielfältiger Weise, sie erfüllen gemeinnützige Aufgaben, sie haben soziale Dienste und Aufgaben übernommen. Daß es hin und wieder skandalöse Störfälle gibt, sagt noch nicht viel über das gesamte karitative System. Daß erst durch eine Fernsehsendung bekanntgeworden ist, daß auf einem Gelände der evangelischen Diakonie in Schleswig-Holstein 1933 ein Konzentrationslager geführt wurde[35], bewegt die heute Verantwortlichen kaum. Dasselbe gilt für die Entdeckung, daß der Freiburger Moraltheologe Josef Mayer 1927 ein Buch veröffentlicht hat, das den Titel »Gesetzliche Unfruchtbarmachung Geisteskranker« trug. Der Autor war damals Schriftleiter beim Caritasverband[36].

Auch die Pleite der »Gemeinnützigen Siedlungsgesellschaft mbH« des evangelischen Siedlungswerks[37] interessiert vielleicht nur insofern, als der bundesdeutsche Fiskus über die Steuerausfälle in Millionenhöhe geschädigt wird, die aus den verschlechterten Betriebsergebnissen der »karitativ« beteiligten Banken und Bausparkassen folgen.

Daß eine Anfrage der Grünen im Bundestag[38] ergeben hat, daß eine Behindertenwerkstatt des Diakonischen Werks trotz zwischenzeitlicher gegenteiliger Beteuerungen noch immer – wie seit Anfang der achtziger Jahre – Waffenteile herstellt, die an eine Waffenfirma weiterverkauft werden, stört das Bild kirchlicher Caritas nur am Rande. Die Kirchen scheinen zur Zeit zu glauben, daß jeder Skandal ihnen nützt, weil er sie überhaupt noch ins öffentliche Mediengespräch bringt.

So weit ist es gekommen mit Leuten, die Geld gegen Geist eingetauscht haben. Ich werde nicht vergessen, daß mir Heinrich Böll einmal gesagt hat, ein deutscher Kardinal sei für ihn gar kein Gesprächspartner. Ich schließe die bestürzendste Erfahrung aus vier Jahrzehnten bundesdeutscher Kirche an, die ich gemacht habe: Keine Heiligen habe ich da gefunden, keine aufrichtigen Bekenner von kirchlicher Schuld, keine Büßer, nur Rechner, nur mittelmäßige Kalkulanten, Bilanzierer und Ausweichler.

Wieso gehören Klerus und Caritas nicht unbedingt zusammen?

Klerus und Caritas? Ich nenne einige Beispiele aus der deutschen Geschichte, die illustrieren, was von dieser Scheinehe zu halten ist. Im Vorfeld des Deutschen Bauernkrieges 1525 und während dieser Auseinandersetzung sind Stimmen im Volk lautgeworden, die das eine beklagten, die verwerfliche Geldgier der Papstkirche – und die Weigerung der Kleriker, ihren eigenen Besitz auch nur einmal mit den wirklich Bedürftigen zu teilen. Der tiefe – und bis heute auch sozial durchgehaltene – Unterschied zwischen Klerus und Volk wurde angesprochen: »Do gilt so viel und mehr die tegliche arbeit eines armen... denn all das singen, klingen, beten und fasten...«[39]

Und »manch arme verworfen mensch thut mehr guter wercke, denn alle kirchenbauer...«[40]

Das viele Messelesen brachte gutes Geld in die Kirchenkassen. Keine Messe wurde ohne Stipendium gefeiert; immer schaute – neben den »geistlichen Früchten« – auch etwas Bares heraus. Das war ein Leben: Morgens eine Messe im Schnellverfahren durchziehen, dann den lieben langen Tag auf der faulen Haut liegen – und den anderen bei der Arbeit zusehen...

Luthers Angriff auf das katholische Meßopfer hatte, was den Römern bald klar war, auch finanzielle Folgen. Daran waren die Kleriker selbst schuld: Wer wie sie Geist und Geld, Dukaten und Dogma in eins zusammenwarf, mußte früher oder später für diesen Schacher zahlen.

Die Stadt Eisenach[41] zählte im Jahr 1525, bei etwa 3500 Einwohnern, rund 300 Geistliche. In drei Pfarrkirchen, acht Klöstern und einigen Kapellen gab es 66 Altäre, die alle mit Stiftungen ausgestattet waren. Stiftungen erbrachten Geld, und dieses konnte von einem geschäftstüchtigen Klerus weitergegeben werden. Nicht aber an die Armen der Stadt. Es floß in Form von Rentenkäufen an Schuldner, um möglichst hohe Zinseinnahmen zu erzielen. Zinssätze von 8 bis 21 Prozent, im Durchschnitt bei 12 Prozent, waren normal, wenn der Klerus Geld verlieh. Forderungen, den geistlichen Zinsfuß wenigstens auf 5 Prozent herabzusetzen, fanden nur für kurze Zeit – und unter Gewaltanwendung – Gehör.

Im Jahr 1523 schaffte es die Stadt Gotha[42], einen Vertrag mit dem Klerus zu schließen, der den geistlichen Herren verbot, Handel zu treiben und Wucherzinsen zu fordern. Auch sollten sie – wie alle anderen Bürger auch – Steuern auf ihre Grundstücke zahlen. Lange hat dieser Vertrag nicht gehalten, und von der Stadtarmut war auch keine Rede.

Die Predigt eines reformerischen Geistlichen, »man solt einmahl oben an Berg, da der Stifft lag und die Thumb-Pfaffen wohneten, anheben und heraber alle Huren zerstadt auskehren«[43], wurde bald belächelt. Daß irgendeine klerikale Institution sich bemüht hätte, mit den Wucher-Geldern karitativ tätig zu werden, ist nicht bekanntgeworden. Das »unverschämte Leben«[44], welches dem Klerus vorgehalten wurde, nahm seinen Fortgang. »Oh wir blinden Deutschen!«, schreibt Luther am 27. April 1521 an Lukas Cranach, »wie kindisch handeln wir und lassen uns so jämmerlich von den Romanisten äffen und narren!«[45]

Der Klerus hatte Geld, aber für die Armen der Zeit geschah nicht viel[46]. Die Aufständischen sorgten für Abhilfe, indem sie »gemeine Kästen«[47] schufen, in die das konfiszierte Kirchengut floß und mit deren Hilfe die schlimmste Not gelindert wurde.

Martin Luthers Sendbrief »An den christlichen Adel deutscher Nation von des christlichen Standes Besserung« wies 1520 in diese Richtung. Die finanziellen Abgaben der deutschen Bistümer an Rom sollten eingestellt werden, das Geld sollte im Land bleiben – und den Bedürftigen, die bisher vom Bettel leben mußten, in Form einer geregelten Armenversorgung dienen. Die berühmte »Kastenordnung«[48] von Wittenberg wurde zur Vorläuferin und zum Vorbild für ähnliche Ordnungen, zu einem Kernstück der sozialen Maßnahmen der Reformation.

Thomas Müntzer schrieb am 29. Juli 1523, seine Anhänger zu

Allstedt hätten den Nonnen den Zins herabgesetzt, um den Bettlern mehr zu geben[49]. Freiwillig schien niemand unter den Frommen der Altkirche an etwas Ähnliches gedacht zu haben.

Die Absicht der Reformer war immer dieselbe. Die Pfaffen und Klosterleute, deren Geld und Gut nichts anderes war als »armer Leute Schweiß und Blut«[50], sollten gezwungen werden, alles fahrenzulassen, selbst zu arbeiten und sich erstmals auch karitativ zu betätigen. Die Reichen, geistlich wie weltlich, sollten ihren Besitz mit den Armen teilen, statt Almosen nach unten zu werfen, wo sie solche Armen vermuteten. Die reichen Herren und Damen, geistlich wie weltlich, hörten es nicht gern. Und als das Volk zu den Waffen griff, klagten sie, sie seien überfallen worden und die Räuber hätten – wie im thüringischen Mühlhausen – »den Mönchen den Vorrat weggefressen und -getrunken und ihre Kleinode gewaltiglich hinweggetragen«[51]. Da muß also, mitten in einer Zeit des Hungers und mitten in einer Stadt mit vielen Bedürftigen einiges an Vorräten in den Klöstern gelegen haben. Keine Ausnahme, sondern die Regel beim Umgang des Klerus mit seiner »Caritas«.

Ob die Klöster ihre Kleinodien vielleicht auch »grausamlich«[52] erworben hatten, war keine Frage wert. Wer unter den Nonnen und Mönchen wem »den Vorrat weggefressen und -getrunken« hat, und dies seit Jahrhunderten, ebensowenig. Caritas?

Ich füge an dieser Stelle ein Beispiel aus dem England des 19. Jahrhunderts ein: Im Jahr 1867 schreibt eine Zeitung über Zustände in London: »Erinnern wir uns, was diese Bevölkerung leidet. Sie stirbt vor Hunger. Das ist eine einfache und furchtbare Tatsache. Es sind ihrer 40 000 ... In unserer Gegenwart, in einem Viertel dieser wundervollen Metropole, dicht neben der enormsten Akkumulation von Reichtum, welche die Welt je sah, dicht dabei 40 000 verhungernd.«[53] Weder Arbeitssuche noch Bettel helfen weiter, denn »die lokalen Armutssteuerpflichtigen sind durch die Forderungen der Pfarreien selbst an den Rand des Pauperismus getrieben.«

So geht es weiter: In Köln, damals noch Zentrum des geistlichen

Kurfürstentums, bettelt um 1800 ein Drittel der Bevölkerung. Bayern, durch und durch katholisch, greift gegen Ende der dreißiger Jahre des 19. Jahrhunderts fast 150 000 Bettler auf, darunter 24 960 Kinder[54].

Wie halten es die Kirchen mit ihrer Dritten Welt?

Der Klerus und die Caritas. In der Vergangenheit liegt da fast alles im argen, aber wie sieht es in der Gegenwart aus?

Die bundesdeutsche Situation fällt ausländischen Christen unangenehm auf: Die französische katholische Zeitung *La Croix* hat sich 1986 in einer Sondernummer kritisch mit der Machtfülle und dem Reichtum der katholischen Kirche in der Bundesrepublik auseinandergesetzt[55] und in diesem Zusammenhang ein Defizit an Sensibilität sowohl gegenüber Asylsuchenden als auch gegenüber jüdischen Mitbürgern konstatiert.

Aber Beispiele aus Lateinamerika sind doch überzeugend! Aus dem »katholischen Kontinent«, dem die bundesdeutsche Kirche »aus Spendenmitteln« hilft, aber nicht aus eigenem Grund und Geld?

Das »bischöfliche Hilfswerk« für Lateinamerika trägt den sinnigen Namen »Adveniat«. Dahinter versteckt sich die Vater-unser-Bitte »Dein Reich komme«. Das spricht die verstockten Spenderinnen und Spender an. Aber es führt in die Irre.

Nach Lateinamerika ist nämlich das »Reich« schon einmal gekommen. Der Kontinent hat sich bis heute nicht von diesem mörderischen Ereignis erholt. »Die Christen«, schrieb ein Beobachter aus dem 16. Jahrhundert der Mission[56], »drangen unter das Volk, schonten weder Kind noch Greis, weder Schwangere noch Entbundene, rissen ihnen die Leiber auf und hieben alles in Stücke, nicht anders, als überfielen sie eine Herde Schafe ... Sie machten auch breite Galgen, so, daß die Füße beinahe die Erde berührten, hingen zu Ehren und zur Verherrlichung des Erlösers und der zwölf Apostel je dreizehn und dreizehn an jeden derselben, legten dann Holz und Feuer darunter, und verbrannten sie alle lebendig... Da nun die Indianer, welches jedoch nur ein paarmal geschah, einige Christen in gerechtem und heiligem Eifer erschlugen, so machten diese das Gesetz unter sich, daß allemal hundert Indianer umgebracht werden sollten, sooft ein Christ von ihnen getötet wurde...«

Die Insel Haiti war von einem hochstehenden Volk besiedelt. Bei Ankunft der Katholiken lebten dort über eine Million Einwohner. Wenige Jahre später waren es gerade noch tausend[57]. Adveniat? Papst Johannes Paul II. sagte bei seinem »Pastoralbesuch« auf der Insel[58]: »Die Kirche möchte sich den Indios widmen. Heute ebenso, wie sie es... an ihren Vorfahren tat... Hier wurde unter Schwierigkeiten und Opfern Schönes erreicht. Hier wird heute Christus bezeugt.« Immerhin sind gegenwärtig 95 Prozent der Einwohner katholisch.

Derselbe Papst hat es sich auch leisten können, einen der Indio-Missionare im Jahr 1980 seligzusprechen[59] und »zur Ehre der Altäre zu erheben«, einen »Apostel Brasiliens«, der seinerzeit gerufen hatte: »Schwert und Eisenrute sind die besten Prediger!« Von einem deutsch-katholischen Widerspruch ist nichts bekanntgeworden. Alles ist unter den Teppich gekehrt, und die Bundesrepublik steuert nach wie vor Jahr für Jahr über hundert Millionen DM »Entwicklungshilfe« für die katholischen Missionsprojekte bei.

Nichts gegen die Spendenfreudigkeit der Katholiken. Sie verschafft ein gutes Gewissen und von seiten des Papstes hohes Lob. Ob aber auch nur einer von den Bundesbürgern, die Jahr für Jahr viele Millionen DM für das bischöfliche »Adveniat« spenden, über die mörderischen Umstände der ersten »Ankunft des Gottesreiches« in Lateinamerika informiert worden ist? Ich habe nichts von einem Schuldbekenntnis der Kirche, geschweige denn von einer Entschädigung gehört, die die »Liebesreligion« an die Erben jener millionenfachen Blutopfer gezahlt hätte.

Dagegen hat Adolf Hitler am 26. Januar 1936[60] an den katholischen Heroen und Massenmörder Fernando Cortez erinnert, als er seine Ideen vom »Recht auf deutsche Kolonien« entwickelte. Cortez, nach einem bundesdeutschen katholischen Lexikon »hochgebildet und um die Ausbreitung des Christentums verdient«, hat nach eigener Aussage seinerzeit Hunderttausende niedermetzeln lassen[61].

Da die Ureinwohner, die legalen Besitzer des Landes, ausgerottet worden waren, fehlten die Arbeitskräfte im Land. Die Kirche kannte auch hier ein Mittel zur Abhilfe: Sie regte an, schwarze Sklaven nach Amerika zu schaffen. Damit begann eine weitere und keinesfalls weniger begnadete Phase der Heilsgeschichte auf dem Kontinent. Dreißig Millionen Afrikaner sind hinübergeschafft worden, etwa gleichviel sind bereits auf dem Seeweg umgekommen ...[62]

Adveniat? In Brasilien besitzen heute 3 Prozent der Einwohner fast zwei Drittel der Fläche des ganzen Landes[63]. In manchen Regionen kommt auf 300 000 Einwohner ein einziges Krankenhaus. Hat das Christentum in den letzten 500 Jahren zur »sozialen Ordnung« auf diesem Hunger-Kontinent geführt? Der Papst, Haupt des milliardenschweren Vatikans, hat den Ärmsten der Armen da drüben seine »besondere Zuneigung« versprochen. Was er wohl aus seinen eigenen Beständen gezahlt hat?

Dem bischöflichen Hilfswerk »Misereor«, das Jahr für Jahr Millionenspenden von »Laien« einnimmt, wird nicht nur vorgehalten, es stifte mehr Schaden als Nutzen, weil es die wirtschafts- und bevölkerungspolitischen Ursachen des Hungers in der Dritten Welt ignoriert und bloße Almosen reicht. Es mußte sich auch nachsagen lassen, Spendengelder »auf Halde«[64] zu legen, um damit Zinsen zu erwirtschaften, statt die Mittel, wie versprochen, »schnell und sachgerecht zum Einsatz« zu bringen.

»Hilfswerke« gar »bischöflich« zu nennen ist eine grobe Übertreibung. Wenn ich recht informiert bin, helfen Bischöfe am allerwenigsten. Was sie tun? Sie lassen jene Gelder verteilen, die Nicht-Bischöfe gespendet haben. Was wirklich hilft, ist das »Scherflein der armen Witwe«, nichts anderes. Freilich kann keine arme Witwe darüber bestimmen, wohin ihr Geld fließt. Das regeln die Bischöfe selbst. Sie wissen auch genau, welches innerkirchliche Wohlverhalten in Lateinamerika oder sonstwo gefordert ist, um überhaupt Geld aus der klerikal verwalteten Hilfskasse zu erhalten. Immerhin liegt ein Bericht vor[65], nach dem lateinamerikanische Bischöfe beispielsweise die dortigen »Befreiungstheologen« per Computersystem überwachen lassen. Wer wohl diese Datenbank finanziert hat?

»Misereor« – das Wort selbst stammt aus dem Neuen Testament. Gesagt hat es jener, der allein berechtigt war, arm genannt zu werden, Jesus aus Nazareth. »Mich erbarmt das Volk« (Mt 15,32), ein Wort, das ausschließlich zu ihm paßt, aber nicht zu irgendeinem »bischöflichen« Werk. Auch in diesem Fall finde ich es bedauerlich, daß der eine sich nicht mehr gegen seine Erben wehren kann.

Ein Zitat für viele: »Arme hat es immer gegeben und wird es auch immer geben. Das lehrt selbst der Papst«, sagt ein Jesuit zum anderen[66]. »Wir müssen die Seele erleuchten, der Körper kommt erst später. Es ist besser, eine halbe Million für eine Vortragsreise nach dem Ausland auszugeben, als sie den Bedürftigen zu schenken.« Caritas? *Das karitative Prinzip des Klerus, nichts vom eigenen Besitz aufzugeben, doch andere, die »Laien«, spenden zu lassen, bleibt in Geltung.*

»Es ist nicht Aufgabe des Evangeliums, an den bestehenden Verhältnissen irgend etwas zu ändern«, meinte 1952 ein offizielles Vorbereitungsheft zum Deutschen Evangelischen Kirchentag in Stuttgart[67]. Ich erwarte denn auch in der Kirche keine Aufwiegler mehr; mir reichen die Massen von Abwieglern, die sie entlohnt. Wie sagte doch im Frühjahr 1990 der Kölner Kardinal? Die Kirche nehme eine »Fremdkörperfunktion« wahr. Wäre das so, hätte die Bundesrepublik sie längst schon abgestoßen. Vielleicht erklärt irgend jemand mal dem Oberhirten, daß seine Kirche zum Wohlstands-System paßt wie das Bild zum Rahmen.

Die *Frankfurter Rundschau* vom 28.2. 1990 berichtet über die neueste Aussage von Papst Johannes Paul II. zum Thema: »Das Evangelium darf niemals durch eine besondere Sensibilität für soziale Probleme verdunkelt werden.«

Weshalb paßt Armut so gar nicht zur Kirche?

Die schon erwähnten Mühlhäuser hatten dem Deutschen Orden, der ihre Stadt finanziell knechtete, jahrelang Zins und Zehnt verweigert oder wenigstens zusammengestrichen, Wiesen und Wälder, Mühlen und Gewässer, die dem Orden gehörten, »widerrechtlich« mitgenutzt und den Zins von achtzehn auf acht Pfennige herabgesetzt[68]. Auch dies bedeutete eine Art Säkularisation. Auch diese Säkularisation hatte keinen Bestand, denn der Orden ließ es sich, nachdem alles anders gekommen war, teuer bezahlen.

Die letzten Unversöhnten, ja Unversöhnlichen werden mitten im harmonisierten Milieu der Leute mit dem »Alles-halb-so-schlimm-Gesicht« einmal mehr diejenigen Menschen sein, die die Opfer waren. Die wütende Harmonie der vernünftigen Leute mutet diese letzte Unversöhnlichkeit den eigenen Opfern zu.

Entschädigung? Eine »Abrüstungsinitiative Bremer Kirchengemeinden« hat der Bremischen Evangelischen Kirche vorgerechnet[69], sie habe direkt von den rund 50 000 bei Krupp beschäftigten »Sklavenarbeitern« der Hitler-Diktatur profitiert. Trotz einer Halbierung des Kirchensteuersatzes zu jener Zeit, trotz der Einberufung vieler Kirchensteuerzahler zu Hitlers Wehrmacht und trotz der einsetzenden Bombardierung seien seinerzeit die Einnahmen an Kirchensteuern wegen der rasant angestiegenen Einkünfte der Krupp-Anteilseigner gestiegen. Deshalb sollten nun als »Zeichen des Eingeständnisses der Mitschuld« 20 000 DM aus den Rücklagen der Landeskirche für ein Dokumentationszentrum zur Verfügung gestellt werden. Eine Summe, die ein Bischof in der Bundesrepublik in noch nicht einmal zwei Monaten verdient. Bezahlt wurde sie bis heute nicht.

Entschädigungsleistungen an die Kirche, die ihrerseits niemanden entschädigen muß, sind keine Erfindung unserer Zeit. Das Prinzip hat eine zeitlose deutsche Gültigkeit. Freilich: Es ist seinerzeit den Klöstern und Stiften immer wieder gelungen, ihre Schätze vor den anrükkenden Aufständischen in Sicherheit zu bringen. In festen Häusern und

Burgen wurden Gold und Silber verwahrt, ein Herr half so dem anderen. Müntzer, für den die Armut Signum des rechten Glaubens gewesen ist, konnte sich nicht durchsetzen. Er, der Seelsorger und Mystiker, dem Armut eine geistliche Heimat wie eine Station zum Kampf für das ausgebeutete Volk bedeutete, hatte gelehrt, niemand könne »vor dem Wucher und Zinsen zum Glauben kommen«[70]. Es ist ihm, dem militärisch Unterlegenen, nicht gelungen, die fette Ideologie derer ins Wanken zu bringen, die – als Mitglieder von »Bettelorden« – ihre Schätze horteten, als »der dicken Pfennige Knechte«[71].

Die »gelddurstigen Buben«[72] in Widersprüche zu verwickeln gerade in den Fragen, die für ihre Identität grundlegend waren, war Müntzers Absicht gewesen. Doch die Buben ließen sich »Armut« am allerwenigsten vorhalten. »Rechenschaft des Glaubens« zu geben, wie Müntzer es forderte, war für sie gegenüber der »Rechenschaft des Geldes«, auf die sie sich wacker verstanden, eine Bagatelle. Auch das ist ein Stück deutscher Geistesgeschichte.

Als die Revolution des deutschen Volkes von den Fürsten mörderisch niedergeworfen worden war, schrie der deutsche Klerus, schon wieder und immer noch auf der Herren- und Siegerseite, mit Erfolg nach Entschädigung. Die Aufständischen, so sie nicht ermordet worden waren, mußten ebenso wie die Kommunen, die sich der Revolution angeschlossen hatten, riesige Straf- und Bußgelder entrichten[73]. Die als Sühneleistungen deklarierten Unsummen waren im Grunde Mittel zur wirtschaftlichen Ausplünderung der Betroffenen. Kein Dorf und kein Einzelanwesen ist dabei vergessen worden. Von Caritas sprach keiner dieser Herren.

Der frühere Priester Müntzer blieb die Ausnahme. Seine ehemaligen Standesgenossen schlugen sich überall und jederzeit auf die Seite, auf der sie immer gestanden hatten, die der Herren. Folgerichtig mußte sich das Volk der Französischen Revolution gegen alle erheben, die da oben standen, gegen Adel und Klerus.

Warum geht keine einzige karitative Einrichtung zugrunde, wenn die Kirchensteuer nicht mehr abgesetzt werden darf?

Nach dem Gang in die Geschichte klerikaler Caritas und Armensorge frage ich nach dem heutigen Gebot demokratischer Legitimation und Fairneß auf dem karitativen Sektor. In der Bundesrepublik gehören zur Zeit noch etwa 70 Prozent der Bevölkerung einer der beiden christlichen Großkirchen an. Die Tendenz ist stark und stetig abnehmend. Auch die 30 Prozent, die keinem Massenbekenntnis angehören, haben einen demokratisch legitimierten Anspruch auf Sozialleistungen und Hilfen des Staates, den sie mit ihren Steuern nicht weniger mittragen als die konfessionell Gebundenen.

Ein Staat aber, der wie die Bundesrepublik wesentliche Sozialeinrichtungen (in vielen Gebieten die überwiegende Mehrheit) konfessionalisiert, bevorzugt den großkirchlich gebundenen Teil seines Staatsvolkes vor dem nicht gebundenen Teil. Das stellt eine Benachteiligung aller Menschen dar, die sich nicht zu den Großkirchen zählen. Das ist ein schwerwiegender Verstoß gegen den Artikel 3 (3) des Bonner Grundgesetzes. Denn niemand darf wegen seiner Religion oder Weltanschauung »bevorzugt oder benachteiligt« werden.

Wenn Nichtchristen in weiten Teilen des Landes gezwungen sind, Sozialeinrichtungen zu benutzen, die konfessionell ausgerichtet sind, ist ihre Weltanschauungsfreiheit beeinträchtigt. Das gilt für Kindergärten, für Krankenhäuser, für Altersheime. In jedem dieser Fälle entzieht sich unser Staat seiner Fürsorgepflicht gegenüber den an keine Großkirche gebundenen Bürgerinnen und Bürgern. Und dies, obwohl er auch aus ihren Steuermitteln jene Sozialeinrichtungen unterhält, von deren Seite sie eine unerwünschte religiöse Missionierung befürchten müssen.

Jeder, der Einsicht genommen und Erfahrungen gemacht hat, wird zustimmen: Nicht allein das ungetaufte Kind ist immer wieder einer

Beeinflussung ausgesetzt, auch kranke und alte Menschen fühlen sich zunehmend von klerikaler Seite belästigt. Gibt es kirchliche Krankenhäuser oder Altersheime, in denen Areligiöse frei und ungezwungen gesund werden oder sterben können? Oder haben sie an jeder Ecke den missionsbereiten Pfarrer oder die auf Sterbehilfe geistlicher Art verpflichtete Ordensschwester zu befürchten? Ich weiß, wieviel Schindluder auf diesem Gebiet mit dem freien (und letzten) Willen von Menschen getrieben wird. Diesen Mißbräuchen leistet das konfessionalisierte Sozialwesen der Bundesrepublik Vorschub.

Die Monopolstellung der konfessionellen Seelsorge in den Krankenanstalten der Bundesrepublik hat es verhindert, daß eine ausreichende Zahl von menschlich und fachlich qualifizierten Kranken- und Sterbebeiständen für alle Patienten ausgebildet und eingestellt worden sind.

Als gesellschaftlicher Skandal ist ferner die Tatsache zu bezeichnen, daß die meisten Krankenhäuser über Kapellen und Andachtsräume verfügen, sterbende Patienten jedoch noch immer in manchen Krankenhäusern in Raucher-, Besucher- und Fernsehzimmern oder gar Fluren ihr Leben beenden müssen. Caritas? Hat wenigstens das, was mit den Toten geschieht, »karitative Würde«? Ich spreche nicht von den Verstorbenen, die kirchlich beerdigt werden. Ich meine jene, die ohne klerikale Trauerfeier auskommen müssen – oder wollen. Im Jahr 1985 sind auf dem Stuttgarter Pragfriedhof auf 1600 Einäscherungen mit Trauerfeier 350 ohne eine solche entfallen. Das hat die Arbeitsgemeinschaft Christlicher Kirchen in der Stadt nicht ruhen lassen[74]. Das Stuttgarter Friedhofsamt benachrichtigt künftig die Kirchen, wenn ein solch »vereinsamter« Mensch bestattet wird. Ob er das je wollte, wird nicht gefragt. Er erhält seine Kirchenfeier. Die Mehrkosten für Orgelspiel und Pfarrerbeteiligung trägt freilich das Sozialamt, nicht die Kirche.

In diesem Zusammenhang erinnere ich mich an meine Zeit als Kaplan in Stuttgart. Nicht nur einmal wurde ich, nachdem ich eine »reguläre« katholische Beerdigung gehalten hatte, vom Friedhofspersonal gefragt, ob ich anschließend nicht auch eine »unbekannte Leiche« beerdigen würde. Die offizielle Kirche lehne es ab, »Selbstmörder« zu betreuen. Damals, mit 25 Jahren, fing ich an, hinter die Kulissen klerikaler Menschensorge (Caritas) zu schauen und mir erste Gedanken über die auf Kirchenart praktizierte Nächstenliebe zu machen. Heute will es niemand mehr gewesen sein, heute ist der Klerus plötzlich progressiv karitativ.

Warum ist es so gefährlich, im Kirchendienst zu stehen?

Da die Großkirchen in weiten Teilen der Republik eine Monopolstellung in Sachen Caritas haben und dieses Privileg auch weidlich ausnützen, haben Menschen mit nichtkirchlicher Weltanschauung, sofern sie sozial tätig werden wollen, keine echte Berufschance. Obwohl der Staat bis zu 90 Prozent der Kosten solcher Einrichtungen trägt, läßt er die Kirche als Arbeitgeberin völlig frei wirken – und damit, unter Bezug auf den angeblich undemokratischen Willen Gottes in Kirchensachen, demokratieferne Räume schaffen. Daß solche Zuschüsse jährlich fortgeschrieben werden, da sich die Kirchen eine »Gleitklausel« ausbedungen haben, merke ich am Rande an.

Verwaltungsbehörden der Bundesländer übernehmen bis zu 100 Prozent der Personalkosten an kirchlichen Schulen, doch sehen sie beiseite, wenn auch nur einer der an solchen Schulen Beschäftigten Schwierigkeiten mit der konfessionellen Bindung seines Lehramtes hat.

In Berlin, einem Beispiel für viele[75], rühmte sich der Diepgen-Senat im November 1986, als er den Kirchen weitere Zulagen zusagen wollte, mit den neuen Vereinbarungen werde »die gute und fruchtbare Zusammenarbeit Berlins mit den beiden Kirchen fortgesetzt«. Auch werde »erneut die große Bedeutung der Kirchen für Staat und Gesellschaft und ihr Engagement vor allem im sozialen und pädagogischen Bereich sowie im Gesundheitswesen gewürdigt«.

Das Land Berlin leistete 1986 einen Anteil an den Personalkosten der Evangelischen Kirche für die Berliner Kirchenmusikschule in Höhe von 196 790 DM. Auch darüber freuten sich alle Beteiligten: »Die Evangelische Kirche in Berlin-Brandenburg (Berlin West) und das Land Berlin begrüßen auch diese neue Vereinbarung als Ausdruck partnerschaftlicher Zusammenarbeit in freundschaftlichem Geiste«[76].

Trotzdem, die große – und entsprechend gut dotierte – Bedeutung der Kirchen im pädagogischen Bereich nimmt ab. Dieselbe Drucksache des Berliner Abgeordnetenhauses stellt fest, daß die Zahl der Schülerinnen und Schüler, die am evangelischen Religionsunterricht teilnehmen, von 135 823 auf 90 732 im Jahre 1985 zurückgegangen sei. Doch »rechtfertigen diese Teilnehmerzahlen den Religionsunterricht nach wie vor«[77].

Sicher eine gute Ausgangsbasis für die Entscheidung, Religionsunterricht zu erteilen und auf diesem Weg in den kirchlichen Dienst einzutreten. Doch: Im Kirchendienst tätig zu sein (und das betrifft fast eine Million Menschen in der Bundesrepublik, allein im Bereich der Diözese Münster sind es rund 22 000) heißt zu weiten Stücken gefährlich leben.

Kirchliches Dienstrecht, so Stimmen aus dem Klerus[78], sei weder Arbeitsrecht noch öffentliches Recht. Es sei schlicht Kirchenrecht – und damit dem Zugriff des Klerus freigegeben. Und der möchte schalten und walten, wie immer er will, und ist daher bestrebt, seine Einflußzonen in der Bundesrepublik auszudehnen. Nach dem sogenannten Selbstverständnis der Kirchen könnten nicht nur sämtliche konfessionellen Krankenhäuser, sondern auch kirchliche Kindergärten, Sozialstationen und Altenheime als »Stätten der Religionsausübung« unter dem Grundrechtsschutz des Artikels 4 Abs. 2 unserer Verfassung fallen[79]. Die Kleriker versuchen, souverän zu bestimmen, welche Bereiche unseres Staatslebens von der speziellen Kirchenfreiheit (Glaubens-, Religionsfreiheit) erfaßt werden. Gegenüber einer solch großzügigen Deutung werden die »Schranken des für alle geltenden Gesetzes«[80] praktisch bedeutungslos.

Was das heißt, ist jedem, der Augen hat zu sehen, klar: Frauen, die in kirchlichen Einrichtungen beschäftigt sind, tun gut daran, sich auch in ihrem Privatleben an die »Grundsätze der katholischen Kirche« zu halten. Scheidungen und Wiederverheiratungen, Abtreibungen, Geburten unehelicher Kinder oder auch nur Stellungnahmen gegen kirchliche Anschauungen (wie die zum §218 StGB) sind als mit diesen Prinzipien »unvereinbar« definiert – und führen zu Menschenrechtsverletzungen und zum Verlust eines Arbeitsplatzes, der zu 90 Prozent aus Steuermitteln bezahlt wird.

Prozesse vor Arbeitsgerichten haben den Betroffenen deutlich gemacht, was es heißt, in einem Land zu leben, das unkontrollierte klerikale und damit undemokratische Räume zuläßt. Daß die Religionsgemeinschaften hierzulande »ihre Angelegenheiten selbständig regeln«, wie es das Grundgesetz sagt[81], gilt als Freibrief für arbeitsrechtlich skandalöse Zustände. Kirchliche ArbeitnehmerInnen sind und bleiben ArbeitnehmerInnen minderen Rechtes.

Daß selbst Kleriker nicht immer ganz glücklich und zufrieden in ihrem Kirchenamt sind, sei angemerkt. Zwei wissenschaftliche Untersuchungen haben ergeben, daß Geistliche beider Konfessionen nicht nur in überdurchschnittlichem Maße sexuelle Probleme haben, sondern auch auffällig häufig suchtkrank (Alkohol, Medikamente) sind. Vorsichtig geschätzt[82], sollen in der Bundesrepublik 4000 abhängig sein.

Zurück zu den »Laien«. Der Bund Katholischer Unternehmer (BKU) hatte 1985 als erster Verband überhaupt eine »Auflockerung« des tariflichen Lohnsystems gefordert[83] und gleich präzisiert, was er damit meinte: die Wiedereinführung von »Leichtlohngruppen«. Caritas? Option für die Armen? Für die Frauen?

Konfessionelle Arbeitsplätze gibt es in der Bundesrepublik sehr viele. In bezug auf die Investitionen hat der Deutsche Caritasverband[84] schon 1979 den Durchschnittswert des pro Arbeitsplatz im Caritasbereich investierten Vermögens auf 300 000 DM geschätzt. Das bedeutet einen Aufwand an Gesamtinvestitionen von über 50 Millarden DM. Aber was geschieht mit diesen Arbeitsplätzen und an diesen?

Nicht ohne Grund kritisieren bundesdeutsche Gewerkschaften wie die ÖTV die unter demokratischen Gesichtspunkten unhaltbaren

Zustände in kirchlichen Sozialeinrichtungen. Zwar sind die Kirchen sofort bereit, überall dort soziale Aufgaben an sich zu ziehen, wo »Ansprüche gegenüber dem Staat oder den Sozialversicherungsträgern und Krankenkassen«[85] geltend gemacht werden können. Doch weigern sie sich, die Arbeitsbedingungen ihrer MitarbeiterInnen tariflich so festzulegen, wie das unter demokratischen Bedingungen üblich ist. Caritas? Oder bloß »Caritasverband«?

Es ist unglaublich, aber wahr: Die katholische Kirche, in der Bundesrepublik eine der größten Arbeitgeberinnen auf karitativem Sektor, schränkt die – in Verfassung und Gesetz verbrieften – Rechte ihrer Bediensteten ein. Aus vorgeblich »dogmatischen« Gründen. Der Bonner Theologieprofessor Franz Böckle[86] hat, vor dem Sturz Ceaucescus, den Vatikan und Rumänien als die beiden einzigen Staaten bezeichnet, in denen weder Glasnost noch Perestroika Einzug gehalten haben. Bei der Behandlung von Menschen, die anderer Meinung seien, gebe es zwischen vatikanischen Institutionen und dem Zentralkomitee der rumänischen Kommunisten »kaum begreifbare Parallelen«. Jetzt, nach der rumänischen Wende, steht der Vatikan ganz allein. Ein totalitärer Staat?

Es beweist sich das erwähnte kirchliche Prinzip: Zum einen sind Kleriker nicht von dieser Welt, wenn es günstig für sie ist, zum andern nehmen sie alle Privilegien dieser Welt für sich in Anspruch. Also hüllen sie sich, was ihre Institution und all deren Einrichtungen (Brauereien eingeschlossen) betrifft, in den Schutzmantel einer »öffentlich-rechtlichen Körperschaft«. Zum anderen fordern sie ständig Ausnahmen von den für alle geltenden Gesetzen, indem sie sich auf ihren unvergleichlich »höheren Zweck« berufen. *In beiden Fällen bringt dieses doppelmoralische Verhalten erhebliche finanzielle Vorteile.*

Konkret sieht das so aus: Das Bundesarbeitsgericht hat erst vor kurzem entschieden[87], daß in öffentlich-rechtlich organisierten, also auch kirchlichen Betrieben das Betriebsverfassungsgesetz nicht gilt. Anlaß war die Klage von in der Andechser Klosterbrauerei Beschäftigten, die einen Betriebsrat bilden wollten. Zuvor hatte das Münchner

Verwaltungsgericht entschieden[88], daß gewerbliche Betriebe in Kirchenbesitz wie Brauereien nicht dem Tendenzschutz unterliegen. Es müsse ein Personalrat – wie bei Behörden – eingerichtet werden. Die beklagten Benediktiner, klerikale Arbeitgeber, waren in die Berufung gegangen.

Ein bei einem von der katholischen St.-Elisabeth-Stiftung getragenen und vom Staat wesentlich mitfinanzierten Krankenhaus in Bochum beschäftigter Arzt[89] hat sich 1989 im *Stern* gegen den Abtreibungsparagraphen engagiert. Er hat ein wenig Meinungsfreiheit in Anspruch genommen. Er hat sich an einer Unterschriftenaktion gegen den §218 beteiligt. Die Folge war die fristlose Kündigung.

Ein weiterer katholischer Fall zur Illustration der tatsächlichen karitativen Verhältnisse: Nach 16jähriger Tätigkeit ist eine Buchhalterin von der Caritas fristlos gekündigt worden[90], weil sie zur evangelischen Kirche übergetreten war. Zusätzlich hatte die Caritas bei dem von ihr abhängigen Malteser-Hilfsdienst angerufen und auf den »Verstoß« der neuen Mitarbeiterin aufmerksam gemacht. Das Arbeitsgericht Münster hat die fristlose Entlassung für rechtswidrig erklärt – und eine fristgerechte Kündigung angemahnt. Die Caritas verpflichtete sich ihrerseits, auf den neuen Arbeitgeber keinen weiteren Druck mehr auszuüben.

Einige Beispiele aus dem evangelischen Bereich: Das Diakoniewerk Neuendettelsau hatte einem 39jährigen Gymnasiallehrer wegen »ungenügender Leistungen« gekündigt, nachdem dieser an Krebs erkrankt war[91]. Da der Personalchef der kirchlichen Einrichtung öffentlich argumentiert hatte, »mit Verwundeten kann man keine Schlacht gewinnen«, folgte das Arbeitsgericht dieser Darstellung nicht. Es erkannte die »ungenügenden Leistungen« nicht an, sondern verurteilte das barmherzige Werk zur Nachzahlung der Gehälter und zu einer Abfindung. Caritas? Ein Einzelfall?

Frauen von evangelischen Pfarrern, die zu weiten Teilen in der Gemeinde ihres Mannes mitzuarbeiten haben, stehen nach einer Scheidung fast rechtlos da. Da sich die Scheidungen in diesen Kreisen häufen (in Ballungsgebieten soll die Zahl geschiedener Pfarrerehen bei 50 Prozent liegen)[92], handelt es sich nicht um ein Randproblem. Die Kirche versucht aus naheliegenden Gründen, einen weiteren Zuwachs zu verhindern. Daß sie dafür nicht scheut, die geschiedenen Pfarrersfrauen wenig karitativ zu behandeln, ist keine Empfehlung.

Erzieherinnen in evangelischen Kindergärten klagten auf einer Bundestagung ihres Fachverbandes im Jahr 1988[93] über unzumutbare Arbeitsbedingungen. Die Rechtsträger – häufig durch evangelische Pfarrer vertreten – ließen erzieherische Fachkompetenz zu wenig gelten. In Personal- wie in Sachfragen gebe es kaum ein Recht auf Mitbestimmung. Manche kirchlichen Träger nutzten die katastrophale Arbeitsmarktlage aus, indem sie Dienste im Kindergarten nur vergäben, wenn zusätzlich innerkirchliche Dienste – wie Orgelspielen am Sonntag – verrichtet würden.

Ein weiteres Problem stellt sich der Klerikalcaritas durch die Übersiedler aus der früheren DDR. Da kommen ungetaufte und nichtreligiös erzogene Personen in die alten Bundesländer, die als ErzieherInnen fachliche Qualitäten aufweisen und sofort in einem Kindergarten unterzubringen wären. Aber die evangelische Kirche sperrt sich. Die sechsmonatige Probezeit kann nur verlängert werden, sagt sie in einem konkreten Fall, wenn die Erzieherin sich taufen läßt[94]. Unter diesen Umständen wird es sich unter den Übersiedlern herumsprechen, daß sie mit Taufschein besser fahren als ohne. Und wenn es sich bloß um eine Gefälligkeitstaufe handelt...

Im Jahr 1989 hat die arbeitsrechliche Kommission der evangelisch-lutherischen Kirche in Bayern[95] beschlossen, Wegezeiten künftig nicht mehr der bezahlten Arbeitszeit der im Kirchendienst Beschäftigten zuzurechnen. Eine Schrittmacher-Leistung in Sachen Caritas?

Nach Auffassung der Gewerkschaft ÖTV[96] koppelt die geplante »Arbeitsvertragsgrundordnung« der Kirche das Arbeitsrecht der kirchlich Beschäftigten vom geltenden Tarifrecht im öffentlichen Dienst ab. Die Kirche, Wegbereiterin des Unsozialen?

Ich wundere mich nicht, daß der Klerus keine Gewerkschaften liebt.

Gewerkschaften könnten Menschenrechte einfordern, die die finanziellen Interessen der Kirche und ihrer Caritas beeinträchtigen. Es zeigt sich, wohin es führt, wenn »Glaube«, »Caritas« und Geld eine Verbindung eingehen wie in der Bundesrepublik.

Stehen demgegenüber die ideologisch freien Verbände unseres Landes wirklich so schlecht da? Haben die Kleriker einen tatsächlichen Vorsprung an Caritas – oder nur einen an Privilegien? Ist das Deutsche Rote Kreuz der Kirche auf karitativem Sektor unterlegen? Noch immer warten wir auf den schlüssigen Nachweis, weshalb eine Institution wie die Kirche, die ihre Sozialleistungen (in Kindergärten, Altenheimen, Krankenhäusern) ebenso wie ihre Beschäftigten an eine Weltanschauung bindet, einer weltanschaulich neutralen wie dem Roten Kreuz überlegen ist.

Falls ein solcher Nachweis nicht geführt werden kann, besteht kein Grund, die Sozialarbeit der Kirche einer nichtkonfessionellen vorzuziehen. Im Gegenteil. Die Nachteile der klerikal gebundenen Caritas liegen klar auf der Hand. Das betrifft die Umsorgten genauso wie die Umsorgenden, und das bis heute.

In der Nähe meines Wohnorts wurde neulich einer Frau gekündigt, die in einem kirchlichen Altenheim als Raumpflegerin angestellt war – und nach ihrer Scheidung wieder geheiratet hatte[97]. Die Wogen gingen in den Medien hoch, und einige Kleriker beeilten sich zu erklären, daß sie selbst den »Fall« anders gelöst hätten. »Wir sind doch keine Sittenpolizei«, sagte der eine. Der andere meinte, das sei eine Überreaktion gewesen. Die Pressestelle des Bistums ließ erklären, im Privatleben der Beschäftigten werde zwar nicht spioniert, doch um den Tendenzschutz zu wahren, gelte »die Regelung grundsätzlich vom Chefarzt bis herunter zur Putzfrau«. Die Regelung? Paragraph 42 der kirchlichen Arbeits- und Vergütungsordnung sieht vor, daß eine Arbeitnehmerin, die gegen die Glaubens- und Sittenlehre der Kirche verstößt (durch »wilde Ehe«), fristlos gefeuert werden kann. In diese Richtung spricht der Deutsche Caritasverband bundeseinheitlich. Liebe und Recht?

Den »Fall« anders lösen? Humanität beweisen statt Paragraphen reiten? Es gab Stimmen, die meinten, es sei zu unterscheiden »zwischen kirchlichen Angestellten in leitender Position mit Öffentlichkeitswirkung und einer Krankenschwester«. Auch seien Hospitäler »in erster Linie um die optimale medizinische Versorgung ... bemüht und nicht um die Verbreitung des Evangeliums«. Im übrigen gebe es kirchliche Mitarbeiter mit und ohne Verkündigungsauftrag. Eine Putzfrau habe »doch eher einen Reinigungsauftrag«.

Schwer, keine Satire zu schreiben. Der sogenannte »Spielraum«, den sich die Kleriker da in ihren »sittlichen Entscheidungen« offenhalten wollen, ist Ausdruck nackter Willkür. Er schafft nach außen hin – medienwirksam – den Eindruck, nichts werde so heiß gegessen, wie es gekocht wurde. Doch schafft er keine Rechtssicherheit für die im Kirchendienst Beschäftigten. Auch wenn sich viele Pfarrer fürs erste menschenfreundlich verhalten, weil es ihnen gerade in den Medienkram paßt, kann doch ein einziger Scharfmacher unter ihnen wieder alles zerstören. Er hätte das klerikale Dienstrecht auf seiner Seite.

Rechtsstaatlichkeit hat nichts mit der persönlichen Haltung oder Meinung eines Richters oder eines Behördenangestellten zu tun. Das wissen die befragten Kleriker offensichtlich nicht. Woher sollten sie es auch wissen? Ihre eigene Kirche kennt seit eh und je eine Klassenjustiz. Was sie hingegen nicht kennt, sind die Gewaltenteilung, das Prinzip wechselseitiger Kontrolle, die Gesetzmäßigkeit der Verwaltung, die »gesetzliche Bestimmtheit«, den umfassenden Rechtsschutz aller ihrer Glieder gegen Willkürakte der Oberhirten.

Wennschon. Offenbar zahlt es sich wenigstens in der Bundesrepublik für eine Kirche aus, selbst zwar kein Rechtsstaatsprinzip zu kennen oder anzuwenden, doch »ihre Angelegenheiten selbständig zu ordnen und zu verwalten«, wie es das Grundgesetz in Artikel 140 garantiert. Wer dabei unter die Räder kommt, ist nicht der Pfarrer, sondern immer die Raumpflegerin und ihresgleichen.

Nach einer Meldung der Süddeutschen Zeitung vom 13. 9. 1991 hat freilich das Landesarbeitsgericht Mainz den Schutz von Ehe und

Familie höher bewertet als die Interessen der Kirche. Das Gericht bestätigte eine Entscheidung des Arbeitsgerichts Bernkastel-Kues, das die Entlassung einer Altenpflegerin der katholischen Caritas als sozialwidrig aufgehoben hatte. Die geschiedene Frau hatte erneut geheiratet und hat mit ihrem neuen Mann ein Kind. Die Caritas hielt ihre Wiederheirat für einen kirchenfeindlichen Akt, der der Glaubens- und Sittenlehre der katholischen Kirche widerspreche. Das Gericht meinte dagegen, in dem Fall kollidiere das verfassungsmäßig garantierte Recht der Kirche auf Selbstverwaltung und Selbstorganisation mit dem Grundrecht der Altenpflegerin auf Schutz von Ehe und Familie. Revision beim Bundesarbeitsgericht wurde zugelassen.

Kardinal Meisner von Köln, sonst um keinen Pauschalspruch auf ungefährlich theologischem Terrain verlegen, mußte in einer Fernsehsendung des WDR im März 1990 passen, als er gezielt gefragt wurde, ob die Kirche ihren weiblichen Beschäftigten einen zusätzlichen Mutterschaftsurlaub bewillige oder ob sie, die immer für Ehe und Familie eintrete, den Ihren ein zusätzliches Kindergeld zukommen lasse. Auf sozial verfängliche Fragen braucht ein Kardinal keine Antwort zu wissen. Weil die Kirche, die er – in Purpur und Goldbrokat – vertritt, selbst keine konsequente Lösung für ihre Mitglieder und Beschäftigten kennt. *Es ist ein Unterschied, ob die Kirche zu anderen spricht – oder nach innen handeln muß.*

In derselben Sendung hatte der Oberhirte ungleich wortgewandter – im Zusammenhang mit dem Mahnläuten fürs ungeborene Kind – den fehlenden »Corpsgeist« seines Klerus beklagt (eine verräterische Vokabel für Priester und Soldaten!) und gemeint: »Es hat mich traurig gemacht, daß nicht alle mitgeläutet haben.« Daß er traurig war, nichts über Mutterschaftsurlaub und Kindergeld sagen zu können, hat er nicht gesagt.

Wer freiwillig in den Kirchendienst geht, ist selber schuld. Wer es nicht tut, tut noch zuwenig. Er sollte auch mithelfen, diese undemokratischen Zustände zu verbessern, unter denen seine Kolleginnen und Kollegen arbeiten müssen. Eine fundamentale Änderung ist unumgänglich: Kein demokratischer Staat kann sich eine Partnerin wie die Kirche leisten, ohne das Gesicht zu verlieren.

Ich spreche mich in diesem Zusammenhang für das folgende Prinzip aus: Entweder bleibt die römische Kirche auch in der Bundesrepublik ihren Grundsätzen treu oder sie gibt sie auf, weil sie sie für undemokratisch hält. Im ersten Fall muß sie, die Grundsatztreue, dann ohne Staatsleistungen auskommen, im zweiten Fall nicht. Einen dritten Weg wie gegenwärtig darf es nicht mehr geben.

Allerdings befürchte ich, daß die Interessenverquickung zwischen Staat und Kirchen in nicht wenigen Bereichen bereits ein solches Ausmaß erreicht hat, daß nur noch eine geringe Aussicht auf eine Reform besteht. Der verfassungskonforme Staat und die verfassungskonforme Kirche sind schon Utopien.

Was passiert, wenn wir die »Caritas« demokratischer regeln?

Allein der Einsatz von Zivildienstleistenden erspart den Arbeitgebern über 2 Milliarden DM pro Jahr. Das Diakonische Werk (20,1 Prozent) und die Caritas (16,8 Prozent) sind die Hauptnutznießer[98]. Mit Nachdruck hat sich der Deutsche Caritasverband gegen Pläne gewandt, für den Einsatz von Zivildienstleistenden eine Prioritätenliste aufzustellen und dabei den unmittelbar an den Menschen geleisteten Diensten einen Vorrang vor dem Dienst im Rahmen von karitativen Organisationen einzuräumen. Das Monopol soll unter keinen Umständen angetastet werden.

Wenn die Kirchen jedoch selbst nur etwa 20 Prozent der karitativen Kosten aufbringen, dann spart der Staat durch die weitgehende Konfessionalisierung des Sozialwesens recht wenig. Berücksichtige ich demgegenüber die erwähnten immensen Zuschüsse, Subventionen und sonstigen Leistungen des Staates an die Kirchen der Bundesrepublik, dann sind die 20 Prozent kirchliche Eigenleistung mehr als aufgewogen.

Nach wie vor ist das seit Jahren vorgetragene Argument nicht widerlegt, schon durch eine kleine Korrektur der Kirchensteuergesetzgebung seien alle Mehrkosten gedeckt, die durch eine konsequente Entkonfessionalisierung der sozialen Dienste entstehen.

Allein die Tatsache, daß geleistete Zahlungen von Kirchensteuern in voller Höhe von den zu zahlenden Lohn- und Einkommensteuern abgesetzt werden können, kostet die Bundesrepublik Jahr für Jahr über 3 Milliarden DM[99]. Wer einer Kirche angehört und dafür zur Zahlung von Kirchensteuern herangezogen wird, kann den Gesamtbetrag der gezahlten Kirchensteuer als »Sonderausgabe« absetzen. Das mag im Einzelfall nicht viel ausmachen, doch die vielen kleinen Beträge summieren sich. Schließlich ist die stolze Milliardensumme erreicht. Etwa ein Viertel des gegenwärtigen Kirchensteueraufkommens stammt also nicht von den Kirchenmitgliedern, sondern von der öffentlichen Hand. Die Steuergesetzgebung der Bundesrepublik subventioniert auch auf diese Weise die beiden Großkirchen. Manch eine Spenden- und Kirchensteuermark fließt also wieder zurück.

Und diese Summe fehlt der öffentlichen Hand. Hätte der Staat sie zur Verfügung, ließen sich nicht nur wesentliche Teile der bisher als Eigenmittel der Kirchen geltenden Sozialleistungen finanzieren, sondern es wäre noch ein Überschuß vorhanden. Das hieße: Unser Land könnte die »Caritas«, die es jetzt zu 80 bis 90 Prozent finanziert, ohne Schwierigkeiten ganz bezahlen – und beispielsweise über nichtkonfessionelle (kirchenfreie) Wohlfahrtsverbände abwickeln. Auch die Übernahme der konfessionellen Schulen käme die Länder billiger, als die gegenwärtigen Zuschüsse zu zahlen.

Ähnlich wie die Entschädigungsleistungen der Länder an die vor beinahe 200 Jahren enteignete Kirche, von denen ich gesprochen habe, sind diese Sozialleistungen weder ihrem Bestand noch ihrem Umfang nach vom Grundgesetz garantiert. Ihr Weiterleben hängt vom kirchenpolitischen Klima in der Republik ab. Es wird Zeit, daß sich politische Mehrheiten nicht nur für das Verfassungsgebot der Ablösung von Entschädigungsleistungen finden, sondern auch für eine Streichung der Leistungen auf dem Sozial- und Schulsektor.

Einfach den Rotstift ansetzen? Keine karitative Einrichtung oder Privatschule in der Bundesrepublik müßte schließen, wenn es Menschen genug gäbe, die den politischen Mut aufbringen, Korrekturen im staatlichen Steuer- und Subventionssystem durchzuführen.

Und die bisher im Kirchendienst Beschäftigten? Keine Sorge. Ich bin überzeugt, daß sie nach einer entsprechenden Wende in Scharen der bisherigen Arbeitgeberin davonlaufen werden. Sie können sich, zumindest nach arbeitsrechtlichen Gesichtspunkten, nur verbessern, wenn sie von der Kirche zu anderen Verbänden gehen. Niemand stünde auf der Straße.

Daß die noch im Kirchendienst Tätigen sich künftig auch gewerkschaftlich engagieren könnten, um ihre Rechte durchzusetzen, kommt hinzu. Schon heute wird geschätzt, daß selbst in rein konfessionellen Einrichtungen höchsten 5 bis 10 Prozent der Beschäftigten ihre Tätigkeit aus spezifisch christlicher Berufung ausüben.

Ein paar Vergleichszahlen von 1987 aus Bayern[100], die zeigen, daß bereits heute auf verschiedenen Sektoren des Sozialbereichs nichtkonfessionelle Träger den konfessionellen den Rang ablaufen. Ich nenne Zahlen aus einer Antwort des Bayerischen Staatsministeriums für Unterricht und Kultus auf eine schriftliche Anfrage der SPD-Abgeordneten Pausch-Gruber. Es geht um die staatlichen Zuschüsse an Sozialeinrichtungen, um Gelder, aus deren Höhe auf die Zielrichtung und Intensität der jeweiligen karitativen Tätigkeit geschlossen werden kann.

Während die katholische Kirche auf dem Feld der Erziehungsberatung, der Eheberatung, der Schwangerschaftsberatung und der Suchtberatung vorne lag, hatten nichtkonfessionelle Träger einen Vorsprung bei der Betreuung ausländischer Arbeitnehmer, bei der stationären Altenhilfe, beim Pflegeplatzprogramm, bei den Mahlzeitendiensten, den Altenclubs und Altentagesstätten, bei der Altenerholung, bei den Altenbetreuungszentren.

Katholische Mahlzeitendienste wurden zu 5,4, nichtkonfessionelle zu 91,1 Prozent bezuschußt. Im Fall der Altenerholung waren die beiden Vergleichszahlen 31,14 zu 60,2 Prozent, bei den Modellmaßnahmen 0,5 zu 74,9 Prozent, bei Altenbetreuungszentren 0 zu 100 Prozent.

Berlin[101] hat 1986 an kirchliche Kindertagesstätten etwa 63 Millionen DM gezahlt, an nichtkonfessionelle 87 Millionen DM. Kirchliche Sozialstationen haben in Berlin 6,5 Millionen DM, nichtkirchliche 6,2 Millionen DM erhalten. Es ist also nicht so, als garantierten allein die Kirchen die soziale Versorgung in der Bundesrepublik. Beide Möglichkeiten, die konfessionelle wie die nichtkonfessionelle, stehen offen. Niemand wird sagen können, eine kirchenfreie Trägerschaft leiste weniger als eine konfessionell gebundene.

Der Unterschied zwischen beiden Möglichkeiten liegt erkennbar nur darin, daß im einen Fall weltanschauliche Einflüsse auf Betreuende wie Betreute stark und gewollt einwirken – und im anderen Fall nicht. Die Gesellschaft der Bundesrepublik wird sich überlegen müssen, welcher der beiden Möglichkeiten sie in naher oder ferner Zukunft den Vorzug gibt. Fragen der Finanzierung ergeben keine Argumente mehr.

Daß solche Überlegungen der Kirchenlobby ganz und gar nicht gefallen, liegt auf der Hand. Würde nämlich allein der Vorschlag, die Abzugsfähigkeit der Kirchensteuer zu streichen, zugunsten staatlicher und nichtkonfessioneller Trägerschaften realisiert, zöge das beliebte Argument nicht mehr, in der Bundesrepublik seien vor allem die Kirchen karitativ tätig und damit unersetzlich.

Daß die Kirchen ebenso ersetzlich sind wie ihre »Caritas«, ist freilich noch nicht allen Bürgerinnen und Bürgern der Bundesrepublik klar geworden. Gewißheit haben in dieser Frage nur die Kleriker selbst. Daher lassen sie so gerne öffentlich schweigen, wenn es um die Gewißheit anderer geht.

Doch beschäftigen sich Kirche und Diakonie nach Ansicht des Vorstandsvorsitzenden des evangelischen Sozialwerks Collegium Augustinum Markus Rückert, »viel zuwenig« mit den wirtschaftlichen Grundlagen ihrer Existenz. Offensichtliche gesellschaftliche Nöte würden von der Diakonie oft erst angegangen, wenn eine Finanzierung aus Steuermitteln gesichert sei, kritisierte Rückert: »Wir haben nicht mehr die Kraft, Hilfen im Vorfeld des Sozialstaats aus den Kirchengemeinden heraus vorzufinanzieren.« Als Beispiel nannte er die Entwicklung von Frauenhäusern und die Betreuung Aidskranker: »Diakonie war nicht zur Stelle, weil es keine öffentlichen Gelder für diese Arbeiten am Rande unserer Gesellschaft gab.«[102]

Anstelle eines Nachworts: Stiftet die Bundesrepublik die Hauskapelle für das gemeinsame europäische Haus?

Die wichtigsten Wege, auf denen unser Geld in die Taschen der Kirche gelangt, sind abgeschnitten. Was bleibt am Ende des Marsches durch die fromme Institution?

Die Großkirchen haben unser Land nicht nur mit ihren Ansprüchen durchsetzt, sondern auch auf eine sehr sorgfältige Weise mit ihren Privilegien besetzt. Einer der wichtigsten Ansprüche der Kirchen an die Bundesrepublik ist derjenige, aufgrund ihrer abendländischen Kulturtradition, ihres spezifischen Auftrags und ihrer tatsächlichen Dienstleistungen vor allen anderen Interessengruppen bevorzugt zu werden. Dieser Anspruch ist in jedem einzelnen Punkt anfechtbar; das hat bisher weder die Mehrzahl der Behörden noch die meisten Gerichte daran gehindert, sich ihm zu unterwerfen.

Aus dieser Unterwerfung resultiert der tatsächliche, wenn auch völlig wirklichkeitsferne Zustand des »Verhältnisses zwischen Staat und Kirche in der Bundesrepublik«. Nicht nur im Hinblick auf das zusammenwachsende Europa, sondern auch aufs Weltganze gesehen ist dieses Verhältnis einmalig. Es ist mit keinem anderen »Verhältnis« zu vergleichen; immer lassen sich, mit den Augen der Kleriker gesehen, weitere Vorzüge vor den anderen Ländern finden.

Unter diesen Umständen kann nicht erwartet werden, daß die Privilegierten von sich aus auch nur das geringste Entgegenkommen zeigen werden, wenn unter Demokraten über eine eventuelle Änderung der gegenwärtigen unwürdigen Lage diskutiert werden soll. Wie die Erfahrung zeigt, bleiben Appelle an den guten Willen der Kleriker ohne Wirkung.

Das kann die engagierten Bürgerinnen und Bürger unseres Landes nur darin bestärken, die leidige Angelegenheit selbst in die Hand zu nehmen und die Bundesrepublik Stück um Stück von den antiquierten und teuren Vermächtnissen der »Privilegienära« zu befreien. Ich sehe darin eine demokratische Pflicht.

Es ist nicht einzusehen, weshalb sich bewußte Christen von dieser Aufgabe ausnehmen sollten. Selbst die Theologen unseres Landes, die die besten der Welt sein sollen (und die am besten bezahlten der Welt sind), könnten sich anschließen: *Das Verhältnis zwischen Staat und Kirche ist kein Randproblem, seine Veränderung eine theologische Aufgabe ersten Ranges.*

Anregungen für eine Wende gibt es genug. Die Interessierten brauchen sich nur umzusehen, wie das Problem in den anderen Wohnungen des gemeinsamen europäischen Hauses geregelt ist. Staatskirchenrechtlich gesehen bringt die Bundesrepublik bisher nur eine verstaubte Hauskapelle ein; andere Länder leben längst schon viel moderner.

Da ich in diesem Buch immer wieder auf verschiedene konkrete Probleme hingewiesen habe, die dringend einer Lösung bedürfen, beschränke ich mich hier auf ein einziges Beispiel, das der »Kirchensteuer«. Daß ich dafür das »Herrmann-Modell«[1] anführe, hat seinen Grund. Mein Vorschlag von 1972 ist in der Bundesrepublik zwar unbeachtet geblieben, aber seit ein paar Jahren in zwei Ländern Europas in modifizierter Form verwirklicht. Es handelt sich um Länder, die traditionell als katholisch gelten und von denen nicht angenommen werden konnte, daß sie sich, als die Änderung ihrer Konkordate anstand, nicht am »Modell Bundesrepublik« orientieren würden. Ich spreche von Spanien und Italien.

Spanien hat, um sich von dem Franco-Konkordat aus dem Jahr 1953 zu befreien, in den siebziger Jahren verschiedene neue Verträge mit dem Hl. Stuhl geschlossen[2]. Sie atmen durchaus nicht in jedem Fall den

Geist, der von einem weltanschaulich neutralen Staat zu erwarten wäre. Noch immer hat in wichtigen Passagen die römisch-katholische Kirche das Sagen. Doch auf dem Gebiet der Kirchenfinanzierung ist ein Durchbruch gelungen. Der »Vertrag zwischen dem spanischen Staat und dem Hl. Stuhl über wirtschaftliche Fragen« vom 3. Januar 1979[3] sagt in seiner Präambel, die beiden Vertragschließenden wollten das bisherige System der Subventionen des spanischen Staates an die katholische Kirche revidieren. Und Art. II Abs. 2 des Vertrages nennt die entscheidende Neuerung: »Der Staat wird der katholischen Kirche einen Prozentsatz der Leistung der Einkommen- oder Vermögenssteuer oder einer anderen Personalsteuer durch das technisch geeignetere Verfahren zuweisen können. Dazu wird es notwendig sein, daß ein jeder Steuerzahler in der jeweiligen Steuererklärung seinen Willen über die Zweckbestimmung des entsprechenden Prozentsatzes ausdrücklich kundtut. Bei Fehlen dieser Erklärung wird die entsprechende Summe für andere Zwecke bestimmt werden.«

Der Vatikan hat sich also bereits 1979 in einer so wichtigen Frage auf ein Modell festlegen lassen (oder es selbst gewählt, um keine noch größeren Einbußen zu erleiden), das in der Bundesrepublik noch nicht einmal im Jahr 1992 als diskutable Lösung der eigenen Probleme gilt.

Die konkreten Folgen schildert ein Bericht der *Welt* vom 13. Januar 1989: »Nach der Trennung von Staat und Kirche des seine Geschichte hindurch bis 1976 katholischen Staates [Spanien] wurde für das Jahr 1988 zum ersten Mal Kirchensteuer erhoben. Die Steuerpflichtigen konnten in ihrer Erklärung ankreuzen – entweder: ›für die wirtschaftliche Erhaltung der katholischen Kirche beizutragen‹ oder ›andere Ziele von sozialem Interesse‹ mit ihrem Beitrag von etwas über einem halben Prozent des Steuerbetrages mitzufinanzieren.« 37 Prozent der Spanierinnen und Spanier haben sich dabei für die Zahlung ihrer Solidarabgabe an die Kirche entschieden. Das entspricht etwa der Zahl der regelmäßigen sonntäglichen Kirchenbesucher.

Das Konkordat zwischen dem Hl. Stuhl und der Republik Italien vom 18. Februar 1984, welches die 1929 mit Mussolini geschlossenen

Lateranverträge revidieren sollte[4], ist einen ähnlichen Weg gegangen. Es ist auch noch immer durchsetzt mit typisch klerikalen Ansprüchen, gegen die viele Italienerinnen und Italiener protestieren. Aber es – und seine Zusätze – ist auf finanziellem Terrain weitaus moderner als die veralteten Verträge, an die sich die Bundesrepublik noch immer halten muß, weil sich niemand findet, der hier etwas Wesentliches ändern will.

In Italien ist seit 1984 die Art der Finanzierung der katholischen Kirche durch den Staat durchgreifend verändert worden[5]. Verschwunden ist das »angemessene Gehalt«, das die Priester vom Staat erhielten. Diese Gelder gehen jetzt an einen zentralen Fonds, das »Institut zum Unterhalt des Klerus«. Dieses Institut erhält auch die Spenden von Gläubigen, die bis zur Höhe von 2 Millionen Lire (also etwa 2600 DM pro Person und Jahr) steuerlich absetzbar sind. Zu den so erlangten Summen kommen Anteile an den direkten Steuern. Diese Anteile sind für karitative Einrichtungen des Staates oder der Kirche vorgesehen. Die Steuerpflichtigen können persönlich darüber bestimmen, wer diese Gelder aus ihren Steuern erhalten soll[6]. Die Gelder derjenigen, die nicht optiert haben, werden aufgeteilt, wie es der prozentualen Gesamtentscheidung all derer entspricht, die sich festgelegt haben. Wer also nicht optiert, wendet wenigstens einen Teil seines Steuergeldes der Kirche zu.

Wie wäre es mit einer ähnlichen Solidarabgabe auch bei uns? Etwas Verlockendes haben diese Möglichkeiten. Ich denke mir, daß mancher Steuerpflichtige die Chance ergriffe und sein Geld lieber in Projekte des Umweltschutzes als in die Besoldung des Küsters an einer Bischofskirche investieren würde, wenn das möglich wäre. Geld für bedrohte Bäume statt für den Druck von bischöflichen Verordnungsblättern? Solidarabgaben für die Reinhaltung des Grundwassers statt für Militärmeßweine?

Kirchenaustritte genügen nicht. Der individuelle Abschied bewirkt innerkirchlich ebensowenig wie innerhalb der bundesdeutschen Gesellschaft. Was fehlt und was kommen muß, ist das konstruktive Mißtrauensvotum gegen die gegenwärtige Kirchenpraxis. Der einzelne wird in ein und demselben Rechtsakt die bisherige Kirchenfinanzierung abwählen und konstruktiv für eine alternative Möglichkeit, wie sein Geld verwendet wird, optieren können.

Alles geschähe, zum erstenmal in der Klerikal-Geschichte der BRD, wirklich freiwillig. Während bisher niemand danach gefragt worden ist, ob er Meßweine für Soldatengottesdienste mitbezahlen will, kann sich künftig jeder Steuerpflichtige für oder gegen die klerikalen Vorgaben entscheiden. Niemand muß den Baum dem Druckerzeugnis vorziehen, niemand ist gezwungen, statt des Meßweins das Grundwasser zu finanzieren.

Wie sich solche Modelle auf die Privilegienkirchen in der Bundesrepublik auswirken würden? Gewiß hätte der Diätplan ein Schrumpfen der Kirchen zur Folge, zumal bereits heute die nichtkirchlichen Hilfsorganisationen (Rotes Kreuz, SOS-Kinderdörfer, Greenpeace usw.) höher in der Gunst der Spender liegen als klerikale[7]. Doch dies ist anzustreben: *Lieber eine kleinere Kirche als eine reiche, verfettete, nach Massenzahlen »große«.*

Der *Stern* hat schon 1968 eine Umfrage des Instituts für angewandte Sozialwissenschaft (Infas) wiedergegeben[8], nach der 20 Prozent der Befragten einer Freiwilligkeitskirche, die das staatliche Inkasso der Kirchensteuer aufgäbe, kein Geld mehr geben würden. Dieser Prozentsatz hat sich bis heute gewiß vergrößert. Andererseits ist die Umfrage von einer Ablösung der Zwangskirchensteuer durch ein Spendensystem ausgegangen. Im Falle einer Solidarabgabe wie in Spanien und Italien (»Herrmann-Modell«) könnten sich die Prozentzahlen zugunsten der befreiten Kirche erhöhen.

Aber vor solchen Freiheiten haben die Kirchen in der Bundesrepublik die größte Angst. Daher klammern sie sich, auch wenn die Zeichen der Zeit in die entgegengesetzte Richtung weisen, an das überkommene System der Sicherung. Über die theologische Fragwürdigkeit dieses Verhaltens mögen andere urteilen, die demokratische Fragwürdigkeit liegt offen zutage.

Ein Land wie die Bundesrepublik, in der Religion in der Rangliste der Bedürfnisse auf einen der untersten Plätze abgerutscht und Kirche zum Überflüssigsten in der Überflußgesellschaft degeneriert ist[9], leistet sich die teuerste Kirche der Welt. Und diese wehrt sich mit allen Mitteln gegen ihre eigene Demokratisierung und Befreiung aus ihrer Finanzgeschichte.

Frankreich, Italien und Spanien, drei »katholische« Länder, sind Beispiele dafür, daß alles auch anders geregelt werden könnte – und daß deswegen keine kirchliche Welt untergeht. Es ist weder unter demokratischen noch unter religiösen Gesichtspunkten einzusehen, weshalb unser Land als einziges in Europa die Großkirchen noch immer mit unserem Geld bedient, als hätten allein diese das Christentum in Europa gepachtet. *Der Skandal darf nicht fortwirken.*

Anmerkungen

Worum es geht

1 A. Holl, Religionen (Stuttgart 1981), S. 51 und 67

2 G. Rampp, Kirchenbindung und Wahlverhalten, in: Materialien und Informationen zur Zeit (MIZ) Nr. 4/88, S. 3–6 berichtet über: W. Bürklin/W. Kaltefleiter, Die Bundestagswahl 1987: Streitfragen einer neuen Konfliktdimension, in: Zeitschrift für Politik 4/1987, S. 400–425 sowie über: H.-J. Veen, Bewährung als Volkspartei: Konfessionen und Wahlverhalten der Generationen, in: Die politische Meinung (Mai/Juni 1988), S. 58–66

3 Holl, a.a.O., S. 9f.

4 Holl, a.a.O., S. 64

5 E. Baeger, Kirchen und öffentliche Gelder, in: Vorgänge, Heft 2, März 1987, S. 54

Kapitel 1: Allein in Europa: Unsere Republik und ihr Erbteil, die Kirchen

1 Vgl. P. Rath (Hrsg.), Die Bannbulle aus Münster oder Erhielte Jesus heute Lehrverbot? Eine Dokumentation zum Fall Herrmann/Tenhumberg (München-Hamburg 1976), S. 9–12

2 H. Schmidt, Grundwerte in Staat und Gesellschaft, in: G. Denzler (Hrsg.), Kirche und Staat auf Distanz. Historische und aktuelle Perspektiven (München 1977), S. 245

3 K. Deschner, Ein Jahrhundert Heilsgeschichte. Die Politik der Päpste im Zeitalter der Weltkriege. Bd. II von Pius XII. 1939 bis zu Johannes Paul I. 1978 (Köln 1983), S. 148

4 Ebenda, S. 376

5 Beilage zum Amtsblatt für die Erzdiözese München und Freising Nr. 20 vom 15. 11. 1943

6 Westfälische Nachrichten vom 3. März 1990, S. 6

7 J. Neumann, Die gesellschaftliche und religionspolitische Bedeutung der katholischen Kirche in Deutschland, in: J. Albertz (Hrsg.), Die Rolle der Großkirchen in der Gesellschaft der Bundesrepublik Deutschland (Wiesbaden 1983), S. 75f.

8 H. Herrmann, Wider die Lobbyisten der Transzendenz. Zum Problem Katholische Kirche und Demokratie, in: Vorgänge 4/1975, S. 51–65. Der katholische Kirchenrechtler G. May (Mainz) zum Thema: »Die Verfassung der Kirche ruht in ihrem Grundbestand nicht auf dem Willen des Volkes, der Gläubigen, sondern auf dem Willen Christi, in ihrer Ausgestaltung auf dem Willen der Hirten der Kirche« (G. May, Demokratisierung der Kirche. Möglichkeiten und Grenzen, Wien–München 1971, S. 26). Die Laien können »als die Kirchenglieder bestimmt werden, die nicht die Kirchengewalt ausüben« (May, a. a. O., S. 42).

9 H. Herrmann, Kirche und Staat heute und morgen, in: Denzler (Hrsg.), a. a. O., S. 225–235

10 H. Herrmann, Eine Kameraderie, die nicht mit der biblischen Botschaft zu begründen ist..., in: Rath (Hrsg.), a. a. O., S. 22–54

11 H. Kohl, Grundwerte für das Verhältnis von Staat und Kirchen, in: Denzler (Hrsg.), a. a. O., S. 253f.

12 Zitiert nach: H.-J. Brauns, Staatsleistungen an die Kirchen und ihre Ablösung. Inhalt – Grenzen – Aktualität, Bd. 124 Schriften zum öffentlichen Recht (Berlin 1970), S. 137, Anm. 16

13 Vgl. H.-G. Koch, Staat und Kirche in der DDR. Zur Entwicklung ihrer Beziehungen 1945–1974 (Stuttgart 1975), S.. 180

14 Entscheidung des BGH vom 1. 3. 1961 zitiert nach: E. Fischer, Das Bundesverfassungsgericht und das Gebot der Trennung von Staat und Kirche, in: Kritische Justiz 3/1989, S. 302

15 Zitiert nach: Fischer, a. a. O., S. 302

16 U. Fiebig, Die Rolle der Großkirchen in der Bundesrepublik Deutschland in sozialdemokratischer Sicht, in: J. Albertz (Hrsg.), Die Rolle der Großkirchen in der Gesellschaft der Bundesrepublik Deutschland (Wiesbaden 1983), S. 202

17 FAZ vom 4. August 1984, zitiert nach: Fischer, a. a. O., S. 302

18 So Hans Maier, der spätere CSU-Kultusminister und Präsident des Zentralkomitees der Deutschen Katholiken, im Jahr 1967, zitiert nach: A. Osenberg, Die Großkirchen im allgemeinen Säkularisierungsprozeß, in: J. Albertz (Hrsg.), Die Rolle der Großkirchen in der Gesellschaft der Bundesrepublik Deutschland (Wiesbaden 1983), S. 19

19 Bonifaz VIII. hat 1296, um Steuerfreiheit für den Klerus und den Kirchenbesitz durchzudrücken, eine berüchtigte Bulle erlassen, die ausdrücklich sagt: »Clericis laicos infestos esse«, Laien sind der Kleriker Feinde... (H. E. Feine, Kirchliche Rechtsgeschichte. Bd. I Die katholische Kirche (Weimar 1950), S. 286

20 Zur Person des Papstes: A. B. Hasler, Wie der Papst unfehlbar wurde. Macht und Ohnmacht eines Dogmas (München–Zürich 1979), S. 73–95. Zum »Syllabus« vgl. K. Deschner, Opus diaboli. Fünfzehn unversöhnliche Essays über die Arbeit im Weinberg des Herrn (Reinbek 1987), S. 191
21 K. Deschner, Ein Jahrhundert Heilsgeschichte. Die Politik der Päpste im Zeitalter der Weltkriege, Bd. I Von Leo XIII. 1878 bis zu Pius XI. 1939, S. 23
22 Deschner, Ein Jahrhundert, I, S. 19
23 Deschner, Ein Jahrhundert, I, S. 31
24 F. X. Seppelt/G. Schwaiger, Geschichte der Päpste. Von den Anfängen bis zur Gegenwart (München 1964), S. 420
25 Deschner, Ein Jahrhundert, I, S. 34
26 Deschner, Ein Jahrhundert, I, S. 352f.
27 Hasler, a. a. O., S. 150–197
28 Zitiert nach: K. Deschner, Abermals krähte der Hahn. Eine Demaskierung des Christentums von den Evangelisten bis zu den Faschisten (Reinbek 1972), S. 440. Vgl. Bensberger Kreis (Hrsg.), Demokratisierung der Kirche in der Bundesrepublik Deutschland. Ein Memorandum deutscher Katholiken (Mainz 1970), S. 55: »Die Christen müssen zugeben, daß die stärksten Bewegungen zur Verwirklichung von Gleichheit und Brüderlichkeit nicht innerhalb, sondern außerhalb und vielfach im Kampf gegen die christliche Kirche und speziell gegen die katholische Kirche aufbrachen« und: »Es muß als tragisch bezeichnet werden, daß der Demokratisierungsprozeß ... sich außerhalb und zum Teil immer noch gegen die Kirche Bahn bricht.«
29 Deschner, Ein Jahrhundert, I, S. 19–23. May, a. a. O., S. 127 meint, wenn die »höchsten Dinge des religiösen und kirchlichen Lebens« niederträchtig angegriffen würden, klatsche »die Masse, unverständig und lüstern, wiehernden Beifall«.
30 Deschner, Ein Jahrhundert, I, S. 20
31 H. Kohl, a. a. O., S. 253
32 Meldung der Katholischen Nachrichten-Agentur (KNA) vom 29. 6. 1989
33 Deschner, Ein Jahrhundert, II, S. 27, 29, 35 und 350
34 Deschner, Ein Jahrhundert, I, S.471
35 Deschner, Ein Jahrhundert, II, S. 83
36 H. Mohr, Katholische Orden und deutscher Imperialismus (Berlin 1965), S. 278 f.
37 Deschner, Ein Jahrhundert, I, S. 252
38 Deschner, Ein Jahrhundert, I, S. 252
39 Deschner, Ein Jahrhundert, I, S. 253
40 Deschner, Ein Jahrhundert, I, S. 205
41 Acta Apostolicae Sedis 12 (1919), Ausgabe vom 3. 11. 1919
42 Deschner, Ein Jahrhundert, I, S. 277
43 Deschner, Ein Jahrhundert, I, S. 271
44 Enzyklika »Editae saepe« vom 26. 5. 1910, in: Acta Apostolicae Sedis 2 (1910), S. 357ff.

45 Deschner, Ein Jahrhundert, I, S. 283
46 Deschner, Ein Jahrhundert, I, S. 125
47 Enzyklika »Vehementer Nos« vom 11. 2. 1906: vgl. Deschner, Ein Jahrhundert, I, S. 129
48 Seppelt/Schwaiger, a. a. O., S. 466 ff.
49 Deschner, Ein Jahrhundert, II, S. 153 und 396
50 Deschner, Opus diaboli, S. 64
51 R. Metz, Staat und Kirche in Frankreich. Auswirkungen des Trennungssystems – Neuere Entwicklungstendenzen, in: J. Krautscheidt/H. Marré, Essener Gespräche zum Thema Staat und Kirche, Bd. 6 (Münster 1972), S. 106–113
52 Metz, a. a. O., S. 114. Vgl. auch U. Wickert, Frankreich. Die wunderbare Illusion (Hamburg 1989), S. 85–87
53 Metz, a. a. O., S. 128
54 Deschner, Ein Jahrhundert, II, S. 21
55 Deschner, Ein Jahrhundert, II, S. 21
56 Deschner, Ein Jahrhundert, II, S. 25
57 Artikel »Faulhaber, Michael von« in: Meyers Enzyklopädisches Lexikon, Bd. 8 (Mannheim–Wien–Zürich 1973), S. 563
58 Deschner, Ein Jahrhundert, II, S. 350. Zur »Volksmeinung« der klerikale Gewährsmann – und bundesdeutsche Hochschullehrer – May: »Die Erfahrung, daß die Mehrzahl der Bürger bei Abstimmungen den eigenen Vorteil über das gemeine Beste stellt, hatte die Schöpfer der Weimarer Verfassung bewogen, Haushalts- und Finanzfragen von den möglichen Gegenständen eines Volksbegehrens oder Volksentscheides auszunehmen« (a. a. O., S. 51) und: »Denn der Herr Jedermann neigt auch in der Kirche dem religiösen und ehtischen Minimum zu« (a. a. O., S. 73).
59 Deschner, Ein Jahrhundert, I, S. 418
60 Deschner, Ein Jahrhundert, I, S. 419
61 J. W. von Goethe, Zahme Xenien, zitiert nach: Deschner, Ein Jahrhundert, I, S. 69
62 Meldung des bayerischen Gesandten beim Hl. Stuhl vom 14. 6. 1878. Vgl. Deschner, Ein Jahrhundert, I, S. 54
63 Deschner, Ein Jahrhundert, I, S. 414
64 Deschner, Ein Jahrhundert, I, S. 429
65 Deschner, Ein Jahrhundert, I, S. 436 f.
66 Deschner, Ein Jahrhundert, I, S. 448
67 Schreiben der Gauleitung Berlin an die Reichskanzlei vom 23. 8. 1933, Bundesarchiv R 43 II 174
68 Amtsblatt für die Erzdiözese München und Freising, Jahrgang 1936, Nr. 6, Beilage II
69 Deschner, Ein Jahrhundert, I, S. 452
70 Mohr, a. a. O., S. 135 f.
71 Deschner, Ein Jahrhundert, I, S. 468

72 Artikel »Faulhaber, Michael von«, in: Meyers Enzyklopädisches Lexikon, a.a.O., S. 562
73 Deschner, Ein Jahrhundert, II, S. 85
74 Deschner, Ein Jahrhundert, II, S. 41
75 Telegramm des Leiters der Politischen Abteilung im Auswärtigen Amt, Woermann, an den Vatikanbotschafter von Bergen, Nr. 69, vom 6. 9. 1939
76 Bericht des Chefs des Reichssicherheitshauptamts Ernst Kaltenbrunner an den Reichsaußenminister Ribbentrop vom 16. 12. 1943, Archiv Auswärtiges Amt Inland II g
77 Deschner, Ein Jahrhundert, II, S. 355
78 Deschner, Ein Jahrhundert, I, S. 456
79 Telegramm des Botschafters von Mackensen an Ribbentrop Nr. 874 vom 13. 5. 1940
80 Telegramm von Mackensens an Ribbentrop Nr. 481 vom 4. 3. 1941; Telegramm Ribbentrops an Mackensen Nr. 150 vom 6. 3. 1941
81 Zitiert nach: Deschner, Ein Jahrhundert, II, S. 91

Kapitel 2:
Jahr für Jahr Milliarden ohne große Gegenleistung: Die normalen Zahlungen an die Großkirchen in der Bundesrepublik

1 Brauns, a.a.O., S. 64–113
2 Brauns, a.a.O., S. 106. Rechtsgrundlage ist im übrigen mit das Hitler-Konkordat von 1933 (Artikel 27 und Geheimanhang).
3 Brauns, a.a.O., S. 10
4 Schriftliche Anfrage vom 4. 5. 1987, Antwort des Staatsministeriums für Unterricht und Kultus, in: Bayerischer Landtag, 11. Wahlperiode, Drucksache 11/4757 vom 30. 12. 1987/7. 1. 1988, S. 1–4
5 John/Schütte/Rampp, Für Meßwein und Kerzen 96 000 Mark vom Staat – was die Militärseelsorge den Steuerzahler kostet, in: MIZ 2/1989, S. 14
6 Brauns, a.a.O., S. 106
7 John/Schütte/Rampp, a.a.O., S. 15
8 John/Schütte/Rampp, a.a.O., S. 15
9 John/Schütte/Rampp, a.a.O., S. 15
10 John/Schütte/Rampp, a.a.O., S. 15
11 John/Schütte/Rampp, a.a.O., S. 15. Papst Johannes Paul II. hat soeben den Militärdienst als »würdig, schön und edel« und den Dienst an der Waffe als »sehr positiv« gewürdigt, zumal der Friede endgültig erst im Reich Gottes zu erlangen sei (Frankfurter Rundschau vom 7. 4. 1989).

12 Persönliche Mitteilung vom 17./26. 4. 1991. Bundesdeutsche Gefängnisse sind – vom Staat finanziert – auf Kirchenzeitungen abonniert: MIZ 2/1989, S. 33.
13 John/Schütte/Rampp, a. a. O., S. 15
14 John/Schütte/Rampp, a. a. O., S. 15
15 Osenberg, a. a. O., S. 26
16 Kirchliches Amtsblatt für die Diözese Rottenburg-Stuttgart vom 10. 4. 1990, Nr. 9/1990, S. 90–95
17 Kirchliches Amtsblatt für die Diözese Rottenburg-Stuttgart vom 10. 4. 1990, Nr. 9/1990, S. 96
18 Baeger, a. a. O., S. 52
19 Baeger, a. a. O., S. 57, Anm. 4
20 Baeger, a. a. O., S. 52. Für die Innenrenovierung des Regensburger Doms zahlte Bayern 3,8 Millionen DM, bei einer diözesanen Eigenleistung von 766 000 DM; der Dom zu Fulda soll Gesamtkosten von 52 Millionen DM verursachen (KNA vom 13. 6. und vom 16. 9. 1988).
21 Evangelischer Pressedienst (epd) Bayern vom 31. 7. 1988
22 Ebda.
23 Ebda.
24 Ebda.
25 Ebda.
26 Schweinfurter Tagblatt vom 26. 3. 1987 sowie vom 5. 12. 1986, vom 16. 10. 1986, vom 12./13. 9. 1987, vom 27. 8. 1987 und vom 6. 6. 1986
27 S. Lebert/G. Rampp, Kirchen und Gelder der öffentlichen Hand am Beispiel des Landkreises Schweinfurt, in: MIZ 4/1987, S. XII
28 Ebda.
29 Süddeutsche Zeitung vom 31. 10. 1984
30 Deutsche Tagespost vom 15. 5. 1984
31 MIZ 2/1989, S. 12f. und S. 35; KNA vom 1. 6. 1989
32 Vgl. auch Frankfurter Rundschau vom 30. 12. 1988 und Rheinischer Merkur vom 24. 3. 1989 sowie MIZ 1/1989, S. 50 (zum folgenden)
33 Publik-Forum vom 15. 4. 1987 und Evangelisches Sonntagsblatt Bayern vom 19. 4. 1987. Diese kostenlose Dienstleistung des Staates verletzt nicht nur den Grundsatz der Trennung von Staat und Kirche, sondern auch die Auflage des »Volkszählungsurteils« des Bundesverfassungsgerichts vom 15. 2. 1983, weil sie nicht »der Erfüllung einer Bundesaufgabe dient« (vgl. Neue Juristische Wochenschrift 8/1984, S. 421).
34 Vgl. MIZ 1/1989, S. 50; Tagesspiegel vom 12. 10. 1988
35 L. Waltermann, Nach der Verfassung getrennt – in der Praxis Partnerschaft bis zur Untrennbarkeit, in: J. Albertz (Hrsg.), Die Rolle der Großkirchen in der Gesellschaft der Bundesrepublik Deutschland (Wiesbaden 1983), S. 89
36 Text in Auszügen bei: L. Schöppe, Konkordate seit 1800 (Frankfurt am Main–Berlin 1964), S. 43–45

37 Baeger, a.a.O., S. 53f.
38 MIZ 3/1987, S. IV
39 MIZ 3/1987, S. IV zu: Grüne Zeiten 4/1987
40 H. Herrmann, Eine Kameraderie, die nicht mit der biblischen Botschaft zu begründen ist..., in: Rath (Hrsg.), a.a.O., S. 22–54. Zur Frage SPD – katholische Kirche einige Schlaglichter: Die KNA vom 24. und 31. 8. 1988 berichtet über die »bewährte Praxis« (Bundesgeschäftsführerin A. Fuchs), Bundesparteitage der SPD mit einem Gottesdienst zu beginnen. Der Referent für Kirchenfragen beim Parteivorstand der SPD, R. Reitz, forderte die Kirchen auf, eigene Bestattungsunternehmen zu gründen, um ihre Monopolstellung im Umgang mit Sterben und Tod zu bewahren (Süddeutsche Zeitung vom 5. 8. 1989). Nordrhein-Westfalens Ministerpräsident J. Rau hat in das Kuratorium für das Mitte 1989 gegründete Wissenschaftszentrum des Landes den Vorsitzenden der Deutschen Bischofskonferenz Lehmann (Mainz) berufen (Die Welt vom 10. 2. 1990, S. 8).
41 Baeger, a.a.O., S. 54
42 Baeger, a.a.O., S. 50
43 Baeger, a.a.O., S. 50
44 Baeger, a.a.O., S. 50
45 Baeger, a.a.O., S. 50
46 Baeger, a.a.O., S. 50
47 Baeger, a.a.O., S. 49
48 Baeger, a.a.O., S. 49
49 Bulletin der Bayerischen Staatsregierung 23/1987 vom 17. 11. 1987
50 Baeger, a.a.O., S. 51
51 Baeger, a.a.O., S. 51
52 Baeger, a.a.O., S. 52
53 Die Welt vom 30. 1. 1990, S. 8
54 Antwort des Bayerischen Staatsministeriums für Unterricht und Kultus (vgl. Anmerkung 4), S. 3. Nach Brauns, a.a.O., S. 105, Anm. 157 waren es im Jahr 1968 noch 5 Millionen DM gewesen. Vgl. auch Baeger, a.a.O., S. 50 sowie die Dokumentation der bayerischen Grünen vom Mai 1987, in: MIZ 3/1987, S. II.
55 Ich verdanke die folgenden Hinweise Manfred Müller vom *Spiegel.*
56 Brauns, a.a.O., S. 107
57 Nordrhein-Westfalen gibt fast ein Drittel der Landesmittel für Denkmalpflege für kirchliche Gebäude aus (Deutsche Tagespost vom 15. 5. 1984)
58 Holl, a.a.O., S. 59
59 Deschner, Ein Jahrhundert, I, S. 25f.; Deschner, Opus diaboli, S. 134–136, 139
60 Deschner, Opus diaboli, S. 136
61 Deschner, Opus diaboli, S. 42
62 Deschner, Opus diaboli, S. 42
63 MIZ 1/1986, S. 16; Vgl. Publik-Forum vom 11. 1. 1986 und KNA vom 29. 11. 1985

64 Deschner, Opus diaboli, S. 45
65 Deschner, Ein Jahrhundert, II, S. 73
66 Deschner, Opus diaboli, S. 182
67 Publik-Forum vom 11. 1. 1986; MIZ 1/1986, S. 16f.
68 L. Volk, Die Kirche in der Weimarer Republik und im NS-Staat, in: B. Kötting (Hrsg.), Kleine deutsche Kirchengeschichte (Freiburg–Basel–Wien 1980), S. 123. Zum Problem innerkatholischer Totalitarität vgl. freilich: Bensberger Kreis, a. a. O., S. 52: »Die Bestimmung der verbindlichen Inhalte geriet mehr und mehr in die Hand einer immer kleiner werdenden Gruppe von ›Wissenden‹, bis schließlich das Vaticanum I die Entscheidungsbefugnis eines einzelnen rechtlich fixierte.« May, a. a. O., S. 28 über die Selbstrekrutierung zölibatärer Selbst-Herrscher: »Omnis clericus e clerico. Die Autorität der kirchlichen Amtsträger ist also nicht von Volkes, sondern von Gottes Gnaden.« Jedes noch so kleine »Wahlrecht« des »Gottesvolkes« beruht demnach »auf Konzession der kirchlichen Hoheitsträger« (a. a. O., S. 29).
69 Deschner, Opus diaboli, S. 34
70 Metz, a. a. O., S. 117
71 Zitiert nach: K. Martens, Wie reich ist die Kirche? Der Versuch einer Bestandsaufnahme in Deutschland (München 1969), S. 57
72 Nachweise auf diesem versteckten Gebiet sind sehr schwierig, obgleich viele etwas wissen.
73 Deschner, Opus, S. 19
74 Feine, a. a. O., S. 286f.
75 H.-W. Strätz, Das staatskirchenrechtliche System des preußischen Allgemeinen Landrechts, in: Civitas 11 (1972), S. 175
76 Feine, a. a. O., S. 502
77 Feine, a. a. O., S. 502f.
78 Feine, a. a. O., S. 503
79 Brauns, a. a. O., S. 16, Anm. 9
80 Feine, a. a. O., S. 504
81 Schöppe, a. a. O., S. 161–187
82 Brauns, a. a. O., S. 10
83 Brauns, a. a. O., S. 9, Anm. 3
84 Brauns, a. a. O., S. 10
85 Brauns, a. a. O., S. 9, Anm. 1 und 2
86 Brauns, a. a. O., S. 64
87 Brauns, a. a. O., S. 51, 65, 87 und 96f.
88 H. Herrmann, Deutschland darf den Willen Gottes vollstrecken! Katholische Kriegsdoktrin von 1914–1918 an der Universität Münster, in: L. Kurz (Hrsg.), 200 Jahre zwischen Dom und Schloß. Ein Lesebuch zu Vergangenheit und Gegenwart der Westfälischen Wilhelms-Universität Münster (Münster 1980), S. 34–46

89 Herrmann, Deutschland, S. 39f.
90 Herrmann, Deutschland, S. 40
91 Neumann, a.a.O., S. 63
92 Hirtenbrief vom 1. 11. 1917: Neumann, a.a.O., S. 63
93 Ebda.
94 Brauns, a.a.O., S. 40, Anm. 142
95 Hirtenbrief vom 22. 8. 1919: Neumann, a.a.O., S. 64. Vgl. Brauns, a.a.O., S. 38
96 Hirtenbrief vom 23. 10. 1920: Neumann, a.a.O., S. 64
97 Brauns, a.a.O., S. 22
98 § 13 II 11 des Allgemeinen Landrechts, zitiert nach: Brauns, a.a.O., S. 18
99 Punkt 6 des Erfurter Programmes von 1891, zitiert nach: Brauns, a.a.O., S. 37
100 Zitiert nach: Brauns, a.a.O., S. 36, Anm. 122
101 Brauns, a.a.O., S. 11 sowie S. 64–113. Vgl. auch Artikel 18 des Hitlerkonkordats von 1933
102 Vgl. Brauns, a.a.O., S. 73 und 82. Vertreter der Meinung, die Ablösung sei bereits erfolgt: Internationaler Bund der Konfessionslosen und Atheisten (IBKA e.V.)
103 Brauns, a.a.O., S. 112
104 H. Herrmann, Ein unmoralisches Verhältnis. Bemerkungen eines Betroffenen zur Lage von Staat und Kirche in der Bundesrepbublik Deutschland (Düsseldorf 1974), S. 138–141
105 W. Kewenig, Das Grundgesetz und die staatliche Förderung der Religionsgemeinschaften, in: Krautscheid-Marré (Hrsg.), a.a.O., S. 13f.
106 Kewenig, a.a.O., S. 17
107 Kewenig, a.a.O., S. 17
108 H. Schmidt, a.a.O., S. 238–240 sowie 243 und H. Kohl, a.a.O., S. 253
109 Kewenig, a.a.O., S. 11, 27 und 39.
110 K. Deschner, Kriminalgeschichte des Christentums, auf etwa 10 Bände angelegt, bisher erschienen sind Bd. I und II (Reinbek 1986 und 1988); Bd. III erschien im Herbst 1990. Vgl. H. Herrmann, Einer singt falsch beim Halleluja, in: Der Spiegel Nr. 1/1989 vom 2. 1. 1989, S. 54–56
111 Martens, a.a.O., S. 60
112 H. Schmidt, a.a.O., S. 243
113 E. Fischer, Trennung von Staat und Kirche. Die Gefährdung der Religionsfreiheit in der Bundesrepublik (2. Aufl., Frankfurt a.M.–Berlin 1971), S. 234; Brauns, a.a.O., S. 105 sowie 122
114 Kewenig, a.a.O., S. 12
115 Süddeutsche Zeitung vom 31. 12. 1991

Kapitel 3: Ein ausgekochtes System, eine deutsche Spezialität: Die Kirchensteuer

1 Fischer, Bundesverfassungsgericht, S. 295

2 P. von Tiling, Die Kirche in der pluralistischen Gesellschaft, in: Zeitschrift für evang. Kirchenrecht XIV, S. 238ff.

3 BVG-Entscheidungen 19, 206–288, Vgl. Fischer, Bundesverfassungsgericht, S. 296

4 BVG-Entscheidungen 19, 206–288

5 BVG-Entscheidungen 12, 1 (4). Vgl. BVG-Entscheidungen 74, 244 (252) und BVG-Entscheidungen 18, 385 (386) sowie Fischer, Bundesverfassungsgericht, S. 297

6 H. Marré, Die Kirchenfinanzierung in Kirche und Staat der Gegenwart. Die Kirchensteuer im internationalen Umfeld kirchlicher Abgabensysteme und im heutigen Sozial- und Kulturstaat Bundesrepublik Deutschland (Christliche Strukturen in der modernen Welt, Bd. 28, Essen 1982), S. 29

7 Kewenig, a. a. O., S. 28

8 Marré, a. a. O., S. 39

9 G. H. Horn, Direktor des Statistischen Landesamtes Schleswig-Holstein a.D., hat diese Zahlen aufgrund der Volkszählung 1987 im März 1990 veröffentlicht.

10 MIZ 1/1989, S. 50; Weltbild vom 23. 3. 1989. In Bayern war die Steigerungsrate der Kirchenaustritte in Augsburg-Stadt am höchsten; vgl. auch Süddeutsche Zeitung vom 18. 9. und 16. 11. 1986. Die EKD will Motivationsforschung betreiben: Hamburger Abendblatt vom 1. 10. 1986.

11 Weltbild vom 2. 6. 1989

12 H. Schütte, Was die Deutschen von Gott halten, in: Die Welt vom 3. 11. 1989, S. 24

13 G. Facius, Rapide sank das Ansehen des Papstes, in: Die Welt vom 25. 1. 1990, S. 5

14 Zitiert nach K. Deschner, Kirche des Unheils, Argumente, um Konsequenzen zu ziehen (München 1974), S. 77

15 Deschner, Kirche des Unheils, S. 77

16 Nähere Angaben siehe in »Anstelle eines Nachworts«

17 Artikel »Kirchensteuer«, in: Meyers Enzyklopädisches Lexikon Bd. 13 (Mannheim–Wien–Zürich 1975), S. 711

18 Ebda.

19 Marré, a. a. O., S. 61. Zum Problem der »Wahl innerkirchlicher Gremien« sagt May: »Es erhebt sich die Frage, wie Räte, die bei einer so geringen Wahlbeteiligung gewählt worden sind, als ›Repräsentanten‹ aller Laien einer Gemeinde sollen angesprochen werden können, also auch derer, die ihnen kein Mandat erteilt haben« (a. a. O., S. 101). Wie es um die »Demokratie-Nähe« innerkirchlicher Gremien bestellt ist, zeigt May am Beispiel des »Zentralkomitees der Deutschen

Katholiken«: »Die Wahl der Mitglieder jenes Gremiums, das als Sprecher der deutschen Katholiken auftreten will... ist durch so viele Stufen von den Urwählern entfernt, daß ein legitimierender Vertrauensakt für es nicht mehr vorliegt« (a.a.O., S. 100). Dieser Satz kann ohne Abstriche auf »Kirchensteuerbeiräte« übertragen werden.

20 Marré, a.a.O., S. 59

21 E. Fischer, Trennung, S. 222

22 FAZ vom 31. 10. 1985. Zum Problem »Kirchgeld« vgl. Süddeutsche Zeitung vom 16. 12. 1986 und MIZ 1/1987, S. 33

23 Fischer, Bundesverfassungsgericht, S. 296f.

24 Zum Begriff: H. Herrmann, Kleines Wörterbuch des Kirchenrechts für Studium und Praxis (Freiburg–Basel–Wien 1972), S. 43. Zum anstehenden Fall vgl. Meldung der dpa vom 8. 7. 1988.

25 MIZ 3/1987, S. 20

26 MIZ 3/1987, S. 20. Vgl. MIZ 4/1987, S. 26

27 MIZ 3/1987, S. 20. Vgl. Die Welt vom 25. 9. 1987. Weitere Praktiken im Zusammenhang mit »Kirchensteuerpflichtigen« nennen: Augsburger Allgemeine vom 22. 2. 1986 (»schlüssiges Handeln« eines Konfessionslosen begründet die Pflicht zur Zahlung von neuem) und Frankfurter Rundschau vom 28. 7. 1988 (Lohnsteuerkarten-Eintrag eines Ungetauften).

28 Frankfurter Rundschau vom 8. 10. 1987; vgl. zum Gesamtproblem Pauschallohnsteuer/Direktversicherung auch: O. Sauer, Schlagwortregister zur Rechtsprechung und Literatur des gesamten Steuerrechts 1987 (Bonn 1988), S. 766 sowie Capital 8/1986 und F. Sterner, Pauschale Lohn-Kirchensteuer, in: Deutsches Steuerrecht. Zeitschrift für Praxis und Wissenschaft des gesamten Steuerrechts 3/1987, S. 77–79. Vgl. auch K. Barth, Zur Haftung für die Steuerschuld des Ehegatten, vor allem bei der Kirchensteuer und Kirchenlohnsteuer, in: Der Betrieb. Wochenschrift für Betriebswirtschaft Nr. 25/26 vom 25. 5./2. 7. 1965.

29 Der Spiegel Nr. 22/1964 vom 27. 5. 1964, S. 40

30 KNA vom 7. 1. 1987

31 MIZ 2–3/1988, S. 67. Vgl. auch FAZ vom 17. 9. 1986 und Süddeutsche Zeitung vom 21. 11. 1986

32 Evangelische Kirchen in Berlin-Brandenburg, Statistischer Bericht 1987, S. 69f.

33 MIZ 2–3/1988, S. 67 sowie KNA vom 25. 3. 1988 und epd Bayern vom 22. 4. 1988

34 MIZ 2–3/1988, S. 67, MIZ 4/1986, S. 23f. und Rheinischer Merkur vom 6. 5. 1988

35 Handwörterbuch des Steuerrechts, Bd. 1 (München–Bonn 1972), S. 650. Vgl. hierzu auch die laufenden Jahrgänge des statistischen Jahrbuchs für die Bundesrepublik Deutschland.

36 Rheinischer Merkur vom 13. 11. 1987

37 Süddeutsche Zeitung vom 28. 7. 1988

38 K.-A. Odin, Die Finanzen der Kirche. Die erste Gesamtübersicht der EKD, in: FAZ vom 6. 7. 1982

39 Vgl. Der Spiegel Nr. 22/1964 vom 27. 5. 1964, S. 40: Im Jahr 1962 hat die Erzdiözese Köln »vor ausgesuchten Journalisten« Rechenschaft über ihre Einkünfte abgelegt. Vgl. auch Martens, a. a. O., S. 208

40 Der Spiegel Nr. 22/1964 vom 27. 5. 1964, S. 3

41 Zitiert nach Marré, a. a. O., S. 57. May, a. a. O., S. 143 meint, die Gläubigen seien freilich davor »zu schützen, ihre Opferbeiträge zu unkatholischen Zwecken verwendet zu sehen. Am wirksamsten wird dieser Schutz immer noch von dem universalen Hoheitsrecht des Heiligen Vaters gewährleistet.«

42 Marré, a. a. O., S. 65. Nach dem Haushaltsplan für das Bistum Berlin von 1989 sind für »Bischof und Domkapitel« 706 000 DM vorgesehen, für »Weltmission« 32 000 DM.

43 Marré, a. a. O., S. 65

44 MIZ 1/1989, S. 51; Statistische Beilage Nr. 83 zum Amtsblatt der EKD vom 15. 11. 1988. Vgl. Volksblatt Berlin vom 4. 12. 1985 und, für die Jahre zuvor, MIZ 4/1986, S. 2 ff.

45 Der Spiegel Nr. 22/1964 vom 27. 5. 1964, S. 38

46 Bundesfinanzhof (AZ: ViR 159/86) am 10. 11. 1989; Die Welt vom 7. 4. 1990, S. 32

47 Marré, a. a. O., S. 7

48 Marré, a. a. O., S. 9

49 Marré, a. a. O., S. 9

50 Einzelheiten zu diesen Ländern bei Marré, a. a. O., S. 9–19

51 Marré, a. a. O., S. 10

52 Marré, a. a. O., S. 77, Anm. 30

53 Ebda. Amtliche Kollekten der evangelischen Landeskirche, die den geringeren Teil des Spendenaufkommens ausmachen, ergaben in West-Berlin zwischen 1970 und 1986 pro Jahr durchschnittlich 1,5 Millionen DM. (Statistischer Bericht 1987, a. a. O., S. 71)

54 Zitiert nach: R. Giordano, Wenn Hitler den Krieg gewonnen hätte. Die Pläne der Nazis nach dem Endsieg (Hamburg 1989), S. 284

55 Zitiert nach: Giordano, a. a. O., S. 285

56 Zitiert nach: G. Würtz, Gott ist zu teuer. Viele Deutsche verlassen ihre Kirche, um Steuern zu sparen, in: Stern Nr. 8/1968, S. 55

57 Christ und Welt vom 10. 3. 1967. Vgl. Martens, a. a. O., S. 44

58 Marré, a. a. O., S. 20

59 Marré, a. a. O., S. 20

60 G. Szczesny, Fort mit der Kirchensteuer?, in: Vorgänge 5/1963, S. 130

61 Zitiert nach: Fischer, Bundesverfassungsgericht, S. 295

62 Hirtenbrief-Urteilsbegründung des Oberverwaltungsgerichts für das Land Nordrhein-Westfalen vom 14. 2. 1962 zitiert nach: Szczesny, a. a. O., S. 129. Vgl. Vorgänge 7/1962, S. 168 ff.

63 Fischer, Bundesverfassungsgericht, S. 301

64 P. Mikat, Das Verhältnis von Staat und Kirche in der Bundesrepublik (Berlin 1964), S. 13
65 Fischer, Bundesverfassungsgericht, S. 302 zu BGHZ 34, 372
66 P. Mikat, Zur rechtlichen Bedeutung religiöser Interessen, in: ders. (Hrsg.), Kirche und Staat in der neueren Entwicklung (Darmstadt 1980), S. 343
67 Fischer, Bundesverfassungsgericht, S. 302 zur FAZ vom 4. 8. 1984
68 Marré, a.a.O., S. 41
69 Marré, a.a.O., S. 26
70 G. Niemietz, Rede zur Verleihung der Medaille »Freedom Of Speech Award«, in: Ketzerbriefe 15/16 (August 1989), S. 91
71 MIZ 2–3/1988, S. 67. Vgl. auch Rheinischer Merkur vom 6. 5. 1988, FAZ vom 17. 9. 1986 und Süddeutsche Zeitung vom 21. 11. 1986 sowie MIZ 4/1986, S. 24
72 Deutsche Tagespost vom 18. 12. 1985
73 taz vom 3. 6. 1988 sowie Deutsche Volkszeitung vom 12. 8. 1988
74 Marré, a.a.O., S. 75 Anm. 18
75 Bild am Sonntag vom 1. 4. 1990, S. 2
76 Bild am Sonntag vom 1. 4. 1990, S. 2 auch zum folgenden
77 Stern vom 17. 5. 1990. Daß die Amtskirche in der DDR alles tut, um die Gunst der Stunde zu nützen und das Kirchensteuersystem der Bundesrepublik möglichst total zu übernehmen, ist in vielen Zeitungsberichten nachzulesen (Frankfurter Rundschau vom 26. 4. 1990, Die Welt vom 11. 5. 1990). Der Präses der EKD-Synode, Jürgen Schmude (SPD), rät ausdrücklich dazu.
78 H. Barion, Die religionsrechtliche Problematik der katholischen Kirchensteuer, in: Die öffentliche Verwaltung 15–16/1968, S. 532–537
79 O. von Nell-Breuning, Ein Relikt aus der Epoche der Staatskirchenhoheit. Kirchensteuer und Kirchenmitgliedschaft, in: FAZ vom 23. 12. 1969. Vgl. Vorgänge 1/1970, S. 21
80 Vgl. H. Stubbe, Kein gutes Gewissen haben. Einzug der Kirchensteuer ohne staatliche Hilfe, in: Christ und Welt vom 10. 3. 1967, S. 7. Nach einer Meldung in Publik-Forum vom 5. 8. 1988 hat auch der Bundestagsabgeordnete A. Herkenrath (CDU) eine Abschaffung des Inkasso-Systems verlangt. Sprecher beider Großkirchen haben diesen Vorschlag schroff zurückgewiesen: MIZ 1/1989, S. 51
81 H. Herrmann, Kirchensteuer als Mandat? Eine Anfrage an Staat und Kirche, in: Stimmen der Zeit 189 (1972), S. 58–60
82 Der Spiegel Nr. 22/1964 vom 27. 5. 1964, S. 48

Kapitel 4: Da ist ganz schön was zusammengekommen: Die reichste Kirche der Welt

1 Leo X. Medici (1513–1521): Seine Krönung hatte allein 50 000 Golddukaten gekostet (Deschner, Abermals, S. 425); die Ausgaben für seine Tafel beliefen sich monatlich auf 10 000 Golddukaten (Deschner, Opus diaboli, S. 56). Dieser Papst hat 1516 mit Frankreich ein Konkordat geschlossen, das bis zum napoleonischen Konkordat von 1801 in Kraft war. Er hat in Deutschland den Ablaßhandel betrieben, der die Reformation mitausgelöst hat, und er hat 1521 Martin Luther in den – bis heute offiziell behaupteten – Kirchenbann getan.

2 Prälat Anton Maier im Bayerischen Rundfunk (Juni 1968), zitiert nach: Martens, a. a. O., S. 13

3 Martens, a. a. O., S. 23

4 Deschner, Abermals, S. 422

5 Ebd.

6 Ebd.

7 Deschner, Abermals, S. 240. May, a. a. O., S. 27: »Einen anderen ›Souverän‹ als den Papst – in Verbindung mit dem Bischofskollegium oder für sich allein – gibt es in der Kirche nicht.«

8 K. Deschner, Kriminalgeschichte des Christentums, Bd. II Die Spätantike (Reinbek 1988), S. 369 ff., 374, 353, 398

9 Deschner, Kriminalgeschichte, II, S. 371

10 Zitiert nach: Deschner, Kriminalgeschichte, II, S. 398

11 Zitiert nach: Deschner, Kriminalgeschichte II, S. 417

12 Deschner, Kriminalgeschichte, II, S. 423

13 Deschner, Kriminalgeschichte, II, S. 439

14 Deschner, Kriminalgeschichte, II, S. 438

15 E. Caspar, Geschichte des Papsttums, Bd. II Das Papsttum unter byzantinischer Herrschaft (1933), S. 323 ff., 667

16 C. M. Hartmann, Geschichte Italiens im Mittelalter, Bd. I (Nachdruck 1969), S. 367 ff., 374 ff.

17 J. Haller, Das Papsttum. Idee und Wirklichkeit, Bd. I (Nachdruck 1965), S. 216

18 Deschner, Ein Jahrhundert, I, S. 278

19 Deschner, Opus diaboli, S. 203

20 Ebd.

21 Deschner, Opus diaboli, S. 171

22 Deschner, Opus diaboli, S. 53. Neben dem Papst haben auch die Kardinäle der römischen Kirche, wie jeder Romreisende mit eigenen Augen sehen kann, über Jahrhunderte ihre Schäfchen ins trockene gebracht. May, a. a. O., S. 57 ist anderer

Ansicht: »Das Kardinalskollegium... war jahrhundertelang eine Auslese des Geistes, der Erfahrung und der Dienstbereitschaft.«
23 Deschner, Abermals, S. 428
24 Deschner, Kirche des Unheils, S. 71
25 H.-J. Fischer, Gelder für himmlische und weltliche Zwecke. Die Finanzen des Vatikans, in: FAZ vom 24. 12. 1982
26 Insgesamt 1,75 Milliarden Lire, die nach Mitteilung der Bundesbank in der New Yorker Notierung vom 19. 2. 1929 den angegebenen Wert in Dollar hatten.
27 Siehe Anmerkung 25
28 Der Spiegel Nr. 22/1964 vom 27. 4. 1964, S. 43
29 Martens, a. a. O., S. 23 f.; Deschner, Kirche des Unheils, S. 70 f.
30 F. Gröteke, Soll und Haben in St. Peter, in: Die Zeit vom 5. 10. 1979, S. 23
31 Deschner, Abermals, S. 429. Der Vorsitzende der Deutschen Bischofskonferenz hat wohlweislich bei der Mitgliedsversammlung des deutschen Markenverbandes ausgeführt, ein Unternehmen dürfe »nicht moralisch diskreditiert werden, weil es Gewinne macht« (KNA vom 16. 6. 1988; MIZ 4/1988, S. 65).
32 Martens, a. a. O., S. 25
33 Deschner, Opus diaboli, S. 205
34 Deschner, Opus diaboli, S. 171 f.
35 Zitiert nach: Deschner, Ein Jahrhundert, I, S. 96
36 Der Spiegel vom 13. 5. 1985; Augsburger Allgemeine vom 11. 4. 1985
37 Deschner, Abermals, S. 429. Vgl. zur gegenwärtigen Lage: Die Welt vom 14. 3. 1990, S. 5
38 Deschner, Ein Jahrhundert, II, S. 117 f.
39 Martens, a. a. O., S. 17
40 Deschner, Kirche des Unheils, S. 83
41 Deschner, Abermals, S. 225
42 M. Lehmann, Preußen und die katholische Kirche seit 1640, 7 Teile (Stuttgart 1878–1894); hier Bd. 2, Nr. 458, S. 399 (Übersetzung von mir). May, a. a. O., S. 57: »Wenn der untere Führer vom höheren bestellt wird, geschieht dies nach sachlichen Kriterien.«
43 Text in: Schöppe, a. a. O., S. 29–35
44 Deschner, Kirche des Unheils, S. 81
45 Zitiert nach: Deschner, Kirche des Unheils, S. 80
46 Zitiert nach: Deschner, Kirche des Unheils, S. 75
47 Martens, a. a. O., S. 145
48 Deschner, Kirche des Unheils, S. 82
49 Martens, a. a. O., S. 145
50 G. Barberini/M. Stöhr/E. Weingärtner (Hrsg.), Kirchen im Sozialismus. Kirche und Staat in den osteuropäischen sozialistischen Republiken (Frankfurt a.M. 1977), S. 45. Vgl. FAZ vom 5. 9. 1989 zu den neuesten Zahlen
51 Statistische Beilage Nr. 81 zum Amtsblatt der EKD vom 15. 2. 1988. Vgl.

Süddeutsche Zeitung vom 31.10. 1984 zum Besitz der Evangelischen Kirche in Bayern. Die evangelische Landeskirche Berlin-Brandenburg gibt 1987 an, sie verfüge unter anderem über rund 226 Hektar Kirchhofs-Land und auf Kirchhöfen über 23 »Wartehallen und Läden« (Statist. Bericht, a.a.O., S. 72f.).

52 Martens, a.a.O., S. 149. Dasselbe soll (Martens, S. 146) auch für bebaute Grundstücke gelten.

53 Martens, S. 148

54 Martens, a.a.O., S. 149

55 Ebd.

56 Martens, a.a.O., S. 146. Der Haushaltsplan der Kath. Kirche in Berlin (West) führt 771 000 DM an Grundstückserträgen an (Amtsblatt vom 1.5. 1989, S. 60f.).

57 Prälat Anton Maier (München) in einer Landfunk-Sendung des Bayerischen Rundfunks im Juni 1968: Martens, a.a.O., S. 199f.

58 Martens, a.a.O., S. 200

59 MIZ 4/1987, S. 26; Süddeutsche Zeitung vom 24. und 26./27.9. 1987

60 MIZ 1/1986, S. 15

61 Martens, a.a.O., S. 200

62 D. Mende, Coca-Cola-Zensur. Zensur durch Eigentum, in: M. Kienzle – D. Mende, Zensur in der Bundesrepublik. Fakten und Analysen (München 1981), S. 54f.

63 Mende, a.a.O., S. 59

64 DM vom 28.5. 1964, S. 4, zitiert nach: Mende, a.a.O., S. 61f.

65 Baeger, a.a.O., S. 56. Vgl. auch: Deutsches Allgemeines Sonntagsblatt vom 1.12.1985 und Publik-Forum vom 13.12. 1985, S. 26–28

66 Deschner, Kirche des Unheils, S. 70

67 Deschner, Kirche des Unheils, S. 71

68 Das Kapital des Erzbischofs: mehr als eine halbe Milliarde, in: Antifaschistische Nachrichten (Köln), Heft 4/1987, S. 8f.; vgl. MIZ 3/1987, S. 31f.

69 Ebd., S. 31. Zinserträge, die das Bistum Berlin angibt, machten 1989 3,5 Millionen DM aus (Amtsblatt, a.a.O., S. 61).

70 Martens, a.a.O., S. 69

71 Martens, a.a.O., S. 69

72 Martens, a.a.O., S. 203, 205–207

73 Kirchliches Amtsblatt für die Diözese Rottenburg-Stuttgart vom 10.4. 1990, S. 99

74 KNA vom 1.2. 1989

75 KNA vom 17.4. 1986; Deutsche Tagespost vom 13.10. 1988

76 Der Spiegel Nr. 22/1964 vom 27.5. 1964, S. 41

77 Der Essener Generalvikar J. Krautscheidt nach: Martens, a.a.O., S. 70

78 Vgl. Deschner, Kirche des Unheils, S. 78 und Martens, a.a.O., S. 81–85

79 Vgl. Martens, a.a.O., S. 106

80 Publik-Forum vom 9.9. 1988

81 Vgl. Süddeutsche Zeitung vom 31.7. 1989

82 Martens, a.a.O., S. 108
83 Zum Ganzen: H. Herrmann, Priester im Nebenberuf – Priester mit Zweitberufen, in: ders., Der priesterliche Dienst IV. Kirchenrechtliche Aspekte der heutigen Problematik (Freiburg–Basel–Wien 1972), S. 47f.
84 Herrmann, Priester, S. 49
85 Personal-Schematismus des Bistums Münster 1972 (Münster 1972), S. 144b. Zum Thema auch: Bremer Kirchenzeitung vom 25. 3. 1990, S. 8f.
86 taz vom 11. 7. 1986; Süddeutsche Zeitung vom 8. und 9. 7. 1986
87 Martens, a.a.O., S. 139
88 Martens, a.a.O., S. 133
89 Martens, a.a.O., S. 135
90 Vgl. Martens, a.a.O., S. 136–139
91 Personal-Schematismus, S. 302
92 Ebd., S. 298–309
93 Publik-Forum vom 7. 11. 1986. Den tatsächlichen Spareffekt veranschlagen Experten freilich auf ganze 0,2 Prozent der Gesamtaufwendungen: MIZ 4/1986, S. 22.
94 Martens, a.a.O., S. 142.
95 Martens, a.a.O., S. 142f.; Der Spiegel Nr. 22/1964 vom 27. 5. 1964, S. 41f.
96 Präses Prof. Dr. Dr. J. Beckmann: Der Spiegel Nr. 22/1964 vom 27. 5. 1964, S. 43
97 KNA vom 14. 12. 1990

Kapitel 5: Das fromme Märchen von der Caritas

1 FAZ vom 21. 11. 1987 in einer Rezension von Jack Goody's Buch »Die Entwicklung von Ehe und Familie in Europa« über klerikale Erbschleicherei
2 Münchner Merkur vom 14. 8. 1985; MIZ 3/1985, S. 24
3 Publik-Forum vom 6. 9. 1985 aus G. Müller-Werthmanns Veröffentlichung eines Kritischen Spenden-Ratgebers (Buchtitel: »Markt der offenen Herzen«)
4 KNA vom 15. 11. 1986 und Süddeutsche Zeitung vom 15. 11. 1986
5 epd Bayern vom 13. 12. 1988
6 Beispiele: MIZ 1/1987, S. 33 und MIZ 2/1989, S. 47. Hinweise auf Einzelfälle: Frankfurter Rundschau vom 17. 3. 1989 (Zivildienstleistungen), Die Zeit vom 20. 1. 1989 (Caritasverband), Frankfurter Rundschau vom 26. 1. 1989 (Blindenmission); Süddeutsche Zeitung vom 29. 3. 1984 (Siedlungsgesellschaft); Süddeutsche Zeitung vom 1./9. 8. 1984 (Missionswerk); Publik-Forum vom 12. 2. 1988 (Ostpriesterhilfe); taz vom 1. 12. 1986 (Caritasverband); Der Spiegel vom 20. 6. 1988 (Wohlfahrtsverbände). Frankfurter Rundschau vom 30. 5. 1989: Immer weniger Gerichte sind bereit, verhängte Geldbußen Wohlfahrtsverbänden zukommen zu lassen.

7 Baeger, a.a.O., S. 48

8 Zu dem – in der Bundesrepublik stark klerikal-politisch besetzten – Begriff »Subsidiaritätsprinzip«: Osenberg, a.a.O., S. 31: »Dieses Prinzip besagt, daß die Gesellschaft sich von unten nach oben aufbaut, wobei jedem Sozialgebilde auf seiner Ebene Funktionen zufallen, die der Staat nicht an sich ziehen darf; seine Aufgabe ist lediglich, für alle Ebenen die Voraussetzungen freier Entfaltung zu schaffen und unterstützend einzugreifen, wo die Funktionsfähigkeit eines Sozialgebildes gehemmt ist.« Vgl. die Kritik der ÖTV an der Struktur kirchlicher Einrichtungen: KNA vom 24. 6. 1988; MIZ 4/1988, S. 63

9 Deutsche Tagespost vom 5. 11. und 12. 9. 1987

10 Ebd. Noch gravierender sind die Folgen klerikaler Ängste in Sachen Schwangerschaftsberatung: S. von Paczensky, Vor dem Einsturz. Die Kirche versagt einer Beratungsstelle ihren Segen, in: Die Zeit vom 9. 3. 1990, S. 20.

11 G. Rampp, Der Rückmarsch ins klerikale Schulwesen, in: MIZ 3/1987, S. 18; KNA vom 13. 11. 1985 und vom 4. 11. 1986

12 Rampp, Rückmarsch, S. 18; Evangelisches Gemeindeblatt Bayern vom 8. 6. 1986 und vom 26. 10. 1986

13 FAZ vom 1. 3. 1988; KNA vom 20. 2. 1988; MIZ 2–3/1988, S. 67f.

14 KNA vom 15. 2. 1988; Süddeutsche Zeitung vom 23. 10. 1986 und vom 9. 4. 1987, KNA vom 9. 4. 1987, Frankfurter Rundschau vom 9. 4. 1987, FAZ vom 9. 4. 1987 zu Klage bzw. Urteil des Bundesverfassungsgerichts (AZ: 1 BVL 88 und 16/84)

15 MIZ 3/1987, S. 17; Süddeutsche Zeitung vom 13. 8. 1987. Vgl. die nach eineinhalbjährigen Verhandlungen »in partnerschaftlichem Geiste« getroffenen Vereinbarungen zwischen dem Berliner Senat und den Kirchen mit Wirkung vom 1. 1. 1986 und die Antwort des Senators für Kulturelle Angelegenheiten, Dr. Volker Hassemer (CDU), vom 4. 2. 1987 auf eine Kleine Anfrage vom 15. 12. 1986 über Zuwendungen an Kirchen und Weltanschauungsgemeinschaften.

16 Frankfurter Rundschau vom 2. 2. 1987. Zum Problem des Surrogates »Ethik-Unterricht« vgl. KNA vom 17. und 26. 1. sowie vom 3. 2. 1989; Deutsche Tagespost vom 17. 1. 1989; FAZ vom 7. 1. und 16. 2. 1989; Süddeutsche Zeitung vom 9. 1. 1989; MIZ 4/1986, S. 22; MIZ 2–3/1988, S. 67. Nach einer Meldung (Deutsches Allgemeines Sonntagsblatt vom 24. 3. 1989) hat das oberste italienische Gericht entschieden, daß es – trotz gegenteiliger Praxis von Staat und Kirche – keine »Verpflichtung zur Teilnahme am Alternativunterricht« gebe. Der Vatikan will gegen dieses Urteil diplomatische Schritte unternehmen (MIZ 1/1989, S. 52f.). Daß religiöse Inhalte unterschwellig auch in Schulbüchern außerhalb des Faches Religion vermittelt zu werden pflegen, steht fest: MIZ 4/1988, S. 62; Süddeutsche Zeitung vom 4. 5. 1988; Urteil des Bundesverwaltungsgerichts AZ: 7 C 89 und 92/86

17 Der Spiegel vom 24. 7. 1989

18 Frankfurter Rundschau vom 26. 6. 1986

19 MIZ 3/1987, S. 17; Frankfurter Rundschau vom 2. 7. 1987. Zu Eichstätt vgl.

Süddeutsche Zeitung vom 20. 6. 1988 und KNA vom 23. 8. 1988. Nach einer Mitteilung des Spiegel (26. 2. 1990) hat der Kölner Erzbischof Meisner bei der nordrhein-westfälischen Landesregierung die Treue zu einer »königlichen Kabinettsordnung« angemahnt, welche vor über 170 Jahren »Rechte und Forderungen« seiner Kirche auf Lehrstühle für Philosophie und Geschichte an der Bonner Universität begründet habe.

20 MIZ 2/1989, S. 42. Die neuesten »Fälle« zweier wegen Heirat aus dem kirchlichen Dienst getriebenen Tübinger Theologieprofessoren haben eine rege Diskussion um die Finanzierung katholisch-theologischer Universitätsfakultäten entfacht. Der baden-württembergische Wissenschaftsminister Engler (CDU) möchte künftig die Kirchen an der Finanzierung beteiligen (in Tübingen machen allein die Gehälter der bisherigen 4 aus innerkirchlichen Gründen aus dem Amt getriebenen Theologieprofessoren pro Jahr gegenwärtig um die 500 000 DM Steuergelder aus). Vgl. Süddeutsche Zeitung vom 10. 4. 1989; KNA vom 27. 7. 1989

21 KNA vom 20. 10. 1987

22 Vgl. MIZ 2/1984, Meldung Nr. 539 sowie MIZ 3/1984, Meldung Nr. 621

23 Augsburger Allgemeine vom 15. 11. und 5. 12. 1984 sowie Süddeutsche Zeitung vom 27. 12. 1984

24 Süddeutsche Zeitung vom 8. 8. 1989; MIZ 2/1989, S. 47

25 Baeger, a. a. O., S. 48

26 Süddeutsche Zeitung vom 1. 6. 1987

27 Auf einer Veranstaltung des rechtsorientierten »Opus Dei«: Augsburger Kirchenzeitung vom 13. 8. 1989; Deutsche Tagespost vom 3. 8. 1989

28 G. Brendler, Thomas Müntzer. Geist und Faust (Berlin 1989), S. 20

29 KNA vom 16. 4. 1988; MIZ 2–3/1988, S. 67

30 Baeger, a. a. O., S. 48

31 Baeger, a. a. O., S. 57, Anm. 1; Süddeutsche Zeitung vom 11. 3. 1986

32 Baeger, a. a. O., S. 47

33 Augsburger Kirchenzeitung vom 18. 11. 1984. Die »Glücksspirale« bezahlte in 1984 rund 4 Millionen DM an die Caritas.

34 Deutsche Tagespost vom 13./14. 2. 1986; KNA vom 13. 6., 25. 7. und 16. 8. 1986; Antwort der Landesregierung Baden-Württemberg auf eine Anfrage der Grünen vom 23. 11. 1990

35 MIZ 2–3/1988, S. 68; vgl. MIZ 4/1988, S. 63; Publik-Forum vom 17. 1. 1986; Publik-Forum vom 11. 3. 1988

36 Deutsche Tagespost vom 12. 7. 1985; MIZ 3/1985, S. 24

37 Süddeutsche Zeitung vom 29. 3. 1984

38 Frankfurter Rundschau vom 20. 5.1989; MIZ 2/1989, S. 35. Vgl. MIZ 2–3/1988, S. 21

39 Zitiert nach: K. Kästner, Arnstadt, in: R. Luhn (Hrsg.), Thomas Müntzer. Wirken und Wirkungen (Mühlhausen 1989), S. 19

40 Ebd.

41 G. Bergmann, Eisenach, in: R. Luhn (Hrsg.), Thomas Müntzer. Wirken und Wirkungen (Mühlhausen 1989), S. 25
42 H. Raschke/J. Siegert, Gotha, in: R. Luhn (Hrsg.), Thomas Müntzer. Wirken und Wirkungen (Mühlhausen 1989), S. 41
43 Zitiert nach: Raschke/Siegert, a. a. O., S. 41
44 Bergmann, a. a. O., S. 26
45 Zitiert nach: H. Herrmann, Marthin Luther. Ketzer wider Willen (München 1983), S. 257
46 Bergmann, a. a. O., S. 25; Kästner, a. a. O., S. 18 f.; Raschke/Siegert, a. a. O., S. 44; Brendler, a. a. O., S. 52, 57, 67, 77 und 83; Deschner, Kirche des Unheils, S. 70; ders., Abermals, S. 423–425
47 Brendler, a. a. O., S. 91
48 Vgl. Herrmann, Luther, S. 282
49 Brendler, a. a. O., S. 118
50 So Heinrich Pfeiffer, Mitstreiter Thomas Müntzers in Mühlhausen und mit diesem von den siegreichen Fürsten am 27. Mai 1525 ermordet, zitiert nach: R. Luhn, Heiligenstadt/Worbis, in: R. Luhn, a. a. O., S. 51
51 Zitiert nach: Brendler, a. a. O., S. 153
52 Brendler, a. a. O., S. 153
53 Deschner, Opus diaboli, S. 63
54 Deschner, Opus diaboli, S. 64
55 KNA vom 8. 1. 1987
56 Der spanische Dominikaner (und spätere Bischof) Bartolomé de las Casas, zitiert nach: K. Deschner, Ein Papst reist zum Tatort (Hamburg 1981), S. 6 f.
57 Deschner, Tatort, S. 13
58 Ebd. Der Stern vom 21. 6. 1990, S. 38: »Damals wie heute wird Lateinamerika erobert mit der Bibel und dem Schwert.«
59 Den Jesuiten José de Anchieta: Deschner, Tatort, S. 12
60 Deschner, Tatort, S. 17
61 Deschner, Tatort, S. 18
62 Deschner, Tatort, S. 13 f.
63 Deschner, Tatort, S. 22
64 Vgl. Süddeutsche Zeitung vom 1. 8. und 9. 8. 1984; Augsburger Kirchenzeitung vom 26. 8. 1984; Evangelisches Gemeindeblatt Bayern vom 20. 5. 1984
65 Publik-Forum vom 20. 11. 1987
66 Deschner, Abermals, S. 432
67 Deschner, Opus diaboli, S. 61
68 Brendler, a. a. O., S. 155
69 Deutsches Allgemeines Sonntagsblatt vom 23. 3. 1986; vgl. MIZ 2/1986, S. 27 f.
70 Zitiert nach: Brendler, a. a. O., S. 150
71 Aus einer Schmähschrift gegen den Zwickauer Müntzer-Gegner Egranus, zitiert nach: Brendler, a. a. O., S. 67

72 Ein Begriff Thomas Müntzers; vgl. Brendler, a.a.O., S. 77
73 Bergmann, a.a.O., S. 30
74 Frankfurter Rundschau vom 1. 10. 1986; MIZ 4/1986, S. 23
75 Abgeordnetenhaus von Berlin, 10. Wahlperiode, Drucksache 10/1069 vom 7. 11. 1986. Die Anhebung der Zuschüsse für den Religionsunterricht trat im übrigen auch rückwirkend in Kraft. (Vgl. auch Deutsches Allgemeines Sonntagsblatt vom 2. 11. 1986)
76 Abgeordnetenhaus von Berlin, 10. Wahlperiode, Drucksache 10/1069 vom 7. 11. 1986, Anlage 1
77 Abgeordnetenhaus von Berlin, 10. Wahlperiode, Drucksache 10/1069 vom 7. 11. 1986
78 Neumann, a.a.O., S. 77
79 Fischer, Bundesverfassungsgericht, S. 306
80 Ders., ebd. Wie weit die Expansionsgelüste von Klerikern gehen können, zeigt der Wiener Weihbischof Krenn, der selbst für katholische Publizisten – analog zu Theologen und Religionslehrern – eine spezielle Befugnis (»missio canonica«) fordert, damit diese in kirchlichen Publikationsorganen schreiben dürfen (Süddeutsche Zeitung vom 12. und 13. 8.1989).
81 Artikel 137 II WeimVerf in Verbindung mit Artikel 140 GG
82 MIZ 4/1987, S. 26; Süddeutsche Zeitung vom 5. 11. 1987; Publik-Forum vom 25. 9. 1987
83 Deutsche Tagespost vom 22. 10. 1985
84 Osenberg, a.a.O., S. 30
85 KNA vom 25. 6. 1988; MIZ 4/1988, S. 63
86 Veranstaltung der Thomas-Morus-Akademie in Bergisch-Gladbach: KNA vom 9. 12. 1989
87 AZ: 6 ABR 78/85; Süddeutsche Zeitung 1./2. 8. 1987
88 Der Spiegel vom 24. 7. 1989
89 Süddeutsche Zeitung vom 30. 11. 1989
90 Süddeutsche Zeitung vom 20. 9. 1988. Der Fall selbst vor dem Arbeitsgericht Münster/Westf. AZ: 3 Ca 317/88. Ein ähnlicher Fall aus dem evangelischen Bereich (Verzicht auf die Heirat mit einem Katholiken oder Kündigung): Allgemeines Deutsches Sonntagsblatt vom 6. 7. 1986. Vgl. auch die Kündigung eines homosexuellen Pastors durch die Hannoversche Landeskirche: Süddeutsche Zeitung vom 23. 10. 1984. Vgl. die Entlassung einer Religionslehrerin wegen Heirat mit einem geschiedenen Katholiken: Süddeutsche Zeitung vom 27. 5. 1988. Vgl. fristlose Kündigung einer Erzieherin, die zu einer Freikirche übertrat: Publik-Forum vom 9. 9. 1988
91 Nürnberger Nachrichten vom 8. 8. 1987; epd vom 24. 8. 1987; MIZ 4/1987, S. 26
92 Der Spiegel vom 8. 2. 1988
93 Süddeutsche Zeitung vom 19. 5. 1988
94 Süddeutsche Zeitung vom 1. 12. 1989. Das Sozialgericht in Münster hat entschie-

den, daß das Arbeitsamt die Zahlung von Arbeitslosengeld nicht verweigern darf, wenn ein Arbeitnehmer bei einem kirchlichen Tendenzbetrieb seine Stelle wegen eines Kirchenaustritts verloren hat (AZ: S-12 AR 184-88). Von einem fahrlässigen Herbeiführen der Arbeitslosigkeit, wie das Arbeitsamt argumentiert hatte (!), könne in einem solchen Fall nicht die Rede sein (Frankfurter Rundschau vom 15. 6. 1989).

95 Augsburger Allgemeine vom 28. 11. 1989

96 Ebd.

97 Die folgenden Mitteilungen nach M. Dittrich, »Wir sind doch keine Sittenpolizei!« in: kaufen und sparen, Verbraucherzeitung für Münster und das Münsterland Nr. 8/1990 vom 22. 2. 1990, S. 1

98 Frankfurter Rundschau vom 17. 3. 1989 und MIZ 2/1989, S. 47. Vgl. Frankfurter Rundschau vom 28. 1. 1987 zum folgenden

99 Subventionsbericht des Bundesfinanzministeriums: MIZ 2/1989, S. 32. Vgl. MIZ 3/1987, S. 20f. und Badische Zeitung vom 31. 7. 1987

100 Schriftliche Anfrage vom 4. 5. 1987, Antwort des Staatsministerums für Unterricht und Kultus, in: »Bayerischer Landtag, 11. Wahlperiode, Drucksache 11/4757 vom 30. 12. 1987/7. 1. 1988, S. 2–4

101 Antwort des Senators für Kulturelle Angelegenheiten, Dr. Volker Hassemer (CDU), vom 4. 2. 1987 auf eine Kleine Anfrage vom 15. 12. 1986

102 Süddeutsche Zeitung vom 7. 9. 1991, S. 23

Anstelle eines Nachworts

1 H. Herrmann, Kirchensteuer als Mandat? Eine Anfrage an Staat und Kirche, in: ders., Zu nahe getreten. Aufsätze 1972–1978 (Frankfurt a.M.–Bern–Las Vegas 1979), S. 141–144. Zum Thema generell: C. Rinderer (Hrsg.), Finanzwissenschaftliche Aspekte von Religionsgemeinschaften, 23. Hochschulkurs des Instituts für Finanzwissenschaft der Universität Innsbruck (Baden-Baden 1989). Vgl. auch Neue Zürcher Zeitung vom 12. 4. 1989 (Fernausgabe Nr. 83) und Publik-Forum vom 23. 2. 1990: »Was die einen wurmt und den anderen stinkt« zur Frage eines »differenzierten Kirchenaustritts«.

2 Texte in: Archiv für kath. Kirchenrecht (148) 1979, S. 527–568

3 Spanischer und deutscher Text in: Archiv für kath. Kirchenrecht 148 (1979), S. 560–568

4 Deutscher Text in: L'Osservatore Romano. Wochenausgabe in deutscher Sprache. Nr. 23/1984, »Dokumentation«. Originaltext in: L'Osservatore Romano vom 19. 2. 1984

5 G. Cimbalo, Das italienische Konkordat von 1984 und der Stand des antiklerikalen Kampfes in Italien, in: Ketzerbriefe 19 (Februar 1990), S. 48

6 Vgl. Die Welt vom 21.5. 1990: »Italiens Kirche wirbt im Fernsehen für Geldsegen.« Es wird geschätzt, daß maximal 800 Millionen Lire erzielt werden können. Eine Umfrage ergab, daß 68 Prozent der Interviewten für die Kirche optieren wollen.
7 Süddeutsche Zeitung vom 3. 8. 1991
8 Würtz, a.a.O. (Stern 8/1968), S. 56
9 Herrmann, Kirche und Staat, S. 232

Stichwortverzeichnis